Direito do turismo

História e legislação no Brasil e no exterior

Dados Internacionais de Catalogação na Publicação (CIP)
(Câmara Brasileira do Livro, SP, Brasil)

Badaró, Rui Aurélio De Lacerda
Direito do turismo : história e legislação no Brasil e no exterior / Rui Aurélio De Lacerda Badaró. – 2ª ed. rev. e atual. – São Paulo: Editora Senac São Paulo, 2005.

Bibliografia.
ISBN 85-7359-307-5

1. Turismo – Leis e legislação I. Título.

03-1182 CDU-34:380.8

Índices para catálogo sistemático:

1. Direito do turismo 34:380.8
2. Turismo : Direito 34:380.8

Direito do turismo

História e legislação no Brasil e no exterior

Rui Aurélio De Lacerda Badaró

2ª EDIÇÃO REVISTA E ATUALIZADA

editora senac são paulo

Editor: Marcus Vinicius Barili Alves (vinicius@sp.senac.br)

Coordenação de Prospecção Editorial: Isabel M. M. Alexandre (ialexand@sp.senac.br)
Coordenação de Produção Editorial: Antonio Roberto Bertelli (abertell@sp.senac.br)
Supervisão de Produção Editorial: Izilda de Oliveira Pereira (ipereira@sp.senac.br)

Preparação de Texto: Luís Guasco
Revisão de Texto: Jandira Queiroz, Kimie Imai, Luiza Elena Luchini
Projeto Gráfico e Editoração Eletrônica: Antonio Carlos De Angelo
Capa: João Baptista da Costa Aguiar
Impressão e Acabamento: Geo-Gráfica e Editora Ltda.

Gerência Comercial: Marcus Vinicius Barili Alves (vinicius@sp.senac.br)
Supervisão de Vendas: Rubens Gonçalves Folha (rfolha@sp.senac.br)
Coordenação Administrativa: Carlos Alberto Alves (calves@sp.senac.br)

Editora Senac São Paulo
Rua Rui Barbosa, 377 – 1º andar – Bela Vista – CEP 01326-010
Caixa Postal 3595 – CEP 01060-970 – São Paulo – SP
Tel. (11) 2187- 4450 – Fax (11) 2187-4487
E-mail: editora@sp.senac.br
Home page: http://www.editorasenacsp.com.br

Sumário

Nota do editor

O grande desenvolvimento do turismo nas últimas décadas, que fez dessa atividade uma das mais importantes do mundo, a envolver e irrigar meia centena de outros setores econômicos, pôs em evidência seus aspectos jurídicos e construiu o que hoje é uma disciplina autônoma estudada em universidades – o direito do turismo.

Rui Aurélio De Lacerda Badaró, professor da matéria no Brasil depois de tê-la cursado na Universidade de Paris X, apresenta aqui, com agilidade atenta ao dado essencial e à comunicação clara, um quadro panorâmico dessa "nova especialidade" consolidada na segunda metade do século XX.

Seu trabalho constitui mais um título do Senac de São Paulo a enriquecer a bibliografia sobre turismo disponível no país, lançado por esta instituição.

Apresentação

A presente obra do jovem professor Rui Aurélio De Lacerda Badaró representa uma importante contribuição para a divulgação de um ramo do direito pouco conhecido e estudado no Brasil. O direito do turismo, pela importância econômica que esse setor tem alcançado, principalmente nas últimas décadas, começa a ocupar um espaço privilegiado, no mesmo espectro de transversalidade epistêmica, que caracteriza os denominados "novos direitos", como o direito ambiental e o direito do consumidor.

Calçado na melhor doutrina jurídica internacional, notadamente a francesa, o livro proporciona ao leitor um vôo panorâmico sobre o direito do turismo e suas principais conexões com outros ramos do direito. Partindo da definição de turismo e da designação dos diferentes tipos de turismo, passa pela historicização da interface entre o direito e o turismo e prossegue, ainda, caracterizando o direito do turismo. Indica suas fontes e estruturas internas e internacionais, com destaque para o direito do turismo na União Européia. Aponta as competências da Embratur e suas deliberações normativas e, finalmente, revela as vinculações entre o direito do turismo e o direito do consumidor em matéria de hospedagem.

Diante do aumento dos fluxos turísticos, nacionais e internacionais – importantes fontes de divisas para qualquer país, particularmente aqueles aquinhoados com exuberante diversidade natural, como o Brasil –, faz-se necessário o aprofundamento de estudos objetivando a constituição e a implementação de instrumentos jurídicos eficientes que possam garantir a proteção do turista, como consumidor, normalmente fragilizado diante da ação fraudulenta de empresas inescrupulosas, que, crescentemente, têm provocado danos irreparáveis à imagem do Brasil no exterior.

Outras questões fundamentais a ser abordadas no âmbito do direito do turismo são o combate ao turismo sexual e pedófilo, principalmente no Nordeste brasileiro, e o estímulo ao turismo ecologicamente sustentável, não predatório. Nesse sentido, vale a pena resgatar o Preâmbulo do Código Mundial de Ética do Turismo, da Organização Mundial do Turismo:

> [...] sempre que se respeitem determinados princípios e se observem certas normas, o turismo responsável e sustentável não é de modo algum incompatível em conciliar economia e ecologia, meio ambiente e desenvolvimento, abertura a intercâmbios internacionais e proteção das identidades sociais e culturais [...]

visando

> [...] a compreensão e a promoção dos valores éticos comuns da humanidade, com tolerância e respeito pela diversidade das crenças religiosas, filosóficas e morais, entendidos como fundamento e conseqüência de um turismo responsável [...].[1]

Em boa hora, portanto, o autor vem proporcionar ao leitor brasileiro, independentemente de sua formação, jurídica ou metajurídica, interessado nos "novos direitos", esta síntese transliteral de reflexões, atualizadas e abalizadas, acerca do direito do turismo.

Jorge Luís Mialhe
Professor da Unesp e do Programa de Mestrado em Direito da Unimep, doutor pela USP e pós-doutorado pela Universidade de Paris

[1] World Tourism Organization (WTO), "Resolution", em *Approval of the Global Code Ethics for Tourism*, está disponível em http://www.world-tourism.org/frameset/frame_ project_ethics.html.

Aos meus avós,
Geraldino e Dorvalina, Gabriel e Philomena (*in memoriam*),
pela garra demonstrada ao longo da vida, que me serve de exemplo.

Aos meus pais,
Vicente e Leonor,
pela educação recebida e pela dedicação de todos esses anos.

Ao meu irmão,
Ciro Otávio,
por me instigar a pesquisar.

A todos da Conphraria,
por apoiarem meu ideal.

Agradecimentos

Ao professor doutor Ercílio Antonio Denny (*in memoriam*), pelos ensinamentos transmitidos e pela confiança em meus ideais.

Ao professor doutor Gladston Mamede, pelo apoio, pela consideração e pela amizade.

À professora mestra Sônia Marly de Arruda e Miranda, por abrir as portas ao surpreendente universo do direito do turismo.

Ao professor doutor Jorge Luís Mialhe, pelo incentivo e pelas orientações a mim concedidas.

Ao professor mestre Álvaro Sérgio Cavaggioni, pelos longos e produtivos debates informais.

A todos os meus alunos e profissionais amigos da Pontifícia Universidade Católica de Campinas (PUCC) e Universidade Metodista de Piracicaba (Unimep), pela motivação e pelos questionamentos que permitiram a ampliação dos debates acerca do direito do turismo para o desenvolvimento desta edição.

Introdução

O turismo desenvolveu-se velozmente nas últimas décadas, tornando-se muito importante do ponto de vista econômico, social, político e cultural. Hoje, esse ramo de atividade movimenta mais de cinqüenta setores da economia, envolve todas as camadas sociais em suas mais diferentes faces e é utilizado como instrumento de desenvolvimento político de diversos Estados, o que tornou indispensável considerar os aspectos jurídicos a ele concernentes.

Foi na Europa que primeiro se buscou estabelecer as relações entre direito e turismo, reflexão que culminou na criação do direito do turismo. Ainda no início do século XX, ali foram instituídas normas trabalhistas pioneiras, protegendo os operadores de viagem – como o Office du Tourisme –, além de outras relacionadas à atividade turística. Na década de 1990, o direito do turismo encontra-se já consolidado na Europa, com a política comunitária do turismo europeu e outros programas voltados para sua promoção. Renomadas instituições, como a Universidade de Paris I, II e X reservam uma cadeira ao direito do turismo, reconhecendo a importância e força desse novo ramo do direito.

É possível observar em diversos momentos da história os liames que se estabeleceram entre direito e turismo – decorrentes, por exemplo, de sua utilização como instrumento para o desenvolvimento de um Estado e as implicações disso.

O turismo é uma atividade transcendental, extremamente ágil, em constante transformação, acompanhando as últimas tendências do mundo. Por isso, o direito do turismo também é um ramo maleável e heterogêneo do direito.

Essa disciplina surgiu na Europa, na segunda metade do século XX, e hoje encontra-se consolidada graças a diversas medidas e políticas da União Européia (UE). A Organização das Nações Unidas (ONU), percebendo a importância do turismo, não hesitou em atribuir, em 1975, amplas competências nessa matéria à Organização Mundial do Turismo (OMT), para que houvesse amparo em âmbito internacional a suas deliberações.

A própria Organização das Nações Unidas para a Educação, Ciência e Cultura (Unesco) tem contribuído para o turismo, em parceria com a OMT, ao incentivar o desenvolvimento sadio e harmonioso do turismo e assegurar, ao mesmo tempo, a proteção do patrimônio mundial. Diferentemente da UE, o Mercado Comum do Sul (Mercosul) não tem conseguido dar grandes passos rumo ao desenvolvimento dessa atividade, embora procure acompanhar a política européia para o turismo e as medidas adotadas pela OMT.

Assim, já no contexto da era digital, sente-se a necessidade da intervenção do direito no turismo, especificamente do direito do turismo, ramo jurídico que busca estabelecer as medidas jurídicas cabíveis e solucionar conflitos oriundos desse campo de atividade.

Para exemplificar a crescente produção normativa em âmbito nacional e internacional, apresentamos no final do livro seis anexos. O Anexo 1 corresponde a um projeto de resolução da OMT a respeito dos ataques terroristas ocorridos nos Estados Unidos em setembro de 2001 e da necessidade de estabelecimento de uma série de medidas visando maior segurança para a atividade turística. O Anexo 2 reproduz o Protocolo de Implementação do Código Mundial de Ética para o Turismo e da criação do Comitê Mundial de

Ética do Turismo e suas respectivas regras de funcionamento e objetivos. Já o Anexo 3 traz a Resolução nº 1.998/40 do Conselho Social e Econômico da ONU, que declarou o ano de 2002 como o Ano Internacional do Ecoturismo, e as premissas que levaram a tal resolução. O anexo 4 evidencia os esforços da UE em busca de um turismo sustentado ao estabelecer uma Resolução do Conselho, de 21 de maio de 2002, específica sobre o futuro do turismo europeu. O anexo 5 reproduz a Lei nº 6.505, de 13 de dezembro de 1977, que dispõe sobre as atividades e os serviços turísticos, estabelecendo as condições para seu funcionamento e sua fiscalização e alterando a redação do artigo 18, do Decreto-lei nº 1.439, de 30 de dezembro de 1975. Por fim, o anexo 6 corresponde à Lei nº 8.181, de 28 de março de 1991, que altera a denominação da Embratur para Instituto Brasileiro de Turismo e estabelece suas competências como autarquia especial vinculada ao Ministério do Turismo.

Definições de turismo

O turismo, como ciência, tem sido tema de diversos estudos ao longo do século XX. Diferentes escolas européias buscaram conceitos para o turismo, de acordo com as circunstâncias vividas no momento, calcando-os ora em aspectos econômicos, ora em aspectos sociais.

É importante compreender que o melhor conceito para turismo deve ser aquele que exponha o caráter político, social, cultural e econômico desse campo, cujo desenvolvimento se dá rápida e silenciosamente.

A primeira definição proposta remonta a 1911, quando a Universidade de Berlim iniciou estudos, na área de economia, sobre o turismo. Assim, para a escola berlinesa, o turismo era considerado, em um primeiro momento, como

> [...] o conceito que compreende todos os processos, especialmente os econômicos, que se manifestam na chegada, na permanência e na saída do turista de um determinado município, estado ou país.[1]

Essa definição vigorou por pouco tempo, uma vez que variados estudos sobre a atividade surgiram em seguida, trazendo definições cada vez mais completas.

A escola berlinesa, de cunho especificamente econômico, trouxe muitas outras definições para o turismo, sendo as mais seguidas as propostas por Robert Glucksmänn, Schwinck, Borman, Stradner, Morgenroth e Benscheidt.

---

[1] H. S. Schattenhofen, *Tourismus: Phänomen* (Berlim: UDB, 1911), p. 76.

Segundo Glucksmänn, o turismo começa onde o tráfego termina: no porto de turismo, no lugar da hospedagem. O tráfego de viajantes conduz ao turismo, mas não faz parte dele. Observa-se que essa definição é excessivamente restrita, pois leva em conta apenas o aspecto econômico da atividade.

Para Schwinck, Borman, Stradner, Morgenroth e Benscheidt, o conceito de turismo restringia-se à idéia de abandono temporário da residência permanente por motivo relacionado ao corpo e ao espírito.

A pobreza das definições de turismo originava-se do caráter puramente econômico atribuído à atividade. Os estudos deixavam de lado as características sociais, políticas, culturais e mesmo legais inerentes ao turismo. Por isso, as definições pouco acrescentaram às pesquisas científicas sobre o turismo até meados da década de 1940, quando Walter Hunziker e Kurt Krapf lançaram, na Suíça, o conceito até hoje mais adotado – inclusive, oficialmente, pela Associação Internacional de Especialistas na Ciência do Turismo:

> Turismo é o conjunto das relações e dos fenômenos produzidos pelo deslocamento e permanência de pessoas fora do seu local de domicílio, sempre que os ditos deslocamentos e permanências não estejam motivados por uma atividade lucrativa.[2]

Entretanto, do ponto de vista formal, a definição aceita é a formulada pela OMT, que conceitua o turismo como "[...] a soma de relações e de serviços resultantes de um câmbio de residência temporário e voluntário motivado por razões alheias a negócios ou profissão".[3]

---

[2] W. Hunziker & K. Krapf, *Gründriss der Allgemeinen Fremdenkerkehrslehre* (Zurique: Polygraphischer Verlag, 1942).

[3] WTO, *Tourism: Concepts*, disponível em http://www.world-tourism.org, acesso em 4-5-2001.

Ainda que alguns grupos, principalmente leigos, vejam o turismo apenas como uma máquina de viagens de prazer, é preciso estudá-lo em toda a sua complexidade, e não simplesmente como um mero negócio ou comércio. Deve-se atentar para seu caráter de amálgama de fenômenos e relações – fenômenos estes que surgem graças ao movimento de pessoas e sua permanência em vários destinos. Há no turismo um elemento dinâmico, transcendente, ou seja, a viagem, e um elemento estático, representado pela estadia, e em ambas as situações[4] as pessoas desenvolvem atividades diferentes daquelas exercidas em seu cotidiano. O deslocamento do turista é peculiar por ser temporário, e ele sempre pensa em voltar para casa depois de um dado intervalo. O turismo, em si, não objetiva o lucro; portanto, as motivações que nos conduzem a ele obedecem a razões espirituais ou vitais.

Nesse contexto, é interessante resgatar a definição de Oscar de la Torre, para o qual o turismo é um

> [...] fenômeno social que consiste no deslocamento voluntário e temporário de indivíduos ou grupos de pessoas que, fundamentalmente por motivos de recreação, descanso, cultura ou saúde, saem de seu local de residência habitual para outro, no qual não exercem nenhuma atividade lucrativa nem remunerada, gerando múltiplas inter-relações de importância social, cultural e econômica.[5]

Note-se que o elemento mais importante encontrado em todas as definições é o caráter temporário da permanência, a natureza não lucrativa da visita e, por fim, a procura pelo prazer por parte dos turistas. Deduz-se, assim, que o

[4] E. Bloch, *Das Prinzip der Hoffnung* (Frankfurt: Suhrkamp Verlag, 1968), p. 134.

[5] O. de la Torre Padilla, *El turismo: fenómeno social* (México: Fondo de Cultura Económica, 1992), p. 43.

turismo é uma atividade em que o indivíduo busca o prazer por meio do espontâneo exercício de sua vontade e, dessa maneira, que a livre escolha deve ser entendida como sua característica essencial.[6]

Cumpre, também, diferenciar viagem e turismo. O turismo inclui a viagem apenas como parte de um todo, uma vez que pode haver diversas viagens dentro de um mesmo destino turístico. Já a viagem, no sentido amplo do termo, pode ter diversos objetivos não necessariamente turísticos, como, por exemplo, viagens de negócios, de estudos, de compromissos sociais e outras.

Aliás, muitas pessoas viajam por motivos alheios ao turismo, embora utilizem os mesmos serviços oferecidos aos turistas e acumulem as obrigações próprias da prática do turismo. Pode-se citar o caso de congressos e eventos, em que são montados esquemas de atendimento turístico para os acompanhantes dos participantes.

A atividade turística ficou, durante muito tempo, relegada à atuação do frágil tripé das agências, hotéis e companhias de transporte. Atualmente, porém, é fácil compreender que nem todos os empreendimentos hoteleiros possuem caráter turístico, e que nem todo tipo de turismo precisa do hotel para consolidar sua existência. O turismo inclui alojamento, mas não necessariamente o hoteleiro.

As agências vivem do turismo, mas não é todo turismo que acontece por intermédio de agência; por isso, muitas delas passaram a se dedicar, na atualidade, à organização de eventos. O mesmo ocorre com as companhias de transporte turísticas: em ambos os casos, não há exclusividade na relação.

---

[6] J. Huber, *Anders Arbeiten: Anderswirtschaften* (Frankfurt: Fischer Taschenbug Verlag, 2001), p. 19.

Um elemento muito importante para definir o turismo é representado por todo o conjunto, toda a preparação envolvida, pois, para uma pessoa viajar, existe um planejamento de recepção e de prestação de serviços, de providência de vias de acesso, saneamento básico, alojamento, alimentação e recreação.

Portanto, o turismo organizado da atualidade, como atividade social, cultural, econômica e, muitas vezes, política, implica:

- uma estrutura de atendimento no local de origem do turista, composta pelas agências ou operadoras, guias ou programas digitais que preparam a viagem;
- as companhias de transporte, que viabilizarão o deslocamento, a viagem em sentido estrito;
- o equipamento receptor no local de destino, os serviços prestados ao turista e as relações entre visitantes e residentes no sítio turístico.[7]

[7] A. J. Burkart & S. Medlik, *Tourism* (Londres: Heinemann, 1974), p. 47.

Breves considerações sobre o turismo

Atualmente já não se pode conceber o turismo a partir de uma perspectiva ingênua. Tornou-se necessária uma visão crítica a respeito desse campo. Desde o início dos anos 1960, um grande número de países, regiões e conglomerados empresariais buscava promover o turismo, reconhecendo seu potencial.[1] Todos viam o setor como uma grande oportunidade, uma forma de compensar os anos de crise trazidos pela Segunda Guerra Mundial. Entretanto, a análise das conseqüências desse desenvolvimento desenfreado limitou-se ao aspecto econômico.[2]

No início da década de 1970, os turistas já eram vistos como os devoradores de paisagens, dada a visível repercussão, sobre o meio ambiente, da atividade turística. Apenas no início da década de 1990 é que a opinião pública tomou conhecimento das conseqüências nefastas do turismo não planejado, e que poderiam ter sido evitadas se houvessem estudos sobre as implicações psicológicas, sociológicas e jurídicas do turismo.[3]

A revolução silenciosa que o setor realizou, bem como a mudança geral da estrutura e das mentalidades sociais, possibilitou uma nova visão sobre o turismo, oriunda de

---

1 B. Joerges & D. Karsten, *Tourismus und Kulturwandel* (Starnburg: SFT, 2000), p. 93.

2 J. Huber, *Anders Arbeiten: Anderswirtschaften*, cit., p. 20.

3 *Ibid.*, p. 24.

um debate mundial sobre seus efeitos como produto na sociedade mundializada.[4]

Hoje, discute-se sobre os custos e benefícios reais do turismo para a sociedade, política, meio ambiente, cultura e economia, e não apenas acerca do aspecto econômico da atividade turística, o que permite uma mudança de atitude em relação ao setor. Ao lado disso, e corroborando esses esforços, há a luta da OMT para a implantação do Código Mundial de Ética do Turismo e as diversas diretivas da União Européia em busca de um desenvolvimento sadio da atividade turística e do estabelecimento de um ramo do direito voltado exclusivamente para essa área.

Esse quadro demonstra a necessidade de ressaltar que o turismo traz, ao mesmo tempo, vantagens e inconvenientes, podendo acarretar um desenvolvimento favorável ou desfavorável a uma dada comunidade. Desse modo, o turismo harmonioso e sadio deve observar certas condutas, a saber:

- benefício da população autóctone;
- não-alteração da paisagem, de modo a não descaracterizá-la;
- elaboração de projetos de médio e longo prazo de preferência a soluções paliativas, de curto prazo, para conflitos oriundos do turismo;
- garantia do desenvolvimento da comunidade autóctone;
- não-especulação sobre a terra;
- garantia da autodeterminação e proibição do confisco estrangeiro, ou seja, direito, da população local, de ser consultada sobre novos projetos turísticos e de participar do planejamento e da realização destes.

4 *Ibid.*, p. 27.

Desde a criação da OMT, muitos Estados implementaram uma política para o turismo, mostrando-se cada vez mais determinados a dar outra dimensão a seus objetivos, a evitar seu desenvolvimento desenfreado e a ditar regras que protejam a população de suas conseqüências indesejáveis. Portanto, é de esperar o alargamento e o reforço dos dispositivos de planejamento, defesa e proteção, de modo a assegurar a manutenção das condições desejadas. As exigências com relação ao turismo passam a ser mais numerosas, diferenciadas, mas não restritivas.

Essa atividade, devido a sua inerente abrangência, exigirá um conceito, uma definição mais crítica, e os turistas, desenvolvendo seu próprio ponto de vista e sua própria escala de valores, hão de colaborar para seu desenvolvimento eficaz e harmonioso.

Dos diversos tipos de turismo

O turismo é um complexo e diversificado fenômeno social, político, cultural e econômico. Diversos são seus tipos, que podem ser arrolados sob diferentes critérios de classificação. De modo doutrinário, será utilizada no presente trabalho uma tipologia do turismo geral, sendo possível, desse modo, sua utilização no direito.

O turismo, por natureza, tem característica emissiva[5] ou receptiva.[6] O turismo emissivo pode ser visto como economicamente passivo, já que não traz dividendos para o núcleo emissor, enquanto o turismo receptivo é ativo,

[5] O turismo emissivo é aquele que envia turistas para fora de sua região.

[6] O turismo receptivo é aquele que recebe turistas advindos de outras regiões.

visto que, por meio dele, o turista está agindo ao sair de sua região.[7]

Consoante a nacionalidade do turista, o turismo pode ser classificado como nacional ou estrangeiro. O turismo nacional é aquele desenvolvido pelos turistas de um determinado país, dentro das fronteiras deste. Esse tipo de turismo pode ser subdivido em interno, ou seja, quando os turistas praticam o turismo dentro de seu próprio país, e externo, quando os turistas saem do país. O turismo estrangeiro é composto pelo contingente de pessoas estrangeiras que entram em um determinado país.[8]

Sob a ótica da economia nacional e considerando os efeitos da balança comercial, o turismo estrangeiro é considerado como de exportação, e o turismo nacional externo, de importação. Isso porque o turista que sai do país gasta seu dinheiro fora deste, como se adquirisse um produto no exterior. O turista que entra no país, ao contrário, gasta dinheiro ganho fora, trazendo, portanto, divisas iguais às geradas por uma exportação.[9]

Uma vez observado o critério territorial, deduz-se que o turismo será internacional quando implicar a passagem, a travessia de fronteiras. Logo, a denominação aplica-se tanto aos turistas nacionais quanto aos estrangeiros.

Pelo volume, o turismo é classificado como de minorias[10] ou de massas. Note-se que esse critério não se refere ao número de pessoas que viajam em determinada ocasião, mas sim àquelas pessoas que se utilizam de determinado tipo de turismo e da periodicidade com que o fazem.

---

[7] O. de la Torre Padilla, *El turismo: fenómeno social*, cit., p. 54.

[8] F. L. Fuster, *Teoría y técnica del turismo* (Madri: Nacional, 1999), p. 28.

[9] M. Gurría Di-Bella, *Introducción al turismo* (México: Trillas, 1991), p. 73.

[10] M. A. Acerenza, *Administración del turismo* (México: Trillas, 1999), p. 82: "O turismo de minorias envolve os destinos turísticos que por si

Os destinos turísticos procurados por muitas pessoas pertencem ao turismo de massa; já aqueles procurados por poucas inserem-se no turismo de minoria. Pela composição social, o turismo pode ser de classe privilegiada, média ou popular. Associa-se, no geral, o turismo seletivo ou de minorias ao turismo de classe privilegiada.[11]

Conforme a autonomia, o turismo pode ser livre ou dirigido. O turismo livre é aquele em que o turista escolhe tanto a temporada quanto a destinação. O dirigido é aquele em que o turista deve respeitar um determinado calendário anual. De acordo com a duração, o turismo pode ser excursionista, de fim de semana, de férias ou de tempo indeterminado. Quanto à freqüência, pode ser regular ou esporádico; quanto ao alojamento, pode ser hoteleiro ou extra-hoteleiro.

Com relação ao objetivo, ou à motivação, o turismo pode receber muitas classificações. Comumente, pode visar descanso, lazer, cura, desporte, gastronomia, cultivo de religião ou finalidade profissional. Atualmente existe o turismo de interesse específico, com amplitude maior de opções.

A busca de cultura também pode motivar o turismo. Nesse caso, o atrativo são as obras do homem – turismo cultural, portanto, é aquele cujo objetivo é fazer conhecer os bens materiais e imateriais produzidos pelo homem.[12]

---

sós possuem baixa procura. Portanto, se um grupo de duzentas pessoas visitar o templo de Wudan, no norte da China, estará fazendo turismo de minorias, ao contrário de outro grupo, de cinco pessoas, que venha a visitar a Torre Eiffel. O turismo de minorias também é conhecido como turismo seletivo".

11 A complexidade do conceito de classe social não será discutida neste trabalho, que se limita a seguir a definição de Georges Gurvitch, presente em seu estudo *Estrutura de classes e estratificação social* (8ª ed., Rio de Janeiro: Zahar, 1979).

12 K. D. Hartmann, *apud* P. Rieger,"Die historische und psychologische Dimension – warum reiste man früher? Warum reisen wir heute?",

Segundo o modo de viajar, o turismo pode ser coletivo ou particular. Essa classificação refere-se ao roteiro contratado, e não ao meio de transporte utilizado.[13] Quanto ao meio de transporte, o turismo pode ser rodoviário, aéreo, ferroviário, aquático e combinações decorrentes.

Conforme a permanência, o turismo pode ser estável ou itinerante. Se o turista fixa-se no destino, será estável; se ele viaja mais tempo do que se fixa em determinado destino turístico, será itinerante. Pela geografia, o turismo pode ser de litoral, rural, de montanha, urbano ou combinar esses tipos. Com relação à faixa etária, o turismo pode ser infanto-juvenil, adulto, de terceira idade ou familiar.

Do ponto de vista do financiamento, o turismo pode ser autofinanciado, social ou gratuito. O turismo autofinanciado, comum e predominante, é aquele em que o próprio usuário do serviço paga por ele. O turismo social é aquele em que há subvenção do Estado e, por fim, o turismo gratuito pode ser um prêmio, como no caso de sua utilização por empresas de grande porte, que assim prestigiam a produtividade de seus executivos.

Uma vez exposta essa classificação, verifica-se a importância de se proceder, hipoteticamente, a cruzamentos entre os diversos tipos de turismo sob a perspectiva das classes sociais, objetivando uma posterior identificação de conflitos surgidos dos diferentes tipos de turismo e possíveis soluções sob a égide do direito.

A classe privilegiada, realiza, normalmente, um turismo externo, de minorias, por tempo indeterminado, parti-

em R. Hermann & M. Svilar (orgs.), *Tourismus: das Phänomen des reisens* (Berna: Verlag Paul Haupt, 1982), p. 15.

13 M. A. Acerenza, *Administración del turismo*, cit., p. 86: "Um grupo que viaja com o mesmo 'pacote turístico' estará fazendo turismo coletivo, ao contrário de uma família que viaja com seu roteiro exclusivo em um transporte coletivo, como, por exemplo, um avião".

cular, aéreo e autofinanciado, e é a maior consumidora do turismo de interesse específico.

A classe média faz turismo externo e interno. Geralmente, opta pelo turismo de massa, de férias, e aproveita muito as oportunidades profissionais para incluir atividades turísticas em congressos e outros eventos. Utiliza transporte coletivo de todo tipo. Seu turismo pode ser autofinanciado, social ou mesmo gratuito.

A classe baixa só pode fazer turismo de massa, e é considerada a faixa que mais pratica o turismo religioso. Viaja de forma coletiva, praticando excursionismo ou turismo de fim de semana. A maioria necessita de subvenções, recorrendo, portanto, ao turismo gratuito.

Dos turistas

A Organização Mundial do Turismo define o turista como o

> [...] visitante temporário, proveniente de um país estrangeiro, que permanece no país por mais de 24 horas e menos de três meses, por qualquer razão, exceto trabalho.[14]

Várias são as formas de classificar os turistas; neste trabalho, adota-se o sistema cognitivo-normativo,[15] que distingue os seguintes tipos:

- *Turistas alocêntricos*: são os exploradores e aventureiros; procuram lugares novos e convivência com a população

[14] WTO, disponível em http://www.world-tourism.org/regional/americas/publicaciones.htm#pub.

[15] P. Murphy, *Tourism: a Community Approach* (Londres: Routledge, 2000), p. 153.

autóctone. Quando o sítio turístico passa a receber mais turistas, eles o deixam, em busca de novos lugares.

- *Turistas mesocêntricos:* viajam individualmente para sítios turísticos já conhecidos e com reputação. A relação com a população autóctone é comercial.
- *Turistas psicocêntricos:* aqueles que se deslocam apenas para sítios que lhes sejam familiares, utilizando-se de pacotes turísticos. Muito influenciados por sua própria sociedade, buscam no destino turístico as mesmas características de seu local de origem. Só viajam em grupos.

Outras classificações dividem, ainda, os turistas em não institucionalizados e institucionalizados. No primeiro caso, o turista pode ser nômade ou explorador; já no segundo, o indivíduo será um turista de massa individual ou organizado.

O sistema de classificação cognitivo-normativo sofreu alterações ao longo dos anos, até que, no final da década de 1970, um novo sistema cognitivo-normativo foi proposto por Cohen, que estabelece:

- *Peregrinos modernos*:
  - existenciais: são aqueles que querem sair da rotina, buscando um lugar em que alcancem paz espiritual.
  - experimentais: são os que desejam experimentar estilos de vida alternativos.
  - experienciais: são os que procuram o significado da vida dos outros e a autenticidade da cultura local.
- *Buscadores de prazer*:
  - diversionários: aqueles que fogem da rotina e do tédio para viver a própria alienação. Massa que consome lazer e recreação organizados.
  - recreacionais: buscam entretenimento e relaxamento para recompor as forças psíquicas e mentais.

Diversas são as classificações doutrinárias para os turistas; todavia, nenhuma delas possui caráter conclusivo ou exclusivo, cabendo, um constante aperfeiçoamento desses modelos.

A sociologia do turismo descreve como o turista é visto, contribuindo, com seus comentários, para que se tracem seus diversos perfis.[16]

A sociedade relaciona-se com o turista de maneira um tanto grosseira. É difícil encontrar indivíduos mais criticados, acusados, ridicularizados e insultados que os turistas. Muitos os consideram a barbárie, as hordas ávidas de ouro. Comparam-se os turistas a nuvens de gafanhotos que, quando surgem, devoram tudo por onde passam, desaparecendo em seguida.[17]

Em todo o mundo os turistas são alvo de chacota, caricaturas e desenhos humorísticos. Como Krippendorf diz, não importa o que o turista faça – ele o faz mal. Pode-se tipificar o turista, segundo as condições expostas acima, do seguinte modo:[18]

- *Turista ridículo*: notado pela aparência. Como um sinal de identificação universal, traz a máquina fotográfica pendurada ao pescoço. Veste-se com roupas de lazer engraçadas.
- *Turista ingênuo*: aquele que nunca viajou, não fala nenhuma língua estrangeira, não se acha em lugar nenhum, faz perguntas idiotas e se deixa extorquir com facilidade.

---

[16] J. Henard, *Den Feind_Wie Seinen Besten Freund Empfangen* (Frankfurt: Zeitung, 1993), p. 71.

[17] J. Krippendorf, *Sociologia do turismo* (São Paulo: Aleph, 2001), p. 67.

[18] *Ibid.*, p. 65. Classificação sociológica proposta por Jost Krippendorf, analisando o turista sob suas características negativas e por meio das críticas feitas a eles. Interessante ressaltar que, no final da década de 1980, o ministro do Desenvolvimento alemão dizia que se sentia desfalecer ao pensar no desgaste que seus compatriotas provocam nos países do terceiro mundo.

- *Turista em grupo*: aquele que é dependente de um grupo. Estaria perdido sem seu guia e grupo.
- *Turista detestável*: comporta-se como se o mundo inteiro lhe pertencesse e faz tudo o que não pratica em seu local de origem.
- *Turista inculto*: não se interessa pelo sítio turístico visitado e, menos ainda, pela população local.
- *Turista rico*: aquele que pode e quer comprar tudo. Exibe sua prosperidade.
- *Turista explorador*: aquele que vive à custa das pessoas e das culturas estrangeiras. Tira proveito da pobreza dos outros.
- *Turista poluidor*: aquele que envenena a atmosfera com a fumaça do escapamento de seu carro. Invade os campos e bosques, polui os rios, lagos e mares. Desfigura a paisagem original do sítio turístico que visita.
- *Turista alternativo*: aquele que guarda distância dos outros tipos de turista. Penetra nos recantos inexplorados mais afastados e prepara a via para o turismo de massa.

Os turistas desfrutam de uma instrução mais aprimorada, falam outros idiomas, possuem, no geral, uma renda mais elevada e têm mais experiência em viagens. Essas características, porém, camuflam o perfil do turista. Em sua maioria, o turista crê que ele próprio é um caso isolado, e passa a se sentir superior aos outros, ainda que seu comportamento durante as viagens o desacredite como tal.[19]

Seria o turista um imbecil pueril ou um pirata mal-agradecido? Seria ele o principal responsável pelos fenômenos negativos gerados pela mobilidade maciça do lazer e do turismo de massa? Considerado em sentido estrito, o turis-

[19] *Ibidem.*

mo não é do indivíduo que viaja, mas sim a massificação do todo, ensejando como problema o volume de turismo.[20]

O turista vivencia a situação como indivíduo, ou seja, mesmo que esteja inserido numa grande massa de turistas, é ele que irá decidir e escolher o que fazer em cada momento. Todavia, é preciso ressaltar que é da soma de todos os atos individuais que obtêm-se os clichês de massa. Quando consideradas aos milhões, atribuem-se às pessoas comportamentos similares.[21]

Assim, o turista vilão é um indivíduo que busca a felicidade pessoal, respaldando-se o melhor possível para exercer essa atitude. Ele quer expressar sua liberdade e desfrutar o que só a viagem lhe permite, ou seja, externar seus desejos subjetivos, ainda que, aos olhos dos outros, não faça nada de especial.[22]

Esse tipo de turista defende sua própria causa e não tem a pretensão de trabalhar pela compreensão entre os povos, pelo desenvolvimento sustentável, pela expansão econômica e, muito menos, pela proteção da paisagem. Age de modo egocêntrico, não tem consciência das conseqüências de seus atos e, menos ainda, de sua responsabilidade sobre o sistema turístico.[23]

Em contrapartida, um turista responsável é um consumidor que revela uma atitude crítica não apenas no que se refere à vida cotidiana, como também à escolha da viagem. Ele se mostra crítico tanto em relação às diversas ofertas como em relação a si mesmo. O turista responsável estuda as características do sítio turístico e das demais características do turismo de que irá desfrutar antes de tomar decisões.[24]

---

20 *Ibid.*, p. 69.
21 *Ibid.*, p. 66.
22 *Ibidem.*
23 *Ibidem.*
24 *Ibid.*, p. 168.

Portanto, o turista responsável escolhe os propósitos e objetivos formais de sua viagem, de maneira a respeitar as populações e as culturas dos locais a ser visitados. Ele procura estender ao máximo sua estadia no sítio visitado para aprender algo com a população autóctone.[25]

Nesse sentido, Krippendorf afirma:

> [...] turista responsável se rebela contra o mercantilismo irrefletido e o nivelamento praticados pela maioria dos métodos de turismo. A essa enorme maquinaria montada, ele opõe a própria atitude, visando não à exploração mas à ação responsável.[26]

Conclui-se que o turista crítico, ao contrário de outros turistas, terá maior oportunidade de relaxamento, pois dificilmente será tratado como um ignorante. A busca de informação e da proteção dos sítios deve ser o objetivo principal de todos aqueles que estão ligados ao turismo – inclusive os turistas, enquanto consumidores de serviços e produtos turísticos. A questão não fica restrita à defesa dos direitos dos turistas em relação aos organizadores de viagens de turismo em si, mas contempla, também, os deveres do turista e suas responsabilidades.

Com relação aos deveres, Ron O'Grady estabelece doze regras de conduta para o desenvolvimento sadio e harmonioso do turismo. Pode-se observar claramente que o autor tomou por base os princípios da alteridade e da tolerância:

> 1. Adote uma atitude modesta e discreta e demonstre o desejo real de conhecer melhor os habitantes do local receptor. 2. Tente avaliar intuitivamente os sentimentos das pessoas. Estará, assim, evitando um comportamento que poderia ser interpretado como

25 *Ibidem.*

26 *Ibidem.*

chocante. Isso é especialmente válido ao tirar fotografias. 3. Não se contente em olhar e escutar. Dê-se ao trabalho de ouvir e observar. 4. Nunca se esqueça de que os habitantes do local que você visita têm, em geral, outra concepção do tempo, e que sua mentalidade difere da sua, sem que, por isso, torne-se menos aceitável. 5. Em vez de procurar o recanto paradisíaco, descubra, com espírito renovado, o enriquecimento que proporciona o conhecimento de um outro modo de vida. 6. Informe-se sobre os hábitos e costumes locais. Todos vão adorar ajudá-lo nesse sentido. 7. Em vez de adotar a atitude pedante de um grande número de ocidentais, dê-se ao trabalho de fazer perguntas. 8. Não se esqueça de que você é um turista no meio de milhões de outros que visitam o local. Não espere, portanto, um tratamento especial. 9. É absurdo gastar quantias consideráveis em uma viagem, se a única finalidade é deslocar-se um pouco do lar, pelo prazer de estar em outro local. 10. Lembre-se, ao fazer compras, de que o "excelente negócio" que você realiza origina-se do baixo salário pago à mão-de-obra. 11. Não faça promessas aos habitantes do local receptor se não estiver completamente certo de poder cumpri-las. 12. Reflita diariamente sobre os acontecimentos do dia, e tente aprofundar a compreensão sobre eles. Alguém teria dito: "aquilo que o enriquece pode estar despojando e violentando outros".[27]

Esses deveres e responsabilidades podem ser traduzidos em princípios que despertem o interesse, por meio de um processo de reflexão do turista sobre o turismo:

- compreender em vez de apossar-se;
- olhar em vez de pegar;
- alcançar em vez de conquistar;

[27] R. O'Grady, "Third World Stopover", em *Artikeldienst*, nº 33, Basiléia, 1980, pp. 60-61.

- respeitar em vez de desprezar;
- ir ao encontro de algo em vez de ir contra algo;
- provar em vez de reprovar;
- rir em vez de recriminar alguém;
- escutar em vez de ouvir;
- perguntar em vez de responder;
- procurar em vez de achar.

Tais princípios objetivam promover a sensibilização do turista e, ao mesmo tempo, torná-lo crítico, para que possa, então, ser considerado um turista responsável.

Terminologia

É importante resgatar algumas definições empíricas relacionadas ao turismo e, desde já, frisar que não há uma utilização uniforme de todos os termos aqui reproduzidos. Para o presente trabalho foi escolhida a terminologia elaborada por Boullón no final da década de 1980, amplamente empregada na atualidade:[28]

- *Área turística*: corresponde a cada uma das partes em que pode ser dividida uma zona, constituindo subsistemas dentro das zonas. Devem ter um centro turístico, atrativos e infra-estrutura de transporte e comunicação entre os elementos que a conformam. Uma área deve possuir pelo menos dez atrativos turísticos.
- *Atrativos turísticos*: aquilo que atrai o turista. Atrativo e recurso são sinônimos.

[28] R. Boullón, *Planificación del espacio turístico* (México: Trillas, 1987), p. 19.

- *Centro turístico*: aglomerado urbano que possui, dentro de sua área ou de seu raio de influência, atrativos turísticos capazes de motivar uma viagem especial. Convencionou-se estabelecer o raio de influência em duas horas de distância-tempo, o que acarreta certa flexibilidade de quilômetros, em virtude da topografia dos caminhos e do tipo de transporte terrestre utilizado. Os centros devem ter alojamentos, alimentação, lazer, agências de viagens com serviço receptivo, informação turística local, comércio de artigos de turismo, serviços públicos essenciais e sistema de transporte conectado com outros centros urbanos, em âmbito nacional ou internacional, conforme a hierarquia do centro.

Os centros turísticos podem ser divididos em quatro tipos:

- centros turísticos de distribuição: são aqueles em que o aglomerado urbano serve como base para a saída de excursões diurnas, e aos quais os turistas retornam para dormir. O alojamento e a rede de alimentação devem estar no centro de distribuição, bem como os equipamentos turísticos;
- centros turísticos de estadia: exploram um único atrativo. Os turistas permanecem por longas temporadas no local para usufruir repetidamente do atrativo, retornando todos os anos. Por isso, os centros de estadia possuem melhor infra-estrutura para servir à demanda e à oferta de lazer variadas;
- centros turísticos de excursão: recebem turistas provenientes de centros de distribuição por um período inferior a 24 horas;
- centros turísticos de escala: pouco comuns, são aqueles em que há conexões de transporte importantes a caminho de atrativos turísticos, caracterizando-se como pontos de conexão entre mercado

receptor e emissor. São centros que não precisam ter alojamentos, oferta alimentar, equipamentos de lazer e outros.

- *Complexos turísticos*: pouco freqüentes, são maiores que um centro e menores que uma zona ou área. São centros de distribuição que atingem um nível superior de hierarquia pelo tipo de atrativo que oferecem e onde os turistas permanecem, em média, três dias ou um pouco mais, sem chegar, porém, a permanecer o mesmo número de dias que num centro de estadia. Em geral, compreendem dois ou três centros turísticos.
- *Conjunto turístico*: é o núcleo que deixa de ser isolado, relacionando-se com o restante do território. A elevação de um núcleo a conjunto implica que cada um dos atrativos passe a ter serviços essenciais, como estacionamento, informação, guias, sanitários e outros.
- *Corredor turístico*: vias de conexão entre zonas, áreas, complexos, centros, conjuntos, atrativos, portões de entrada e núcleos emissores.
- *Núcleos turísticos*: agrupamentos de dois a nove atrativos turísticos, isolados entre si e sem comunicação eficaz com o território, que desenvolvem um turismo rudimentar. Sua situação é sempre transitória, pois, com a construção de estradas, passam a transformar-se em conjuntos.
- *Pólo turístico*: é um núcleo que emite turistas, um pólo de irradiação de fluxos turísticos.
- *Unidade turística*: é uma concentração menor de equipamento, destinada a explorar intensivamente um ou vários atrativos contíguos. É menor que um centro de estada, já que possui apenas um atrativo específico e um tipo específico de turista.

Os recursos turísticos dividem-se em naturais e culturais. Do ponto de vista da promoção turística, o produto turístico está composto de atrativos (sítios turísticos), facilidades (alojamento, alimentação, entretenimento e complementos) e acesso (transporte). Desse modo, encontra-se uma equivalência terminológica entre atrativos de sítio e recursos naturais e atrativos de eventos e recursos culturais, assim como entre facilidades e infra-estrutura.[29]

A infra-estrutura deve ser vista como a base material – obras e serviços públicos que garantam o mínimo de conforto da vida urbana. Já a infra-estrutura turística deve ser composta de estradas, aeroportos, portos, rodoviárias, estações e outros. Quanto aos equipamentos turísticos, correspondem às contruções que permitem a prestação do serviço turístico, tais como os alojamentos e as agências.

Os serviços turísticos são aqueles prestados exclusivamente para o turista e para quem vive do turismo (Anexo 5). Também são serviços turísticos os oferecidos no interior de um equipamento turístico, tais como os de hotelaria, agenciamento e transporte.

Cabe ainda apresentar a terminologia adotada pela União Européia por meio da Diretiva nº 95/57/CE do Conselho dos Ministros, relativa ao recolhimento de informações estatísticas no setor do turismo, que padronizou os diversos termos utilizados pelos países membros no campo do turismo. Assim, podem-se citar os seguintes conceitos trazidos pela mencionada diretiva:

- *Alojamento turístico*: qualquer estabelecimento que forneça, regular ou ocasionalmente, pernoite a turistas. Os tipos de alojamento turístico são os seguintes:
  - estabelecimentos de alojamento turístico coletivo: são aqueles destinados a proporcionar alojamento

[29] M. A. Acerenza, *Administración del turismo*, cit., p. 86.

ao viajante, num quarto ou em qualquer outra unidade, com a condição de que o número de lugares oferecidos seja superior ao mínimo especificado para grupos de pessoas que ultrapassem uma unidade familiar, devendo todos os lugares do estabelecimento inserir-se numa gestão de tipo comercial comum, mesmo quando não há fim lucrativo;

- estabelecimentos hoteleiros e similares: são aqueles que possuem quartos num número superior a um mínimo especificado em cada país membro; inserem-se no âmbito de uma gestão comum; fornecem determinados serviços, incluindo serviço de quarto, bem como serviços diários de limpeza das instalações sanitárias; estão agrupados em classes e categorias de acordo com as instalações e os serviços fornecidos; e não se inserem na categoria de alojamento especializado;
- estabelecimentos hoteleiros: essa categoria compreende hotéis, apart-hotéis, estalagens à beira de estrada, hotéis de estâncias balneares, clubes residenciais e estabelecimentos similares que fornecem serviços de hotelaria, incluindo mais do que os serviços diários dos quartos e a limpeza diária das instalações sanitárias;
- estabelecimentos similares: essa categoria compreende quartos arrendados e pensões, residências turísticas e alojamento similar em quartos, com serviços limitados de hotelaria, incluindo limpeza e serviços diários dos quartos e das instalações sanitárias. A categoria inclui, ainda, as casas de hóspedes, os estabelecimentos do tipo "cama e café da manhã" (*bed & breakfast*) e as unidades de alojamento de turismo no espaço aberto;

- outros estabelecimentos de alojamento coletivo e alojamento especializado: qualquer estabelecimento destinado a turistas, que pode não visar lucro e que se caracteriza por ter uma gestão comum e por oferecer um conjunto mínimo de serviços comuns (não incluindo a arrumação diária de quartos). Sua disposição não será necessariamente em quartos, mas eventualmente em unidades de tipo habitacional, parques de campismo ou dormitórios coletivos. Esses estabelecimentos envolvem, ainda, algumas atividades para além do fornecimento do alojamento, tais como cuidados de saúde, assistência social ou transporte.
- residências turísticas: esse grupo inclui instalações coletivas com uma gestão comum, tais como grupos de casas ou bangalôs preparados para alojamento de tipo residencial, que fornecem serviços limitados de hotelaria (excluindo os serviços e a limpeza diária dos quartos). De acordo com as definições, as residências turísticas que fornecem serviços de hotelaria deveriam fazer parte do grupo dos estabelecimentos hoteleiros, mesmo quando não dispostas em quartos, visto que nesse grupo se incluem apenas os estabelecimentos que não fornecem serviços de hotelaria;
- parques de campismo: esse grupo é formado por instalações coletivas em áreas fechadas, destinadas para tendas, caravanas, reboques e residências móveis. Inserem-se todas num tipo de gestão comum e oferecem alguns serviços turísticos (lojas, informações, atividades recreativas). Os parques de campismo alugam lotes para tendas, caravanas, residências móveis e abrigos similares para turistas que pretendem ficar num lote apenas durante uma

noite, alguns dias ou semanas (lote móvel), bem como a pessoas que desejem alugar um lote durante uma estação ou um ano (lote fixo). O aluguel de lotes fixos por prazos longos (mais de um ano) pode ser considerado alojamento privado;

- marinas: incluem o porto onde os proprietários das embarcações podem alugar ancoragem na água, ou um espaço em terra, durante uma estação ou um ano, e portos para embarcações de passagem, onde as tripulações pagam acostagem por noite, ou ainda uma combinação de ambos os tipos. São fornecidas, no mínimo, instalações sanitárias. As marinas podem ser geridas por clubes náuticos, empresas ou entidades públicas.

- *Outros tipos de alojamento turístico não especificados*: esse grupo inclui pousadas de juventude, dormitórios turísticos, alojamentos de grupos, residências de férias para idosos, alojamentos de férias e pousadas para trabalhadores, lares para estudantes e dormitórios escolares, ou outras instalações similares abrangidas por uma gestão comum, com interesse social, e que são geralmente subsidiadas:

  - estabelecimentos de saúde: essa categoria engloba estabelecimentos de cuidados de saúde e de tratamentos que fornecem alojamento, tais como estâncias termais, sanatórios, sanatórios de montanha, lares de convalescença, estâncias de recuperação física e outros estabelecimentos similares. Segundo essas definições, os estabelecimentos de cuidados de saúde que fornecem serviços de hotelaria devem incluir-se na categoria dos estabelecimentos hoteleiros. No grupo dos estabelecimentos de saúde devem incluir-se apenas os estabelecimentos que não fornecem serviços de hotelaria;

- campos de férias e de trabalho: esse grupo engloba campos que fornecem alojamento para atividades de férias, tais como campos agrícolas, arqueológicos e ecológicos, campos de férias, abrigos de montanha e outros estabelecimentos similares. Esse grupo pode, ainda, incluir colônias de férias infantis, serviços de alojamento de escolas de vela e de equitação e outros centros desportivos (que não fornecem serviços de hotelaria);
- transportes públicos de passageiros: esse grupo consiste em alojamento com instalações para dormida, associadas a transportes coletivos e inseparáveis destes em termos de preços cobrados; aplica-se fundamentalmente a comboios, navios e outras embarcações. Os transportes públicos de passageiros representam uma categoria especial no grupo dos estabelecimentos de alojamento, pois não estão diretamente associados a uma localidade (um estabelecimento hoteleiro numa embarcação que não navegue, isto é, que permaneça no mesmo local, é classificado como hotel). As pessoas que passam uma ou mais noites nos navios de cruzeiro são classificadas como visitantes no país de destino, mas como turistas no seu país de origem;
- centros de conferências: essa categoria inclui estabelecimentos que oferecem alojamento e que são especializados em instalações para congressos, conferências, cursos, formação profissional, meditação e retiros religiosos ou reuniões de jovens. Em geral, só podem pernoitar os participantes das atividades especializadas organizadas no estabelecimento ou por ele. De acordo com as definições, os centros de conferências que fornecem serviços de hotelaria devem ser incluídos no grupo dos estabelecimentos hoteleiros. Do grupo dos centros de

conferências devem constar apenas os estabelecimentos que não fornecem serviços de hotelaria. Os estudantes em tempo integral não devem ser considerados hóspedes nos centros de conferências;

- alojamentos privados: pertencem a essa categoria os demais tipos de estabelecimento de alojamento turístico coletivo que não são abrangidos pela definição de estabelecimento. O alojamento turístico privado oferece um número limitado de lugares, tanto a título oneroso como a título gratuito. Cada unidade de alojamento (quarto, habitação) é independente e pode ser ocupada por turistas, geralmente por semana, quinzena, pelo fim de semana ou por mês, ou por seus proprietários, nesse caso como segunda residência ou casa de férias.

a) casa de férias: esse grupo inclui residências secundárias, apartamentos, vilas, vivendas, chalés, etc., utilizados durante a viagem de turismo por visitantes que são membros do agregado familiar proprietário destes. O grupo inclui, ainda, residências incorporadas num contrato de *time-sharing* (direito real de habitação periódica). Quando se tratar do arrendamento de longa duração de residências secundárias, vivendas, vilas, casas de campo e lotes em parques de campismo ou da ancoragem em portos, aquele pode ser associado à habitação própria e, conseqüentemente, integrar essa categoria;

b) alojamento fornecido gratuitamente por familiares e amigos: esse alojamento é oferecido por familiares ou amigos de turistas, que permitem utilizar gratuitamente parte ou a totalidade de sua habitação;

c) alojamento privado não especificado: esse grupo não se insere completamente no grande grupo do alojamento turístico privado e inclui outros tipos de alojamento, tais como tendas ou locais sem estrutura organizada e embarcações em locais de ancoragem não oficiais. O grupo inclui qualquer tipo de alojamento particular que não se insira nas categorias anteriores e tem como único requisito o pernoite, ou tentativa de pernoite, de uma pessoa num determinado local. É o caso, principalmente, do pernoite por algum tempo dentro de um automóvel, durante a noite, ou num saco-de-dormir, ao ar livre, ou ainda numa estação de estrada de ferro;

- alojamento arrendado: quartos arrendados em casas particulares. O alojamento abrangido por esse grupo difere da pensão, dado que o turista fica alojado com a família que habitualmente reside no local e paga o aluguel. Os quartos com arrendamento de longa duração (superior a um ano) não constam desse grupo;
- habitações arrendadas a particulares ou a agências profissionais: incluem apartamentos, vilas, vivendas, chalés e outras habitações alugadas ou arrendadas como unidades completas, entre agregados familiares, na qualidade de alojamento turístico, em termos temporários.

■ *País de residência*: uma pessoa é considerada residente num país/local se:

- tiver vivido durante a maior parte do ano precedente (doze meses) nesse país/local;
- tiver vivido nesse país/local por um período mais curto e pretender regressar no prazo de doze meses, com a intenção de se instalar ali.

A classificação dos turistas internacionais deve ser feita por país de residência e não segundo sua cidadania. Do ponto de vista do turismo, qualquer pessoa que resida num país/local por um período superior a um ano é imediatamente assimilada aos outros residentes desse país/local. Os cidadãos de um país, residentes no estrangeiro, que regressem a seu país de origem numa visita temporária são incluídos entre os visitantes não residentes. Enquanto a cidadania é indicada no passaporte (ou em outro documento de identidade), o país de residência é determinado por meio de um questionário ou inferido, por exemplo, pela moradia do indivíduo.

- *Turismo*: atividades realizadas por indivíduos durante suas viagens e estadias em lugares distintos de sua residência habitual, por um período de tempo consecutivo inferior a um ano, com finalidade de lazer, de negócios ou por outros motivos.

Entende-se por turismo o deslocamento de uma pessoa a um local distinto de seu ambiente habitual por qualquer motivo. Contudo, algumas viagens efetuadas por razões involuntárias são excluídas por convenção: por exemplo, estadias involuntárias num hospital em ou qualquer outra instituição de saúde que preste tratamentos clínicos e cuidados de saúde prescritos por receita médica.

Entre essas exclusões contam-se, ainda, as permanências na prisão ou o serviço numa instituição militar (note-se que as férias dos indivíduos que estão nas referidas instituições podem ser incluídas no turismo).

Há três formas de turismo relativas a um país determinado:

- turismo interno: inclui as atividades dos residentes de um determinado país que viajam unicamente no interior desse país, mas em lugares distintos daquele de seu ambiente habitual;

- turismo receptor: inclui as atividades dos visitantes residentes no estrangeiro que viajam num outro país, fora de seu ambiente habitual;
- turismo emissor: inclui as atividades dos residentes de um determinado país em outros países, fora de seu ambiente habitual. Podem aplicar-se definições semelhantes a outras áreas, regiões ou grupos de países, bastando para tal substituir o termo "país" pelo correspondente à área de referência analisada.

As três formas básicas de turismo podem combinar-se de três maneiras, obtendo-se, assim, as categorias de turismo seguintes:

- turismo interior, que inclui "turismo interno" e "turismo receptor";
- turismo nacional, que inclui "turismo interno" e "turismo emissor";
- turismo internacional, que consiste em "turismo receptor" e "turismo emissor".

■ *Viajante*: indivíduo que se desloca entre dois ou mais países distintos ou entre dois ou mais lugares no interior de seu país de residência habitual, independentemente do motivo.

■ *Visitante*: indivíduo que se desloca a um lugar diferente daquele de sua residência habitual, por uma duração inferior a 365 dias, desde que o motivo principal da viagem não seja o de exercer uma atividade remunerada no lugar visitado.

O termo "visitante" (interno/internacional) inclui:

- turistas: visitantes que permanecem, pelo menos uma noite, num alojamento coletivo ou particular, no lugar visitado;

- excursionistas: visitantes que não pernoitam num alojamento coletivo ou particular no lugar visitado.

Os três critérios fundamentais para distinguir os visitantes de outros viajantes são os seguintes:

- o deslocamento deve efetuar-se para um local diferente do ambiente habitual do indivíduo, o que, portanto, exclui as viagens locais de curta duração e as viagens mais ou menos regulares que se efetuam entre o local de trabalho ou estudo e o local de residência;
- a estadia no local visitado não deve superar doze meses consecutivos, duração a partir da qual o visitante passa a ser considerado como residente (para fins estatísticos);
- o objetivo principal da visita não deve ser o exercício de uma atividade remunerada no local visitado, excluindo-se, dessa forma, as movimentações migratórias por razões profissionais.

Não devem ser incluídos nas partidas e chegadas dos visitantes internacionais os seguintes tipos de viajante:

- pessoas que entrem ou saiam de um país na condição de migrantes, incluindo os familiares que os acompanhem ou que a eles se juntem posteriormente;
- trabalhadores fronteiriços, isto é, pessoas que residem perto da fronteira de um país, mas que exercem sua atividade profissional em outro país;
- diplomatas, funcionários consulares e membros das Forças Armadas em deslocamento de seu país de origem para o país onde vão exercer funções, ou vice-versa, incluindo os familiares e empregados domésticos que os acompanhem ou que a eles se juntem posteriormente;

- pessoas que viajem na condição de refugiados ou como nômades;
- pessoas em trânsito que não entrem oficialmente no país, tais como passageiros de transportes aéreos que permaneçam, durante um breve período, numa área determinada do terminal aéreo, ou passageiros de embarcações que não possuam autorização para desembarcar. Incluem-se nessa categoria os passageiros transferidos diretamente entre aeroportos ou outros terminais. Outros passageiros em trânsito num determinado país são classificados como visitantes.

Não devem ser incluídos nas partidas e chegadas de visitantes internos os seguintes tipos de viajante:

- pessoas que viajem até outro local do país com a intenção de aí fixar sua residência habitual;
- pessoas que viajem até outro ponto do país para exercer uma atividade remunerada no local visitado;
- pessoas que viajem com o objetivo de trabalhar temporariamente em instituições no país;
- pessoas que viajem, regular ou freqüentemente, entre localidades vizinhas para estudar ou trabalhar;
- nômades e indivíduos sem residência fixa;
- Forças Armadas em manobras.

- *Ambiente habitual* é aquele próximo da residência, relativamente a seu local de trabalho ou estudo, bem como outros locais freqüentemente visitados. O conceito de ambiente habitual tem duas dimensões: distância e freqüência. Os locais situados perto da residência de uma pessoa fazem também parte de seu ambiente habitual, muito embora possam ser raramente visitados.

Os locais visitados com freqüência (ou seja, em média uma ou mais vezes por semana), numa base rotineira, são considerados como parte de seu ambiente habitual, apesar de esses locais poderem situar-se a uma distância considerável da residência (ou em outro país). Uma pessoa possui apenas um ambiente habitual, e o conceito aplica-se tanto ao turismo interno como ao turismo internacional.

As pessoas que trabalham em meios de transporte (funcionários das estradas de ferro, pilotos e assistentes de bordo dos transportes aéreos, etc.) e os agentes de comércio incluem-se no turismo, no âmbito das viagens de negócios; porém, se suas viagens, em particular as internas, forem efetuadas rotineiramente, é possível excluí-los de acordo com o critério do ambiente habitual.

- *Motivo da viagem*: cada viagem turística possui apenas um motivo principal, na ausência do qual a viagem não se teria efetuado. A diretiva faz a distinção entre dois objetivos ou motivos principais para a realização de uma viagem:
    - negócios ou razões profissionais;
    - lazer, recreação ou férias.
- *Local e/ou país de origem*: trata-se do local/país onde a viagem tem início. O país de origem equivale geralmente ao local e país de residência. A viagem pode também ter início no local de trabalho ou de estudo. Isso não é relevante em termos de turismo, dado que o local de residência pode, ainda assim, ser considerado como local de origem.
- *Número de estadias de turismo*: relaciona-se a viagens efetuadas por turistas, ou seja, viagens que envolvem pelo menos uma noite passada fora do local de residência habitual.

No que diz respeito ao turismo emissor com distribuição por zonas geográficas, o termo "destino" pode ser entendido de vários modos, a saber:

- o lugar que o visitante considera como o principal lugar visitado (destino em função do motivo);
- o lugar onde se passa a maior parte do tempo (destino em função do tempo);
- o lugar visitado que mais se distancia do local de residência (destino em função da distância).

- *Duração da estadia*: a duração da estadia das viagens que incluem uma ou mais noites consecutivas é determinada por número de pernoites. Deve-se especificar o número real de pernoites caso não se possa determinar a duração por meio de datas ou horas.
- *Organização da estadia*: a diretiva especifica os seguintes tipos de organização da estadia:
  - reserva com operador de alojamento e transporte;
  - por meio de agência de viagens ou operador turístico: viagens organizadas.
- *Viagens organizadas*: implicam o acordo antecipado de fornecimento de vários serviços de viagem, que incluem, no mínimo, transporte e/ou alojamento e alguns serviços turísticos essenciais.

O alojamento em meios de transporte, juntamente com o serviço exclusivo de transporte, não se considera viagem organizada. As viagens organizadas podem incluir, ou não, o fornecimento de café da manhã, a viagem do aeroporto até o local de alojamento, excursões, etc.

- *Classificação dos meios de transporte*:

Aéreo:

- serviços regulares de transporte aéreo de passageiros: primeira classe, classe executiva, classe econômica;
- serviços não regulares de transporte aéreo de passageiros (incluindo serviços de táxis aéreos);
- outros transportes aéreos;
- serviços de aluguel de aeronaves com tripulação e serviços de aluguel de meio de transporte sem operador.

Marítimo:

- serviços de transporte de passageiros, por *ferry*, em vias navegáveis interiores;
- transporte marítimo de passageiros por *ferry-boat;*
- cruzeiros ou outro transporte de passageiros (táxis aquáticos e embarcações de circuitos turísticos) em vias navegáveis interiores, bem como no mar e litoral;
- outros transportes marítimos: aluguel de embarcações; embarcações de recreio (incluindo embarcações a remo e outras).

Terrestre:

- trens de alta velocidade;
- outros transportes ferroviários interurbanos;
- transporte ferroviário regular urbano de superfície ou subterrâneo;
- transporte rodoviário regular de passageiros e transporte regular urbano e suburbano;

- transportes rodoviários não regulares;
- aluguel de automóveis com condutor;
- serviços de circuitos turísticos panorâmicos em ônibus.

Veículos privados e alugados:

- veículos particulares: bicicletas, ciclomotores e motocicletas; veículos de passageiros, incluindo veículos ligeiros pertencentes a familiares e amigos, mas excluindo táxis e veículos ligeiros alugados; veículos de transporte de mercadorias;
- aluguel de veículos: automóveis alugados (excluindo ônibus); táxis, outros veículos alugados.

Outros:

- deslocamentos a pé;
- veículos de tração animal;
- serviços de transporte de passageiros por teleféricos e telesquis; outros.

■ *Despesas para turismo*: a despesa total efetuada por um visitante e/ou por alguém em seu benefício durante sua viagem ou estadia no lugar de destino. Embora representem uma característica de qualquer viagem, as despesas podem ser calculadas individual e nacionalmente.

O valor da despesa diária média obtém-se dividindo a despesa total pela duração da viagem. As despesas turísticas abrangem uma vasta gama de itens, desde a aquisição de serviços e bens de consumo inerentes à viagem e à estadia até a aquisição de pequenos bens duradouros para uso pessoal, bem como lembranças e prendas para familiares e amigos.

Devem ser excluídos das despesas turísticas os seguintes tipos de gasto ou aquisição:

- aquisições para fins comerciais, isto é, revendas efetuadas por qualquer tipo de visitante e compras efetuadas pelos visitantes em viagens de negócios, em nome de seu empregador;
- investimentos ou transações de capitais ou afins efetuados pelos visitantes, como, por exemplo, aquisição de propriedades, imóveis, obras de arte e outras aquisições importantes como carros, barcos e residências secundárias, mesmo nos casos em que estas possam, no futuro, vir a ser utilizadas para fins turísticos;
- dinheiro entregue, durante a viagem, a familiares e amigos, ou donativos a instituições, que não representem bens ou serviços turísticos.

- *Viagens, férias e viagens organizadas:* incluem alojamento (se houver fornecimento de refeições, poderá discriminar-se entre meia pensão e pensão completa), transporte, seguros, outros (transportes de correspondência locais, excursões guiadas, taxas, programas recreativos, etc.).

O transporte inclui o preço das passagens do local de residência ao destino e volta; no local de destino (deslocamentos em transportes públicos, viagens de táxi); utilização de um veículo automotor (custo do combustível – valor real ou uma estimativa dos gastos durante a viagem); pagamento de parques de estacionamento; outras despesas (por exemplo, aluguel de um veículo).

As atividades recreativas, culturais e desportivas incluem visitas guiadas, atividades desportivas (aluguel de equipamento e de instalações), atividades culturais (preço de entrada, incluindo aquisição prévia de bilhetes), atrações e outras atividades recreativas.

As compras incluem a aquisição prévia de bens a ser utilizados durante a viagem, de bens para uso posterior no local de residência habitual (incluindo alimentos e bebidas, prendas e lembranças, vestuário, calçado e outros) e de bens para consumo durante a estadia (incluindo alimentação e bebidas).

Em geral, outras despesas incluem congressos ou reuniões (taxas de inscrição; gastos com fotocópias, programas e material; livros; revistas e assinaturas relacionadas com o congresso; pagamento de taxas anuais à organização), seguros, chamadas telefônicas e outras despesas (por exemplo, franquias postais, despesas de câmbio, etc.).

A diretiva exige, ainda, a transmissão de informação relativa ao valor total das despesas para turismo e, em separado, o valor das despesas de viagens, férias e viagens organizadas.

Direito e turismo entremeados ao longo da história

Para estabelecer uma compreensão clara da história do turismo, é necessário tratar do conceito de viagem, que implica tão somente deslocamento, e do conceito de turismo, que se refere à existência, também, de recursos, infra-estrutura e superestrutura jurídico-administrativa.[1]

É preciso diferenciar, ainda, a viagem de outro tipo de deslocamento. O homem primitivo migrava, sempre buscando melhores condições para sua subsistência. Esse deslocamento, porém, difere da viagem, visto que nesta existe o retorno, enquanto, no processo migratório, havia a permanência no local, desde que fosse favorável ao sustento do migrante, não existindo, nesse caso, a intenção de retorno. Assim, percebe-se claramente que o nomadismo nada tem em comum com a viagem e o turismo.

Do século II ao XV d.C.: a pré-história do turismo e o papel do direito

A pré-história do turismo pode situar-se na Grécia Antiga, entre os fenícios, na Roma Antiga ou, até mesmo, antes do surgimento da escrita, há milhões de anos. No presente

1 Utiliza-se, aqui, o conceito gramsciano de superestrutura, que define instituições difusoras de valores e ideais, ou seja, instituições normativas.

trabalho, serão tomados por modelos os principais estudos sobre turismo e sua origem no mundo.

Diversos autores, entre eles De la Torre, MacIntire e Lévy, situam o nascimento do turismo no século VIII a.C., na Grécia, visto que as pessoas viajavam para assistir aos jogos olímpicos a cada quatro anos;[2] outros acreditam que os fenícios foram seus criadores, por terem inventado a moeda e promovido o comércio e a expansão marítima comercial[3] no Mar Mediterrâneo. Todavia, deve-se ressaltar que, se fossem realizados estudos e pesquisas em tempos anteriores, em outras culturas e povos além das civilizações grega, romana e fenícia, seriam encontrados antecedentes ainda mais remotos, o que permitiria supor que o ser humano sempre viajou, seja em definitivo (processo migratório) ou temporariamente (processo de retorno). Corroborando essa idéia, a arqueologia revela, por exemplo, que, há 13 mil anos, grupos humanos habitantes da caverna de Madasin, nos Pirineus, viajavam até o mar e retornavam.[4]

Os romanos cultivaram o hábito de fazer viagens, criando um antecedente remoto do turismo, pois com freqüência as empreendiam com finalidade de lazer, prazer, comércio e para realizar descobertas, embora esses deslocamentos fossem privilégio apenas de uma parte da sociedade, representada pelos homens livres. As relações capitalistas que marcam a sociedade industrial e caracterizam o turismo não existiam, pois os serviços eram prestados pelo braço escravo. As pessoas estavam movidas pelos mesmos objetivos que hoje caracterizam o turismo de lazer.

Muitas estradas foram construídas pelo Império Romano entre o século II a.C. e o século II d.C., possibilitando e

[2] O. de la Torre Padilla, *El turismo: fenómeno social*, cit., p. 89.

[3] H. Mcintosh, *The Travel and the Tourisme Industry* (Oxford: Basil Blackwell, 1999), p. 27.

[4] M. Leakey, *Tourisme and Society* (Oxford: Basil Blackwell, 1999), p. 138.

determinando que seus cidadãos viajassem. De Roma saíam contingentes importantes para o mar, o campo, as águas termais, os templos e as festividades.

Os romanos podem ser considerados os primeiros a viajar por prazer. Diversas pesquisas científicas (análise de azulejos, placas, vasos e mapas) revelaram que o povo romano ia à praia e a centros de rejuvenescimento e tratamento do corpo, buscando sempre divertimento e relaxamento.[5]

Entre os séculos II e III houve intensa peregrinação a Jerusalém e à Igreja do Santo Sepulcro, que fora construída em 326 d.C. pelo imperador Constantino. Os peregrinos eram conhecidos como palmeiros.[6]

Por volta do ano 456 d.C., as invasões bárbaras consolidaram o processo de desmantelamento que o Império Romano já vinha sofrendo, levando a sua divisão em dois pelo imperador Teodósio. Desse período, nada foi registrado sobre viagens, a não ser os deslocamentos militares dos povos bárbaros.[7]

Com a completa decadência do Império Romano do Ocidente, restou a desorganização e o descumprimento das normas instituídas, diversos éditos caíram por terra e somente no século VI voltaram a ter importância real – todavia, ainda fragilizada.

A partir do século VI, começaram a ser registradas as peregrinações de cristãos, conhecidos como romeiros, para Roma. Nessa época foram criados os primeiros éditos que regulamentavam a entrada desses peregrinos em Roma, cadastrando-os e instituindo tributos.

---

[5] A. Souto Maior, *História geral* (São Paulo: Companhia Editora Nacional, 1990), p. 138.

[6] *Ibid.*, p. 140.

[7] *Ibid.*, p. 144.

Do século VII ao IX, os deslocamentos expandiram-se de maneira gigantesca, ocorrendo viagens freqüentes para comemoração das festas da primavera, da colheita, dos territórios dos ostrogodos, visigodos, vândalos e burgúndios, entre outros. Ressalte-se que, nessa época, consolidaram-se os tributos de passagem por territórios desconhecidos, as trocas de moedas e, sobretudo, a barganha.

No século IX, tendo sido descoberta a tumba de Santiago de Compostela, iniciaram-se as primeiras excursões pagas registradas pela história, organizadas pelos jacobitas ou jacobeus, que dispunham de líderes de equipes que conheciam os principais pontos do caminho, organizavam o grupo e estipulavam as regras de horário, alimentação e orações de suas equipes.

As peregrinações a Santiago tornaram-se tão importantes, que foi criada a irmandade dos trocadores de moedas, para atender à diversidade de moedas em circulação no local. Três séculos mais tarde, o jacobita francês Aymeric Picaud escreveu as histórias do apóstolo Santiago e também um roteiro completo de viagem, indicando o caminho a partir da França. Esse é, reconhecidamente, o primeiro guia turístico impresso da história –[8] contido em cinco volumes, descreve o roteiro entre a França e Santiago de Compostela.

Na primeira metade da Idade Média, com a consolidação do feudalismo e do poder clerical, o homem arraigou-se à terra, tornando-se essencialmente agrícola, de maneira que as antigas estradas, construídas pelos romanos, desgastaram-se e acabaram por ser destruídas. As terras, divididas em feudos entre diversos nobres, tornaram-se excessivamente disputadas, e viajar, nesse contexto, passou a ser perigoso e caro, além de implicar grande desconforto. Por isso, os senhores feudais e clérigos viajavam somente quando

[8] R. Duchet, *Le tourisme à travers les âges* (Paris: Vigot, 1999), p. 32.

imprescindível, por questões oficiais, administrativas ou por causa da fé.

No início do século XI, com a conquista do Santo Sepulcro pelos turcos seljúcidas, os peregrinos ocidentais passaram a narrar com cores vivas as perseguições e profanações turcas. Uma vez que Jerusalém estava sob domínio turco, a maioria dos peregrinos optou por visitar Santiago de Compostela em vez do Santo Sepulcro.

Assim, entre o século XI e o século XII, diversas expedições militares-religiosas, conhecidas pela denominação de Cruzadas, foram organizadas para libertar o Santo Sepulcro do domínio turco. Todavia, a grande motivação dessas iniciativas erade ordem político-econômica, pois os não-primogênitos dos nobres vislumbravam perspectivas de se tornar senhores no Oriente. Do mesmo modo, as Cruzadas representaram uma oportunidade, para as cidades italianas de grande comércio, de acabar com a supremacia muçulmana no Mar Mediterrâneo.[9]

Durante umas dessas expedições, mais conhecida como a Cruzada dos Reis, Ricardo Coração de Leão, rei da Inglaterra, firmou um tratado[10] com Saladino, sultão do Egito, que havia tomado Jerusalém, em que ficava reconhecido aos cristãos o domínio de uma estreita faixa costeira na Síria e a permissão de livre acesso dos peregrinos a Jerusalém.

Esse tratado propiciou a retomada, durante o período das Cruzadas, das peregrinações ao Santo Sepulcro, reaquecendo o mercado dos transportadores marítimos e dos guias de peregrinação. Note-se que esse tratado vigorou até o final do século XIII, quando outras faixas costeiras foram abertas aos peregrinos cristãos como passagem para o Santo Sepulcro.[11]

[9] *Ibid.*, p. 35.
[10] *Ibid.*, p. 37.
[11] *Ibid.*, p. 40.

As Cruzadas colocaram nos caminhos europeus diversos viajantes, compreendendo desde os soldados e mercadores até os peregrinos, o que levou à transformação das pousadas, antes funcionando sob a égide da caridade, em lucrativa atividade, tendo sido aberto grande número delas no período de cem anos. Com as pousadas atuando sob o aspecto econômico e visando lucro, foi criado em 1282 o primeiro grêmio dos proprietários de pousadas, em Florença, na Itália.[12]

As atividades crescentes do grêmio dos proprietários de pousadas influenciaram o sistema de hospedagem italiano, gerando um processo que culminou num decreto que instituía uma série de regras para padronização e classificação dessas casas.[13] Nessa época deu-se início ao intercâmbio de professores e alunos entre as universidades européias, o que contribuiu para a expansão dos serviços de hospedagem por todo o continente.[14]

As atividades comerciais na Idade Média consistiam, em sua maioria, nas feiras, que formavam uma verdadeira espécie de comércio internacional.[15] Além do comércio, proporcionavam o contato com a cultura e a política dos povos, tanto europeus como do Oriente, o que se manifestava na diversidade de hábitos e indumentárias apresentada durante a realização desses eventos.

As feiras medievais, nos séculos XIII e XIV, chamavam a atenção dos habitantes de outras cidades, o que se cons-

---

12 *Ibid.*, p. 41.

13 P. Py, *Droit du tourisme* (2ª ed. Paris: Dalloz, 2000), *passim*.

14 *Ibid.*, p. 39.

15 M. Boyer, *Histoire du tourisme du masse*, Coleção Que Sais-Je? (Paris: PUF, 2001), p. 9: "As feiras mais importantes da Europa medieval eram as de Londres e Sockbridge, na Inglaterra; as de Paris, Lyon e Reims, na França; as de Colônia, Frankfurt e Lubeck, na Alemanha; Genebra, na Suíça; e Novgorod, na Rússia".

tata pelo fato de que, no período de sua realização, as estalagens, pousadas e outros meios de hospedagem ficavam lotados,[16] gerando grande movimentação econômica. Muitas pessoas, sem interesse de comercializar, aproveitavam as feiras para passeio e como forma de descontração.[17]

A Liga Hanseática,[18] grande união de comerciantes do norte europeu, em sua fase de maior prestígio estabeleceu um código de comércio, seguido por mais de noventa cidades, no qual eram prescritas regras para franquia e criação de entrepostos. Cabe frisar que a Liga Hanseática organizava grupos de viagem para percorrer diversas cidades, com o intuito de mostrar às pessoas sua organização e diversidade de mercadorias.[19] Esses grupos eram acolhidos por pousadas predeterminadas pela liga, onde eram tratados de forma diferenciada, com oferta de massagens, vinhos e outras peculiaridades de cada região.[20]

Em 1492 houve a primeira escalada gratuita ao monte Aiguille, em Dauphine, sendo esta a primeira excursão em que todos os participantes poderiam receber uma indenização por parte da Coroa francesa em caso de acidente.[21]

Nobres do sul da Europa viajavam até Baden-Baden, na Alemanha, para participar de orgias que aconteciam nos banhos. A nobreza do norte da Europa organizava grupos para desfrutar o verão no Mediterrâneo.

---

16 R. Duchet, *Le tourisme à travers les âges*, cit., p. 48.

17 *Ibid.*, p. 63.

18 M. Boyer, *Histoire du tourisme du masse*, cit., p. 10: "Os comerciantes do norte da Europa fundaram, em Hansa, a Liga Hanseática, ou seja, um grupo mercantil que controlava o comércio e as feiras em mais de noventa cidades, trazendo mercadorias de Novgorod, na Rússia, para comercializá-las com preços tabelados e utilizando o ouro como moeda-padrão".

19 R. Duchet, *Le tourisme à travers les âges*, cit., p. 64.

20 *Ibidem*.

21 M. Boyer, *Histoire du tourisme du masse*, cit., p. 9.

Por fim, ainda no século XV, com a expansão marítima comercial[22] e o uso da bússola, as viagens de cunho mercantil passaram a ter grande importância em toda a Europa. Os espanhóis e os portugueses desempenharam papel fundamental nas viagens transoceânicas de descoberta,[23] e foram essas viagens que descortinaram ao Velho Continente o Novo Mundo, cheio de mistérios, tesouros e novidades, o que instigou o desejo, por parte de muitos, de conhecê-lo.

Do século XVI ao XVIII d.C.

A segunda metade do século XV e todo o século XVI foram marcados pelo considerável aumento das viagens particulares. Essas viagens visavam suprir a falta de comunicação ainda predominante apesar do advento do livro, que ainda não possuía circulação maciça. Ao mesmo tempo, tinham por cunho, também, o acúmulo de conhecimento, cultura, línguas e aventuras.[24]

Em 1551, Charles Estienne lançou *Le guide des chemins de France*,[25] considerado em toda a Europa como o predecessor dos guias de viagem da França. Suas cópias eram vendidas sob a forma de manuscrito e exclusivamente mediante encomenda. Trinta anos mais tarde, os viajantes europeus voltavam-se para as viagens pelas montanhas italianas. Houve grande divulgação acerca dessas regiões e, durante todo o período renascentista, a Itália foi considerada o grande destino cultural.

22 J. Lozato & P. Giotar, *Géographie du tourisme* (Paris: Masson, 2000), p. 86.

23 *Ibid.*, p. 89.

24 *Ibidem.*

25 *Ibid.*, p. 12.

Esse período foi marcado por viagens realizadas por jovens acompanhados de seus professores. Não havia propriamente turismo, mas sim *tours* – viagens de ida e volta empreendidas pela nobreza e pelo clero, que tinham por característica a aventura, a participação exclusiva de homens e duração de aproximadamente três anos.

Note-se que, para um nobre envolver-se em uma viagem, precisava firmar, bem como seu pai, um contrato,[26] com seu professor ou tutor, que estabelecia as metas da viagem, as responsabilidades de cada um, os poderes delegados pelo pai ao professor e as condições de cancelamento do documento.

Na Europa do século XVI, alguns países destacaram-se sobremaneira quanto a viagens. Os ingleses, por exemplo, andavam pelas regiões menos íngremes da França, Alemanha, Itália e Holanda. Os alemães dirigiam-se em sua maioria para a costa do Mediterrâneo. A diversão ainda não constituía a motivação fundamental, mas sim a aventura,[27] de modo que era necessário ao professor ou tutor que falasse a língua do país visitado e já o conhecesse, a fim de poder comentar e explicar os costumes do povo.[28]

O comércio passava por um período de grande expansão. Ainda no século XVI, foi criado o primeiro hotel do mundo, o Wekalet-Al-Ghury, no Egito, para atender mercadores. Doze *spas* foram registrados nesse mesmo século, reservando-se cinco deles ao atendimento exclusivo de nobres e monarcas, que aproveitavam os programas de recreação e entretenimento. Nesse ínterim, foram construídas diversas casas de campo nos arredores das grandes cidades

[26] F. Boulanger, *Droit du tourisme* (Paris: PUF, 2001), p. 178.

[27] J. Lozato & P. Giotar, *Géographie du tourisme*, cit., p. 86.

[28] Richard Lassels, tutor, autor do livro *An italian voyage*, de 1679, descreve minuciosamente as características primordiais de um bom tutor ou professor, *apud* R. Duchet, *Le tourisme à travers les âges*, cit., p. 70.

italianas, sendo esses imóveis considerados os ancestrais diretos do conceito de "residência secundária".[29]

No século XVII houve uma melhora considerável nos transportes terrestres; foi inventada a diligência, com serviços regulares de Frankfurt para Paris e de Londres para Oxford. Os caminhos, porém, eram ruins e malconservados. Na maioria das vezes, sua manutenção ficava a cargo dos donos da terra por onde o caminho passava, que cobravam pedágio pelos serviços. O primeiro pedágio foi instalado em Hertfordshire, na Inglaterra, em 1663.

No início do século XVIII, a tentativa de Luís XIV de anexar a Espanha para assim dominar os territórios americanos afugentou os turistas, que passaram a visitar a Itália, especialmente Florença e Roma. Os ingleses diziam que as pessoas que não conheciam a Itália sentiam-se inferiores às outras pelo resto da vida. A "febre italiana" promoveu a criação de clubes reservados somente àqueles que já tivessem viajado para a Itália, como o Clube di Dilettanti, fundado em 1734.

No século XVIII, um jovem aristocrata inglês fazia uma viagem pelo continente europeu com a duração de seis meses a dois anos, freqüentemente com um tutor ou mestre, levando consigo uma obra de referência para estudos.[30] Ao retornar à Inglaterra o jovem aristocrata tornava-se um cavalheiro e, juntamente com os companheiros que já haviam realizado a viagem – "*the tour*" –[31] adotavam a seguinte máxima: "As viagens formam a juventude".[32]

[29] M. Boyer, *Histoire du tourisme du masse*, cit., p. 9.

[30] Medicina e direito eram os estudos preferidos dos jovens aristocratas ingleses.

[31] "*The tour*" era o nome genérico dado às viagens realizadas pelos jovens aristocratas ingleses, que podia ter como ponto principal a estada em Roma ou Paris e, a partir dessas cidades, incluir novas rotas. Com a ascensão de Luís XIV ao trono francês e sua crescente ambição, Paris foi preterida em favor de Roma.

[32] B. Levitray, "Conseils des guides de Nugent et Dutens", em *Guides bleus, guides verts, lunettes roses* (Paris: PUF, 1999).

Na primeira década do século XVIII, os turistas passaram a invadir os *spas*, em busca de recreação, lazer e entretenimento organizado, obrigando a maioria deles a reestruturar sua organização. Foi criada uma liga com os doze mais importantes *spas* do continente europeu e estabelecidos os títulos de *spa*, de maneira que somente os doentes ou nobres e monarcas que possuíssem o título da casa usufruiriam de seus benefícios.

Ainda no século XVIII ocorreu a "*révolution thérmale*",[33] cuja conquista foi obter um atestado, ratificado por toda a medicina européia, comprovando o valor da água para a sáude, bem como a análise dos banhos, das duchas, das saunas e da água ingerida, além de sua completa regulamentação. Nessa época houve intensa codificação de toda atividade lúdica e de recreação.

Os jogos de azar também ganham espaço cada vez maior na sociedade, conseguindo, por fim, apoio estatal ao ser legitimados por meio de normas que dispunham exlusivamente sobre a atividade. Respaldados pela legalidade dos jogos de azar, nascem os cassinos. O Código Napoleônico, elaborado por diversos juristas franceses, contempla em dois artigos a responsabilidade civil do agente hoteleiro.

Por fim, nota-se no século XVIII a expansão das atividades lúdicas e de recreação, cujo fim era proporcionar o acesso a prazeres mundanos, tão preconizados naquela época por nobres e reis. Assim, observa-se o aumento do número das viagens, dos *spas*, dos hotéis e das *villas* por toda a Europa. Em 1776, Jean Jacques Rousseau viaja a pé por

---

[33] Richard Nash, criador do movimento inglês *bath*, estudou com sua equipe, durante anos a fio, as propriedades da água no tratamento de doentes e sua utilização como meio lúdico para o lazer e a recreação. O resultado desses estudos foi um tratado médico lançado com a chancela do Institute de Médecine de Paris atestando que a água possuía propriedades de cura.

toda a França e, a partir dessa excursão, lança *La nouvelle Héloïse*. O Romantismo o consagra como o "primeiro turista".[34] Ainda no ano de 1776, W. Coxe publica *Letters from Switzerland*, nascendo daí a "Suíça mítica", que, a partir do século XIX, torna-se o primeiro destino turístico.

Do século XIX ao XX

O século XIX, marcado por intensas transformações na economia, na política e na sociedade em si, foi, para o turismo, um período de verdadeiro avanço. Estabeleceu-se o conceito formal de turista, deixando, desse modo, de ser apenas um neologismo. Diversos clubes foram formados, muitos livros foram lançados, e surgiram novos focos para o turismo, como os Estados Unidos e a América do Sul.

Com o advento da máquina a vapor de Watt, deu-se início ao processo conhecido por Revolução Industrial. Devido a essa invenção, houve o êxodo rural, a manufatura passou a ser substituída pela maquinofatura na produção fabril, o aumento da população nas cidades foi notório, a produção alimentícia triplicou e o capitalismo industrial alcançou uma prosperidade até então sem precedentes.

A transformação por que passava a Europa tornou imperiosa a necessidade de melhorar as condições das estradas, bem como sua conservação, uma vez que elas eram meio de escoamento da produção interna e de ligação entre os centros industriais.

Nos primórdios do século XIX, com o aumento do fluxo de ingleses fazendo o "*tour*" pela Europa, estes passaram a ser apelidados de "*tourists*", ou seja, aqueles que viajavam

[34] M. Boyer, *Histoire du tourisme du masse*, cit., p. 12.

por toda a Europa em busca de conhecimento, lazer e, acima de tudo, experiência de vida para se tornar um cavalheiro.

Em 1835, o jurista e escritor Pierre Mérimé preconizou a criação de normas que viessem a proteger, conservar e restaurar todo patrimônio francês que tivesse importância histórica ou turística.[35] No ano seguinte, é publicada pela editora Baedecker a coleção Guides, que traz diversas informações e cartas geográficas da Itália, França e Suíça. Em cada uma das obras havia um capítulo que tratava da conservação e proteção do patrimônio histórico-turístico.

Em 1838, Stendhal, em seu livro *Mémoires d'un touriste*, selou o neologismo e introduziu a palavra "turista" no meio literário, com grande aceitação de todo o público, que já a conhecia do cotidiano. Naquele mesmo ano foi criado o primeiro cassino na Alemanha, com amparo na legislação do país, que via na iniciativa uma forma de aquecer a economia.

Em 1841, Thomas Cook organizou sua primeira excursão coletiva na Inglaterra, todavia, ainda de natureza filantrópica.

Cook deixou sua marca, mas não detinha o monopólio das viagens. Primeiro trabalhou como operador e, depois, como agente de viagens. Seu trabalho tornou-se importante, dado que seu produto era um pacote único de viagem.[36]

[35] Em *Notes d'un voyage dans le midi de la France*, Pierre Mérimé, além de apresentar verdadeiro projeto de lei sobre a preservação do patrimônio histórico, catalogou diversos locais como de interesse histórico e turístico. Um século mais tarde, na década de 1930, o trabalho de Mérimé seria usado pelo Office National du Tourisme como meio facilitador da catalogação do patrimônio histórico-turístico francês. *Apud* M. Boyer, *Histoire du tourisme du masse*, cit., p. 70.

[36] M. Boyer, *Histoire du tourisme du masse*, cit., p. 13: "Em 1851, Thomas Cook trouxe 165 mil excursionistas de Yorkshire para a famosa feira industrial de Londres".

Em 1867, Cook criou o *voucher* hoteleiro, tendo conseguido apoio na câmara dos lordes para que este viesse a ser obrigatório a todos aqueles que trabalhavam como operadores e agentes de viagem e turismo.

Ao longo dos século XIX, diversos foram os roteiros das viagens realizadas: sempre em busca de cultura e recreação, os europeus passaram a visitar a África e os Estados Unidos. Observa-se que nesse período houve um suave processo de massificação do turismo, ou seja, as viagens se tornavam mais acessíveis para o segmento da classe média da população.

Os trens eram sinônimo de rapidez e elemento facilitador da atividade turística. Os navios exerciam verdadeira atração sobre a população. Surge a classe média, com salários melhores e maior possibilidade de gastos com entretenimento, como futebol e corridas de cavalo. Houve também, na última década do século, o início do processo de expansão do turismo para a América, originando o turismo sob o sol tropical.[37]

O início do século XX foi marcado pela Primeira Guerra Mundial, que freou o turismo em todo o mundo. Embora o desenvolvimento das ciências e das idéias democráticas tivessem posto em destaque o século XIX na história do progresso sociocultural da humanidade e da intensificação do turismo, as disputas de ordem econômica, apoiadas em um nacionalismo belicoso, conduziram o mundo à guerra.[38]

Nesse contexto de disputas econômicas, a atividade turística foi prejudicada, pois, na França e na Inglaterra, diversas

[37] *Ibid.*, p. 94. Com a expansão das estradas de ferro nos Estados Unidos, principalmente para a Flórida, o número de viagens de lazer aumentou significativamente, representando importante negócio para a economia desse estado americano.

[38] *Ibid.*, p. 15.

propagandas desestimulavam viagens de lazer à Alemanha.[39] Assim, o turismo foi deixado de lado em favor do liberalismo econômico e da busca, marcada pela competitividade e hostilidade entre as nações, por novos mercados de consumo.

Em 1909, a França criou, por meio de A. Millerand, então ministro de Obras Públicas, a primeira lei orgânica do turismo do mundo, e, em 1910, instituiu o Office National du Tourisme,[40] pela lei de 8 de abril. Esse organismo visava: centralizar e colocar à disposição do público toda informação concernente ao turismo em suas várias formas e setores; pesquisar todos os meios próprios para o desenvolvimento do turismo; provocar e, se necessário, tomar todas as medidas tendentes a melhorar as condições de transporte, circulação e estadia.

Em 1917 foi dado mais um importante passo no desenvolvimento do turismo. Pioneira nesse campo, a França criou a primeira estrutura nacional de turismo, a Chambre d'Hôtellerie.[41] No ano seguinte, surgiram as primeiras leis regulamentando as estações de esqui, fruto do esforço de um movimento de amantes desse esporte.

Em 1925, Mussolini incorporou o "*dopolavoro*"[42] à Carta do Trabalho. A técnica de ocupar o tempo livre dos traba-

---

[39] *Ibid.*, p. 9. Em 1913, a produção de ferro alemã superava a produção francesa e a inglesa juntas, gerando, desse modo, sentimento de animosidade por parte desses países com relação à Alemanha. Uma de suas expressões mais eficazes era a retaliação social, concretizada por meio de censuras às viagens aos *spas*, principalmente a Baden-Baden.

[40] O Office National du Tourisme tinha cunho única e exclusivamente econômico até meados da década de 1940, quando passou por reformulação geral, adotando como objetivos maiores o progresso da sociedade e o desenvolvimento e a divulgação do turismo francês.

[41] A Chambre d'Hôtellerie (Câmara de Hotelaria) foi criada para solucionar controvérsias surgidas entre empresas hoteleiras francesas.

[42] Opera Nazionale Dopolavoro foi um programa de lazer e turismo, viabilizado pelas férias pagas, instituídas pelo governo italiano.

lhadores com atividades de lazer foi amplamente empregada pelos regimes totalitários. Na Itália, o dever de introduzir o lazer e o turismo como direitos garantidos aos trabalhadores ficou exclusivamente a cargo do partido e dos sindicatos fascistas. O amplo acesso ao turismo e ao esporte foi visto pelo povo como uma das grandes realizações do regime.

Foi notória a importância do *dopolavoro* para os trabalhadores, visto que, pouco mais de dez anos após sua criação, ele reunia cerca de 3,5 milhões de pessoas em torno de suas atividades, que se concentravam no esqui, nos passeios de bicicleta e nos balneários.

O modelo fascista de turismo de massa foi imitado pela Alemanha de Hitler, que criou, em 1933, o Kraft durch Freude.[43] Dessa maneira, Hitler almejava a "mobilização cultural do povo que trabalhava". Diversas colônias de férias foram organizadas para os trabalhadores na região da Baviera e no litoral. Os alemães eram convidados de maneira direta a não deixar seu país durante as férias, para evitar uma possível "contaminação ideológica dos produtos culturais dos judeus".[44]

Na França, a intervenção estatal, com a regulamentação das férias pagas[45] em 1936, foi uma condição necessária para a difusão do turismo, embora não tenha se mostrado suficiente. Seguiram-se, então, os exemplos da Itália e Alema-

[43] M. Boyer, *Histoire du tourisme de masse*, cit., pp. 12 e 113: o programa Kraft durch Freude (força para a alegria) visava incutir nos trabalhadores alemães a idéia de que, sem lazer e diversão, o trabalho não seria dignificado.[...] Hitler obteve um progresso considerável com o KdF. A maioria dos alemães preferiu ficar na Alemanha nas férias, e concomitantemente o número de turistas saltou de 100 mil em 1923 para 3 milhões em 1934".

[44] P. Parant, *Le tourisme social* (Paris: Economica, 1990), p. 23.

[45] M. Boyer, *Histoire du tourisme du masse*, cit., p. 86: "Lei de 20 de junho de 1936 sobre férias remuneradas na França. O governo de Léon Blum dispõe de um subsecretariado para o lazer".

nha, criando-se o programa L'ère des Loisirs,[46] que estudava meios de inserção do lazer nas atividades laborais, buscando maior produtividade e alegria no ambiente de trabalho.

No período entre as duas guerras mundiais, as férias remuneradas[47] passaram a ser uma realidade para grande parte da população européia, permitindo que outras classes sociais menos favorecidas economicamente começassem a viajar e, ao mesmo tempo, despertando o anseio por uma viagem de férias. Nessa mesma época, consolidou-se o sistema de crediário, aumentando, dessa maneira, as facilidades para se empreender uma viagem.

A Segunda Guerra Mundial representou nova estagnação para o turismo. Toda a atividade turística foi paralisada, uma vez que a Europa, o maior centro do turismo até então, era palco de atrocidades nunca antes vistas.

Desde o fim da Segunda Guerra Mundial, a internacionalização da economia ocidental, efetuada por meio dos investimentos feitos pelos Estados Unidos visando à reconstrução da Europa (Plano Marshall e outros), bem como à adoção do fordismo[48] como sistema de produção, incentivou os mercados de consumo de massa globais, incremen-

[46] *Ibid.*, p. 12: Era do Lazer foi um programa que buscava no lazer uma forma de aumentar a produtividade dos trabalhadores e, ao mesmo tempo, proporcionar alegria à vida pessoal. Teve sua forma de trabalho organizada pelos Comités d'Entreprises, associações que mesclavam empresários, empregados e um fiscal do governo francês.

[47] P. Py, *Droit du tourisme*, cit., p. 10: "A lei de 16 de janeiro de 1910 regulamentou as férias remuneradas na Áustria para todos os trabalhadores. Ao mesmo tempo, a Itália aproveitou essa lei e criou um projeto sobre férias remuneradas para os seus assalariados".

[48] Henry Ford introduziu o conceito-chave da produção em massa, demonstrando não se traduzir este pela idéia de linha contínua, mas concretizando-se pela completa e consistente intercambiabilidade de partes e simplicidade de montagem.

tando, assim, diversas atividades internacionais,[49] entre as quais o turismo.

Em 1945 foi aprovada a Carta das Nações Unidas, que estabeleceu a Organização das Nações Unidas. Com o advento da ONU, o turismo passou a desempenhar um papel muito importante, sendo visto como forma de intercâmbio cultural, tendo ficado, a princípio, a cargo da Unesco o estudo de seu campo, tarefa mais tarde transferida à OMT, criada em 1975.

Em 1949, nasce a Féderation Française de Tourisme Populaire (FFTP), em consonância com a política européia de reconstrução da indústria e de intercâmbio entre as nações. Ainda naquele ano foi vendido o primeiro pacote aéreo, e, já em 1957, o turismo aéreo tornava-se preferido ao náutico, tendo em vista o tempo de deslocamento e a introdução, pelas empresas aéreas, das tarifas turísticas e econômicas.

Em 1955, André Siegfried, professor da Universidade de Paris, estudava a importância dos assuntos relativos ao turismo[50] e ao direito, observando que o turismo organizado do século XX, enquanto herdeiro da rapidez e da democracia, seguiu diversas fases de evolução, entre as quais se destaca o período administrativo, pelos relevantes aspectos jurídicos que contemplou.

---

[49] D. Harvey, *The condition of post-modernity* (Oxford: Basil Blackwell, 1989), p. 137.

[50] A. Siegfried, *Les aspects du XXᵉ siècle* (Paris: Hachette, 1999), p. 107: "No que se refere à idade do turismo, eu entendo principalmente o turismo organizado, este turismo de série que se tornou um dos aspectos mais típicos de nosso século. Filho da velocidade e da democracia, integra-se intimamente na evolução industrial, da qual seguiu exatamente as etapas: de fato distingue-se no turismo um período artesanal, um período mecânico e, enfim, o período administrativo, ao qual está plenamente ajustado hoje em dia [...]".

Em 1956 foi realizado em Berna o primeiro congresso internacional do turismo social. Desse congresso surgiu um projeto de lei – ratificado, posteriormente, por mais de vinte países europeus e pelos Estados Unidos – em que eram estabelecidas as férias pagas de três semanas.[51]

Na década de 1960 surgiram as primeiras operadoras turísticas, com pacotes partindo do norte europeu, da Escandinávia e da Alemanha Ocidental para a costa do Mediterrâneo. Na década de 1970, a preocupação com o meio ambiente tornou-se evidente, sendo necessário o cuidado e a preservação dos recursos naturais. Ao mesmo tempo, surgiram as primeiras discussões sobre a poluição por turismo.[52]

A regulamentação e a representatividade do turismo internacional: a criação da OMT e o final do século XX

Finalmente, em maio de 1975, a UIOOT mudou seu nome para Organização Mundial do Turismo (OMT) e celebrou sua primeira assembléia mundial em Madri, na Espanha, onde passou a ser sediada no início do ano seguinte. Neste mesmo ano, a OMT converteu-se em um órgão executor do Programa das Nações Unidas para o Desenvolvimento (Pnud), e, em 1977, firmou um acordo oficial de cooperação com a própria ONU. Desde então, as atividades e a atuação da OMT vêm acompanhando a evolução do turismo mundial. Em 1997, a OMT já reunia 138 países e mais de 350 membros associa-

[51] P. Py, *Droit du tourisme*, cit., *passim*.

[52] P. Thompson, *The Voice of the Past* (Nova York: Oxford University Press, 1978), p. 63: "A poluição por turismo foi levantada devido às diversas depredações ocorridas no patrimônio histórico em toda a Europa. Hoje o turismo é uma das áreas que mais preservam e zelam pelo patrimônio da humanidade [...]".

dos, representando governos locais, setor privado, associações de turismo e instituições docentes.

Para ilustrar as dimensões do *boom* turístico ocorrido entre 1950 e 1973, a tabela 1 e os gráficos 1 e 2 a seguir, produzidas pela OMT, mostram o fluxo de chegadas internacionais e a receita gerada:

Tabela 1. Turismo internacional: chegadas e receitas (1950 a 1973)

Ano	Chegadas de turistas (em milhões)	Receitas (em bilhões US$)
1950	25,3	2,1
1960	69,3	6,8
1961	75,3	7,3
1962	81,4	8,0
1963	90,0	8,8
1964	104,6	10,0
1965	112,9	11,6
1966	120,0	13,3
1967	129,8	14,5
1968	131,2	15,0
1969	143,5	16,8
1970	165,8	17,9
1971	178,9	20,9
1972	189,1	24,6
1973	198,9	31,1

Fonte: Dados da OMT (Embratur, 2001).

Gráfico 1. Evolução do turismo mundial (1950 a 1973)

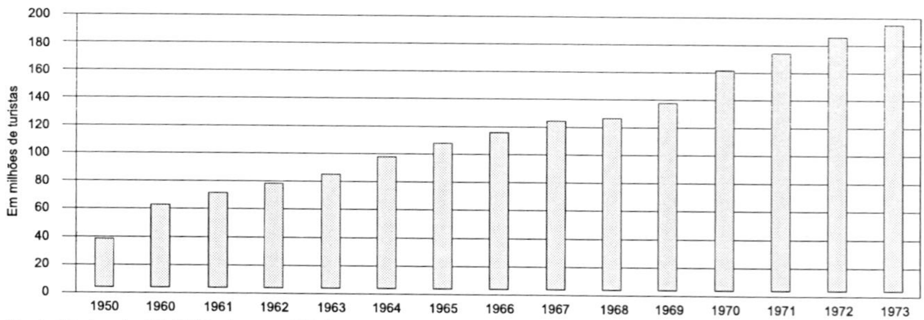

Fonte: Dados da OMT (Embratur, 2001).

Gráfico 2. Evolução da receita do turismo mundial (1950 a 1973)

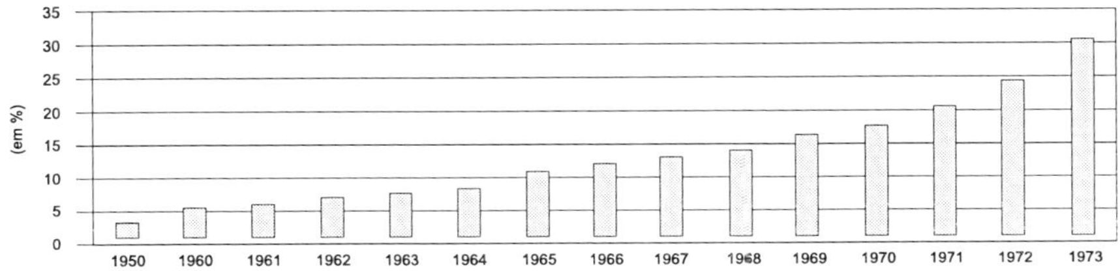

Fonte: Dados da OMT (Embratur, 2001).

Conforme se pode observar, em 1950 registraram-se 25 milhões de chegadas internacionais; a partir deste ano, o crescimento nesse índice foi espantoso: em 1973, 198 milhões de turistas.

Em 1975, o primeiro avião supersônico, o Concorde (anglo-francês), foi lançado para perfazer o trecho Paris–Nova York. Em 1978, nos Estados Unidos, o transporte aéreo passou a ser desregulamentado, o que barateou muito o custo das viagens; o mesmo acontecendo na Europa, mais tarde, na década de 1990.

Nos países ricos houve toda uma reestruturação da malha ferroviária. O primeiro trem-bala – Toakaido – foi desenvolvido no Japão, na década de 1970, e, na França, em 1980, surgiu o Très Grand Vitésse (TGV), expandido para o restante da Europa nos anos 1990. Também iniciou-se na França a ampliação da rede rodoviária em paralelo à evolução dos transportes e serviços (por exemplo, o aluguel de veículos).

As evoluções na tecnologia da informação culminaram em um novo formato para a distribuição e comercialização do turismo. Os Computer Reservation Systems (CRSs – Sistemas de Reservas Computadorizados), criados na década de 1960 pela American Airlines, mais tarde evoluíram e foram chamados de Global Systems Distribution (GSDs - Sistemas Globais de Distribuição). Os GSDs incorporam aos serviços dos CRSs (responsáveis pelo gerenciamento de vôos e reservas aéreas) as reservas de hotéis, o aluguel de carros, os ingressos para eventos, as informações sobre destinos e rotas turísticas, as informações sobre vistos, etc.

Vale notar que a era da informação também causou mudanças comportamentais nos turistas; as viagens passaram a ser mais freqüentes e de menor duração, entre outros aspectos.[53]

As alterações comportamentais na demanda, por sua vez, estimularam a criação e o desenvolvimento de novos produtos e serviços que visava a adequação dos elementos já existentes às novas necessidades, bem como o estabelecimento de novas estratégias de gestão e planejamento das regiões e pontos turísticos. Algumas dessas regiões tornaram-se altamente competitivas no mercado, caracterizando os chamados *clusters* turísticos.[54]

---

[53] Essas alterações são sintetizadas desta forma: "O comportamento e a demanda tradicional foram substituídos por novos padrões, novas preferências e novos interesses de uma população que viajava cada vez mais e era experiente e sofisticada em termos de viagens e recreação. Há interesses crescentes de especialização da atividade, viagens para uma finalidade específica, para fins esportivos, culturais, de saúde, ou *hobbies*. A grande redução no custo real da viagem ao exterior, especialmente em rotas de longa distância, abriu novas possibilidades e aumentou muito as forças competitivas. Uma expectativa por melhor qualidade, valorização do dinheiro e interesse pela satisfação ambiental são fatores novos e importantes que afetam a demanda como um todo. O apelo comercial de 'produtos de massa' antigamente utilizado, como o sol quente e a areia, não é mais suficiente para garantir um sucesso a longo prazo". L. Lickorish & C. L. Jenkins, *Introdução ao turismo* (Rio de Janeiro: Campus, 2000), p. 47.

[54] *Clusters* turísticos são "aglomerados de vários atrativos turísticos, infraestruturas compatíveis e equipamentos e serviços receptivos, organizações turísticas concentradas em âmbitos geográficos bem delimitados [...] que [...] concorrem nos mercados turísticos internacionais

Outra novidade foi a consolidação do turismo na cidade, específico para comportar empresários e turistas para eventos científicos e culturais, espetáculos, eventos esportivos, etc., o que deflagrou a necessidade da reestruturação de hotéis, restaurantes, bares, lojas, transporte urbano e comunicações.

No que concerne ao universo empresarial, também ocorreram mudanças; a internacionalização e a consolidação de empresas multinacionais dos setores turísticos, aéreos, de redes de hotéis, de aluguel de automóveis e de empresas de viagem impulsionaram gradativamente fusões, alianças e acordos para a conquista e fidelização de novos mercados.

As tabelas e os gráficos a seguir demonstram a evolução do setor turístico no final do século XX.

Tabela 2. Turismo internacional: chegadas e receitas (1974 a 2000)

Ano	Chegadas de turistas (em milhões)	Receita mundial de turismo (em bilhões US$)
1974	205,7	33,8
1975	222,3	40,7
1976	228,9	44,4
1977	249,3	55,6
1978	267,1	68,8
1979	283,1	83,3
1980	286,0	105,3
1981	287,1	107,5
1982	286,1	100,9
1983	289,6	102,5
1984	316,4	112,7
1985	327,2	118,1

(cont.)

[...]". Exemplos: Caribe, Sudeste Asiático, Mediterrâneo. M. Beni, "Globalização do turismo: comunicação e concorrência no mercado internacional", em *Turismo e análise*, 7 (1), São Paulo, 1996, pp. 68-69.

(cont.)

Ano	Chegadas de turistas (em milhões)	Receitas (em bilhões US$)
1986	338,9	143,5
1987	363,8	176,8
1988	394,8	204,3
1989	426,5	221,3
1990	458,2	268,9
1991	464,0	277,6
1992	503,4	315,1
1993	519,0	324,1
1994	550,5	354,0
1995	565,5	405,1
1996	596,5	435,6
1997	610,8	436,0
1998	626,7	442,5
1999	650,2	455,0
2000	697,8	477,9

Fonte: Dados da OMT (Embratur, 2001).

Gráfico 3. Evolução das chegadas do turismo internacional (1974 a 2000)

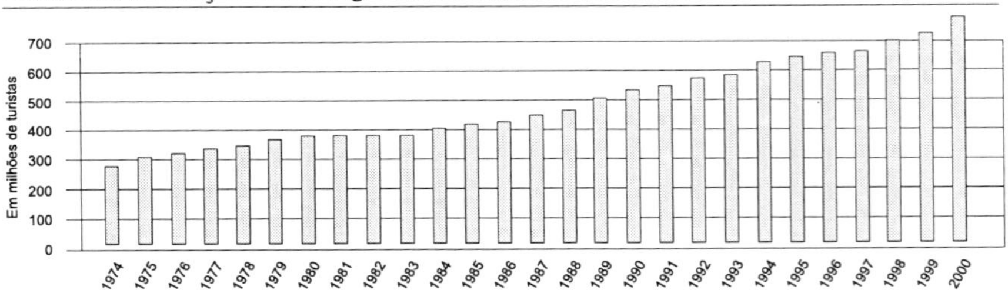

Gráfico 4. Evolução das receitas do turismo internacional (1974 a 2000)

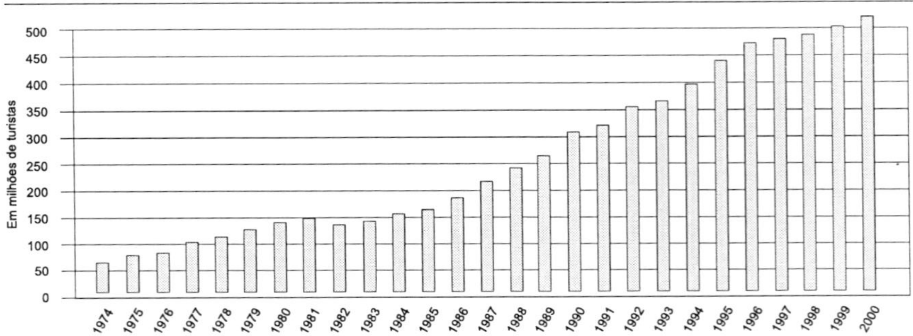

Tabela 3. Turismo internacional: taxas de crescimento de chegadas e receitas internacionais (1970 a 2000)

Período	Chegadas internacionais taxa de crescimento (%)	Receitas internacionais taxa de crescimento (%)
1970-1980	5,6	19,4
1980-1990	4,8	9,7
1990-2000	4,3	5,9

O *marketing* foi um instrumento imprescindível a partir do momento em que salientou a necessidade da formação e capacitação de recursos humanos e, conseqüentemente, de ensino e pesquisa na área. Criaram-se novas modalidades de cursos de graduação, especialização e reciclagem na área do turismo.

O século XX ficou marcado por um leque de inúmeras novas modalidades de turismo, que se alteraram a cada dia para comportar a demanda cada vez mais exigente: cassinos de Las Vegas, *spas*, clínicas de emagrecimento e antiestresse, viagens de incentivo, viagens de intercâmbio cultural, estágios profissionais no exterior, cruzeiros marítimos – hoje servindo como *resorts* completos –, condomínios flutuantes, viagens para prática de esportes radicais, peregrinações, viagens esotéricas, entre tantas outras. Existem ainda as viagens totalmente elitizadas, como, por exemplo, as visitas à estação orbital da Terra, incluindo um passeio pelo espaço.

O direito do turismo no século XXI

O século XXI herdou do século XX a complexidade da continuidade da evolução das modalidades turísticas, uma vez que o ciclo de vida das inúmeras modalidades tem sido bem mais curto, e a necessidade de adaptação, melhorias e diferenciais é mandatória. Mesmo havendo a preocupação com o meio ambiente, nem todas as atrações turísticas dispõem de regulamentação que garanta a preservação; a era da informação alterou o comportamento sociocultural das pessoas de forma avassaladora – o que implica muitos fatores preocupantes, que variam das preferências à necessidade de inovação. A competitividade entre localidades turísticas também constitui um problema, na medida em que gera diferenças de preços, de condições, de atrativos e, com isso, faz com que qualquer planejamento a médio/longo prazo seja inconsistente.

Atualmente, o turismo mundial desenvolve-se a passos largos, assumindo a cada dia o caráter de ciência, especialmente na América Latina, Ásia e Oceania, merecendo, por conseguinte, cada vez mais estudos aprofundados acerca dos aspectos sociopolítico-econômicos e culturais da atividade turística, além do fortalecimento da sustentabilidade do turismo no mundo.

A França, berço do direito do turismo, juntamente com outros países da União Européia, está contribuindo muito para a evolução científica desse novo ramo do direito. Nesse sentido, a Constituição francesa de 27 de outubro de 1946 já trazia, em seu "Preâmbulo", a afirmação de que a nação garantia a todos, entre outros direitos, o repouso e o lazer,[55] destacando a importância do turismo como necessidade social fundamental.

O turismo, hoje, tende a tornar-se um bem primário por desempenhar funções sociais das mais variadas ligadas

[55] O lazer, abrangendo toda área turística e suas diversas ramificações, pode ser considerado como um dos direitos do homem, e foi tratado no "Preâmbulo" da Constituição francesa de 4 de outubro de 1958. Cf. Patrick Courtin & Muriel Deneau, *Droit et droit du tourisme* (Paris: Bréal, 1999).

ao mundo do lazer e da cultura – ou direito indispensável ao homem –, pois já integra o conjunto de necessidades humanas. A importância da viagem turística na vida das pessoas, aliada ao aumento do poder aquisitivo dos trabalhadores no mundo economicamente globalizado, é cada vez maior quanto mais indivíduos sentem-se frustrados por não viajar ou usufruir melhor de suas férias.

Analisando sob a ótica da atividade econômica, a OMT estima a movimentação, em todo o mundo, de 4,5 trilhões de dólares pelo turismo, no início do século XXI. Quanto ao aspecto sociopolítico, o ano de 2001 evidenciou a necessidade da luta pela paz mundial com a criação de programas, pela OMT, que buscam a interação socioeconômica e cultural entre as nações. Naquele ano, o turismo teve como tema, em seu 22º Dia Internacional, em 27 de setembro,[56] "Turis-

[56] L'institution de ce qu'il est convenu d'appeler des "Journées mondiales" afin de mettre en lumière, à l'intention des milieux gouvernementaux et privés et du grand public, des éléments saillants des activités des organisations intergouvernementales, est une pratique très répandue. Par exemple, les organisations appartenant au système des Nations Unies célèbrent chaque année des "Journées mondiales" consacrées aux Nations Unies, à la paix mondiale, aux droits de l'homme, à la santé, à l'alphabétisation, à l'environnement, au statut de la femme, au statut de l'enfant, à la coopération en vue du développement, à la météorologie, aux télécommunications, etc. C'est lors de sa troisième session (Torremolinos, Espagne, septembre 1979) que l'Assemblée générale de l'Organisation mondiale du tourisme (OMT) décida d'instituer, à compter de l'année 1980, une "JOURNÉE MONDIALE DU TOURISME" à célébrer le 27 septembre de chaque année par des manifestations adaptées au thème choisi par l'Assemblée générale sur recommandation du Conseil exécutif de l'OMT. Cette date a été retenue parce qu'elle marque un jalon important pour le tourisme mondial: l'anniversaire de l'adoption des Statuts de l'OMT le 27 septembre 1970. Le principal objectif de la Journée mondiale du tourisme est de faire prendre davantage conscience à la communauté internationale de l'importance du tourisme et de ses valeurs sociale, culturelle, politique et économique.

mo: um instrumento a serviço da paz e do diálogo entre as civilizações".

La date de cette Journée mondiale du tourisme est particulièrement bien choisie puisqu'elle coïncide avec la fin de la haute saison dans l'hémisphère boréal et le début de la saison dans l'hémisphère austral, à une époque de l'année où le tourisme présente, dans le monde entier, un intérêt d'actualité pour des centaines de milliers de personnes de tous horizons et, en particulier, pour les touristes et le secteur opérationnel. L'Organisation invite chaque année toutes les parties intéressées à participer le 27 septembre aux manifestations spéciales qui ont lieu dans leurs pays ou destinations de vacances respectifs. Tous les ans, le Secrétaire général de l'OMT rend public un message pour marquer l'occasion. JOURNÉE MONDIALE DU TOURISME – Les thèmes retenus pour la Journée mondiale du tourisme depuis sa création sont énumérés ci-après: **1980** Le tourisme comme facteur de conservation et de promotion de l'héritage culturel, de paix et de compréhension mutuelle. **1981** Tourisme et qualité de vie. **1982** Pour la dignité du voyage: savoir visiter, savoir recevoir. **1983** Le voyage, les vacances sont un droit, mais aussi une responsabilité pour tous. **1984** Le tourisme, facteur de promotion de la compréhension, de la paix et de la coopération internationale. **1985** Le tourisme des jeunes: patrimoine culturel et historique au service de la paix et de l'amitié. **1986** Le tourisme: une force vive au service de la paix du monde. **1987** Le tourisme au service du développement. **1988** Tourisme: éducation pour tous. **1989** Le libre mouvement des touristes crée un monde uni. **1990** Le tourisme: une industrie inconnue, un service à libérer (Déclaration de La Haye sur le tourisme). **1991** Communication, information et éducation, éléments moteurs du développement du tourisme. **1992** Tourisme: facteur de solidarité croissante au sein des sociétés et des économies et de rencontre entre les peuples. **1993** Développement touristique et protection de l'environnement: à la recherche d'une harmonie durable. **1994** Qualité du personnel, qualité du tourisme. **1995** L'OMT: Vingt ans d'action au service du tourisme mondial. **1996** Le tourisme, facteur de tolérance et de paix. **1997** Le tourisme, activité du XXIème siècle pour créer l'emploi et protéger l'environnement. **1998** Partenariat secteur public secteur privé: un levier essentiel du développement et de la promotion du tourisme. **1999** Le tourisme, facteur de préservation du patrimoine mondial pour le nouveau millénaire. **2000** La technologie et la nature : deux défis pour le tourisme à l'aube du XXIe siècle. **2001** Le tourisme, un instrument au service de la paix et

A comemoração do 22º Dia Internacional do Turismo teve como Estado-sede a República Islâmica do Irã e contou com o aval da ONU. Participaram do evento 130 Estados membros da OMT,[57] o que demonstra o caráter pacifista e unificador do turismo, visto que sobrepuja os conflitos e prima pelo diálogo entre as civilizações.

Cabe ainda lembrar que dezesseis dias antes da comemoração do Dia Internacional do Turismo ocorreram nos Estados Unidos ataques terroristas ao World Trade Center, na cidade de Nova York, causando mais de 7 mil mortes e, posteriormente, um clima de extrema tensão em todo o mundo a partir da represália norte-americana contra o Afeganistão.

Apesar da tensão estabelecida após os atentados terroristas nos Estados Unidos, cabe aqui evidenciar que o turismo, por seu caráter transcendental, não sofreu a forte retração anunciada na época, uma vez que foi possível uma redistribuição do conjunto da demanda em favor do turismo regional e interno, sem que as motivações das viagens mudassem, além de uma redistribuição acompanhada de uma modificação das despesas totais e da duração média da estadia.

As empresas aéreas responsabilizaram os atentados pela curta interrupção do fluxo de vôos internacionais e nacionais,

du dialogue entre les civilisations. **2002** L'écotourisme, clé du développement durable. **2003** Le tourisme, élément moteur de la lutte contre la pauvreté, de la création d'emplois et de l'harmonie sociale. **2004** Sport et tourisme: deux forces vives au service de la compréhension mutuelle, de la culture et du développement des sociétés. **2005** Voyages et transports: de l'imaginaire de Jules Verne à la réalité du XXIe siècle. **OMT,** disponível em http://www.world-tourism.org/jmt.

57 Os Estados Unidos, o Reino Unido e a Rússia foram os únicos Estados membros da OMT que não compareceram à comemoração do Dia internacional do Turismo.

retomado em 13 de setembro de 2001. As perdas durante as duas semanas seguintes, para o turismo, foram de 10 bilhões de dólares segundo a International Air Transport Association (Iata - Associação Internacional de Transporte Aéreo); porém a economia turística mundial, por sua própria natureza transcendental, recuperou-se em pouco tempo.

Por meio de seu programa de trabalho, a OMT estabeleceu e cumpriu diversas medidas em prol da manutenção e do desenvolvimento do turismo pós-ataques terroristas, no sentido de reforçar a segurança dos turistas e dos aeroportos, além de estudos acerca das destinações turísticas.

O ano de 2002 foi considerado pela ONU, desde 1998, conforme a Resolução nº 1.998/40 do Conselho Social e Econômico, como o ano internacional do ecoturismo. Nesse sentido, a 23ª edição do Dia Internacional do Turismo teve como tema "Ecoturismo: a chave do desenvolvimento sustentável". De maneira inédita, a OMT também traçou a temática da 24ª edição, comemorada em 2003, cujo tema foi "Turismo: uma força contínua para alívio da pobreza, criação de empregos e harmonia social", estabelecida pela Resolução nº 439 (XIV).

Ainda em 2002, a OMT desenvolveu diversos congressos e encontros visando a debater a sustentabilidade do turismo e empreendeu verdadeira luta contra o turismo sexual e a prostituição infantil. Os resultados dessas reflexões da OMT puderam ser observados no Encontro Internacional sobre Turismo, ocorrido em Quebec, Canadá, em maio de 2002.

Vale ressaltar que, em agosto de 2002, foi fundado em Águas de São Pedro, em São Paulo, Brasil, o Instituto Brasileiro de Ciências e Direito do Turismo (IBCDTur), organização social civil de interesse público que conta com renomados estudiosos do direito e do direito do turismo. Atualmente, o IBCDTur é considerado o mais importante órgão na seara do direito do turismo da América Latina, empreendendo importantes debates acerca deste novel direito, além de realizar anualmente o Encontro de Direito do Turismo, em sua quarta edição em 2005.

Já o ano de 2003 evidenciou a necessidade da presença do direito como instrumento planejador do turismo, denotando a importância do direito do turismo e, dessa maneira, incentivando estudos e pesquisas neste ramo. A consolidação de institutos do direito do turismo, como os contratos turísticos, tratados especificamente pela diretiva 90/314 do Conselho da União Européia, e os diversos estudos em âmbito de direito comunitário contribuem significativamente para a consolidação da ciência do direito do turismo e de seu desenvolvimento.

Em dezembro de 2004 – ano em que os esportes foram enaltecidos por ocasião das Olimpíadas –, a natureza mostrou sua força pelo fenômeno *tsunami*, que atingiu diversos países banhados pelo oceano Índico, notadamente a Indonésia, o Sri Lanka e a Tailândia, deixando como resultado mais de 200 mil mortos e chocando a sociedade internacional.

Como já era previsto, as estatísticas de janeiro de 2005 da OMT indicaram que o *tsunami* não teve repercussões na atividade turística, tomando-se por base os números de todo o mundo. Segundo a Iata, o tráfego aéreo internacional mundial foi bastante intenso em dezembro de 2004, e, em janeiro de 2005, teve um crescimento de 8% em comparação ao ano anterior.

As companhias aéreas da Ásia e do Pacífico registraram um crescimento menor: 7% em dezembro e 3% em janeiro. A Iata atribui estes números às perdas de viagens que algumas companhias asiáticas tiveram por ocasião do *tsunami*, mas crê em uma rápida recuperação dado o dinamismo econômico da região.

Após a catástrofe, o turismo sofreu breve estagnação nos meses de janeiro e fevereiro de 2005, observando que em dezembro de 2004 as estatísticas eram positivas. Em Bali, principal destino turístico da Indonésia, as perdas nos meses de janeiro e fevereiro chegaram a 45% no setor turístico.

A OMT fez uma breve pesquisa na Ásia, Europa e América em janeiro de 2005, com os representantes do setor turístico e, segundo essa pesquisa de mercado, concluiu-se que:

1. Diferentemente de outras crises, como a pneumonia asiática, o *tsunami* não deflagrou uma incerteza nos mercados, diminuindo a confiança dos turistas. Estes compreendem que se trata de um evento excepcional. Os turistas potenciais aprovam a necessidade de aprender com essa situação real, mas ela não diminuirá a vontade de visitar as destinações atingidas.

2. O *tsunami* resgatou a compaixão e a solidariedade em todo o mundo. Como prova, o montante de recursos conseguidos, tanto do setor privado como público para a reconstrução das áreas atingidas. A catástrofe teve como efeito secundário a conscientização acerca da situação socioeconômica das destinações atingidas.

3. O tráfego de vôos *charters* e a venda de pacotes turísticos e viagens organizadas diminuíram consideravelmente em janeiro e fevereiro de 2005, mas retornaram ao normal no início do mês de março, tendo como base o ano anterior.

4. As reservas para as destinações arrasadas pelo *tsunami* ainda são um problema, mas começam a voltar ao normal, ainda que lentamente. Observou-se que as regiões mais afetadas pelo *tsunami* foram trocadas, pelos

turistas, por outras próximas e menos ou não afetadas.[58]

5. Para os países vítimas do *tsunami*, é de suma importância que sejam oferecidas informações precisas sobre a situação social, política, econômica e climática da região, tendo por meta o respeito ao princípio da transparência.

O melhor meio de ajudar os países atingidos pelo *tsunami* no oceano Índico é encorajar os turistas a retornarem. Segundo o secretário-geral da OMT, Francesco Frangialli, "uma série de reportagens sobre a tragédia na região gerou um mal-entendido entre os turistas, sobretudo se considerar que 80% dos meios de hospedagens continuam funcionando e encontram-se intactos".[59]

Nesse contexto, por representar um encontro cultural de sociedades e povos distintos, o turismo está se concretizando como verdadeiro fenômeno da civilização. Porém, é válido

---

[58] Au Royaume-Uni, les réservations pour les Maldives et pour Phuket ont connu une reprise plus forte que celles pour le Sri Lanka dont l'évolution est plus lente. En Allemagne, par rapport à l'an dernier, les réservations pour la Thaïlande sont dans l'ensemble en recul de 20%, tandis que celles pour les Maldives et le Sri Lanka s'effondrent respectivement de 30% et de 60%. Les statistiques des réservations qu'établit la Fédération des entreprises touristiques néerlandaises (ANVR) font ressortir une nette reprise pour l'Indonésie et la Thaïlande entre le 16 janvier et le 6 février. Pour la prochaine saison d'été (avril-novembre) de ces deux destinations, il y a déjà plus de réservations qu'à la même période l'an dernier. En revanche, les réservations pour le Sri Lanka et les Maldives ne reprennent que très lentement et elles sont nettement inférieures à celles de 2004. En Asie, on signale que l'activité du marché émetteur australien est redevenue tout à fait normale; il n'y existe aucun effet négatif durable au détriment des destinations sinistrées. OMT, disponível em http://www.world-tourism.org.

[59] OMT, disponível em http://www.world-tourism.org/francais/newsroom/Releases/2005/mars/medias.htm.

ressaltar que a atividade turística não apenas possibilita a socialização e a paz, como também pode provocar conflitos e problemas, casos em que é essencial o estudo dos impactos sociopolítico-econômicos e culturais do turismo para a sua adequada regulamentação e implementação.

Essas seriam, pois, as propostas de trabalho do direito do turismo, cujas principais preocupações, neste século, voltam-se para o turismo social e culturalmente sustentável, e a manutenção da ordem pública e soberana dos Estados diante do crescimento do fluxo turístico no mundo e da maior complexidade de suas relações político-econômicas.[60]

[60] Dans ce contexte troublé, les travaux de *Comité de relance de l'OMT* apparaissent plus importants que jamais, et l'OMT appelle tous les membres à s'inspirer des informations et recommandations qu'ils contiennent, dans les décisions qu'ils seront appelés à prendre pour limiter l'impact de ce nouveau choc. Au cours des prochaines semaines, l'OMT sera amenée à porter une attention particulière à la situation des pays victimes d'actes terroristes et des régions les plus vulnérables: le Moyen-Orient (et par répercussion, le Maghreb), et l'Asie du Sud. Lors de la réunion de notre Commission régionale du Moyen-Orient prévue à Bahreïn du 28 au 30 avril 2003, une mobilisation des efforts sera recherchée pour relancer le tourisme intrarégional et longue distance au bénéfice des destinations concernées. Pour l'Asie du Sud, la Commission régionale qui se tiendra au Népal du 1er au 3 avril, sera accompagnée d'un séminaire sur *"la gestion des crises"*, nouvelle application des travaux engagés sur ce sujet sous l'égide du *Comité de relance*, après le séminaire tenu au faire en septembre dernier. Dans cette période difficile pour lui, il importe que le monde arabo-musulman puisse, comme nombre de ses gouvernement le souhaitent, utiliser le tourisme comme un instrument d'ouverture et une voie de communication avec le reste de la communauté internationale. C'est notre mission que de répondre à cette attente, notamment en introduisant la langue arabe dans nos outils de travail, et de lui 4 manifester notre solidarité. Le fait que depuis deux ans, de nombreux pays de la région du Golfe – Bahreïn, Qatar, Arabie Saoudite, Koweït – aient rejoint l'OMT et que d'autres s'apprêtent à le faire, montre que nous y parvenons. OMT, *Lettre aux pays membres lors du commencement des opérations militaires en Iraq*, Madri, 20 de março de 2003.

Com o advento de novas tecnologias de comunicações e transporte e a cultura de massas, evoluindo a passos largos para adaptar-se às novidades do cotidiano e demandando serviços cada vez mais aprimorados, o turismo, no século XXI, deverá sofrer ainda grandes mudanças.

O crescimento da demanda por serviços no setor, natural e contínuo, não pode ocorrer de forma desorganizada, e, portanto, a sustentabilidade deverá ser a grande preocupação para os próximos anos, dessa vez de forma globalizada e, espera-se, devidamente regulamentada.

Existem inúmeros fatores que devem ser considerados quanto ao crescimento do setor, tanto positivos como negativos.[61] Com o advento de novos meios de comunicação, que facilitam o fluxo e intercâmbio de informações na sociedade, a disseminação e oferta de serviços são cada vez mais explícitas. A demanda tende a crescer paralelamente, uma vez que a propaganda massiva leva à necessidade de atingir vários públicos-alvo para o equilíbrio do mercado.[62]

---

61 Dans certaines destinations, tous les facteurs, dont le SRAS, ont pour effet une augmentation du tourisme récepteur, ce qui s'explique notamment par la modification des projets et par la compensation d'une demande touristique qui existe toujours. Exemples d'augmentation (janvier-avril) Cuba + 19%; Équateur + 13%; Hongrie + 2%; Inde (janv., févr., mars, avr.) + 22%, + 13,1%, + 1,8%, + 5%; Macao [Chine] (janv.-mars) + 10%; Portugal (janv.-févr.) + 3,5%; Seychelles + 6%; Afrique + 11%; Océanie + 14%; Sierra Leone + 14%. Les effets sur le tourisme émetteur. L'échantillon statistique pour lequel on dispose d'informations et d'estimations montre globalement, pendant les premiers mois de 2003, une orientation négative de la demande en provenance des grands pays émetteurs de tourisme, attribuée au SRAS et à d'autres facteurs considérés séparément ou ensemble. OMT, *Les effets et la gestion de l'epidemie de SRAS dans le domaine du tourisme*, Madri, 20 de junho de 2003.

62 Cf. G. Biscottini, *Il turismo ed il problema della pace* (Padova: Cedam, 1998), pp. 56-57.

A facilidade no acesso às informações também tem alterado marcadamente o comportamento sociocultural da população – cada vez mais exigente com relação à oferta. É importante notar que o turismo, hoje, não constitui apenas o deslocamento de pessoas em busca de entretenimento ou descanso: descreve a busca por qualidade de vida em diversos sentidos.[63] A cada dia, novas modalidades de turismo vêm surgindo, o que faz com que a demanda também cresça e mobilize a indústria no sentido de abrir o leque de ofertas.

Fica fácil notar a importância da sustentabilidade no setor dessa forma, uma vez que locais inexplorados e, de certa forma, menos desenvolvidos – como pequenas ilhas, grandes áreas florestais – têm sido muito procurados com a exploração de novos nichos no mercado turístico.[64]

Sob o ponto de vista cultural e ambiental, tais lugares, por serem menos desenvolvidos, geralmente não apresentam estrutura que suporte o trânsito de turistas. Os esforços da indústria do turismo em adaptar tais locais às atividades turísticas geram problemas de superlotação, alienação da comunidade, exploração comercial, perda da identidade cultural peculiar e alteração no comportamento dos moradores em razão do superdesenvolvimento, entre outros.[65]

Dessa forma, é muito provável que, no século XXI, os governos passem a preocupar-se com questões como a imposição de limites geográficos para total preservação de certos tipos de ambientes, o equilíbrio entre os setores empresarial e ambientalista, a manutenção da qualidade dos serviços em detrimento da preservação – o que pode ser

63 *Ibid.*, p. 87.

64 Cf. M. Fragola, *Turismo: scienza ed esperienza* (Nápoli: ESI, 1999), p. 123.

65 *Ibid.*, pp. 89-90.

complexo, uma vez que algumas nações apresentam mais atrativos naturais que podem vir a constituir grandes fontes de receita, entre outras.

No tocante aos centros desenvolvidos também há que se pensar nos problemas que já existem hoje e que tendem a aumentar: a construção de aeroportos, por exemplo, sob o ponto de vista dos moradores pode ser inviável por aumentar o tráfego, a criminalidade, a poluição sonora, o que diminui a qualidade de vida.[66]

As preferências dos turistas mudam com muita rapidez, apoiados pela grande facilidade de intercâmbio e acesso a informações que a vida moderna traz; portanto, um outro problema grave a considerar é a sustentabilidade dos locais tidos como pontos turísticos.[67]

O turismo pode ser sazonal, o que implica que um lugar pode ser exaustivamente procurado durante algum tempo para, em seguida, ser substituído por outra atração; esse movimento gera um desequilíbrio muito grande nas receitas – tanto no ramo turístico como no próprio governo local –, com diminuição de empregos, atividades comerciais e outras. Evidencia-se também a necessidade do desenvolvimento de políticas eficazes de sustentabilidade, desta feita sob a égide de manter um fluxo razoável de visitas.[68]

Culturalmente, até mesmo os moradores de lugares considerados pontos turísticos têm mudado seu comportamento, tanto no sentido de questionar governos e indústria com relação à preservação como no tocante a participar e lucrar com a exploração do setor, o que remete a outro fator de suma importância: o impacto do crescimento do setor na questão de recursos humanos.[69]

---

66 Cf. J. Krippendorf, *Sociologia do turismo* (São Paulo: Aleph, 2001), *passim*.
67 *Ibidem*.
68 *Ibidem*.
69 *Ibidem*.

Em algumas áreas, a oferta de recursos humanos é insuficiente para dar conta da indústria local. Faz-se necessária então a "importação" de mão-de-obra, o que certamente gera impactos tanto culturais como socioeconômicos, uma vez que um estrangeiro pode receber um salário bem mais elevado que um trabalhador local, ou pode vir a ocupar um cargo mais alto em relação aos locais, gerando uma lacuna cultural entre os trabalhadores.[70]

Todas as considerações devem levar em conta a biodiversidade do destino, a cultura e as tradições, a estrutura, a preocupação com o bem-estar e a qualidade de vida; sendo hoje o turismo uma busca por aumento de qualidade de vida, é razoável supor que os benefícios financeiros que o setor pode trazer a um Estado devam ser empregados como forma de melhorar a qualidade de vida de sua população (saúde, educação, artes, cultura).[71]

O turismo de hoje tem empreendido esforços no sentido de suscitar práticas equilibradas que levem à sustentabilidade do turismo. No início de 1997, a OMT promoveu a *Asia-Pacific Tourism Ministers Conference on Tourism and Environment*, na República das Maldivas. Tal evento abrangeu questões técnicas referentes ao turismo sustentável, que culminou na produção do documento *Malé Declaration on Sustainable Tourism*.

A declaração vem sendo um forte instrumento global para despertar a atenção para a importância da sustentabilidade da atividade turística, estimulando, contribuindo e convidando à adoção desses princípios e urgindo os Estados a participarem ativamente, e de forma urgente, de iniciativas que garantam a proteção de ambientes de destino,

[70] Cf. M. Fragola, *Turismo: scienza ed* esperienza, cit., *passim*.
[71] *Ibidem*.

e a incentivarem a promoção da cooperação entre os setores público e privado em prol da sustentabilidade.

Vários órgãos e iniciativas do turismo estão trabalhando em conjunto para regulamentar, organizar, planejar e promover metas e planos de ação visando à integração e globalização de esforços no que concerne ao papel do turismo nas sociedades atuais.[72]

O século XXI e o crescimento do turismo nos dias atuais

O turismo atual movimenta 52 setores diferentes da economia. Em todo o mundo, é estimado que a atividade turística gera uma receita de 4,5 trilhões de dólares por ano.[73] De modo singular, a ONU declarou o ano de 2002 como o Ano Internacional do Ecoturismo (Anexo 3),[74] reconhecen-

72 Message from Francesco Frangialli, Secretary-General of the World Tourism Organization, to H. E. Mr. Kofi Annan, Secretary-General of the United Nations (Madrid, Spain, 20 August 2003). The Members, staff, and the Secretary-General of the World Tourism Organization wish to express their dismay, repugnance, and immense sadness over the brutal attack against the United Nations representation in Baghdad, which has caused a large number of casualties among the Organization's workers, including UN Special Representative Mr. Sergio Vieira de Mello. They wish to convey to the victims' families and to their colleagues in the United Nations their most sincere condolences and deepest sympathies. At a time when the World Tourism Organization is forging even closer ties with the United Nations, it assures the UN of its full solidarity during this ordeal, which affects our entire family. OMT, disponível em http://www.world-tourism.org.

73 WTO, *Tourism: Concepts*, cit.

74 "O Conselho Econômico e Social [...] *Reconhecendo* o apoio da Organização Mundial de Turismo para a importância do ecoturismo e, particularmente, da designação do ano de 2002 como Ano Internacio-

do, dessa maneira, a efetiva importância do turismo como instrumento auxiliar na busca pela preservação do meio ambiente e da paz mundial.

O turismo contemporâneo, em sintonia com os ditames da era digital, caracteriza-se pela transcendentalidade e pela heterogeneidade. Desse modo, a OMT, na 22ª edição do Dia Mundial do Turismo, em 2001 – cujo tema foi "Turismo: um instrumento a serviço da paz e do diálogo entre as civilizações" –, decidiu selecionar um tema que denotasse a contribuição do turismo para o mundo atual, ou seja, que evidenciasse sua colaboração para a consolidação da paz, estimulando a interação socioeconômica e cultural entre as nações.

A comemoração da 22ª edição do Dia Mundial do Turismo teve como Estado-sede a República Islâmica do Irã, por indicação da ONU, ficando mais uma vez demonstrado o caráter de transcendência do turismo, visto que sobrepuja conflitos e estabelece o diálogo.[75]

nal do Ecoturismo em fomentar uma compreensão maior entre os povos de todos os lugares, promover a conscientização acerca da rica herança deixada pelas várias civilizações e criar uma apreciação maior dos valores inerentes das diferentes culturas, contribuindo assim para fortalecer a paz mundial [...]" (Anexo 3).

75 Após o ataque terrorista a Nova York, em 11 de setembro de 2001, que causou mais de 7 mil mortes, a Organização Mundial do Turismo, por meio de seu secretário, Francesco Frangialli, pronunciou seu repúdio àquele ato, bem como seu apoio pela busca da segurança em todas as atividades turísticas, a fim de evitar que o turismo seja usado como instrumento auxiliar de disfarce para atos terroristas, como segue: "Estamos horrorizados e entristecidos pela perda trágica de vidas humanas durante os atentados de 11 de setembro em Nova York e Washington. Apresentamos nossas mais sinceras condolências ao povo dos Estados Unidos da América e, mais especialmente, aos familiares e amigos das vítimas. Os atos terroristas são uma agressão contra toda a humanidade e aplicam um golpe terrível à atividade turística, setor altamente tributário da paz e da segurança. Nas semanas que seguirão, nos esforçaremos para superar as conseqüên-

Diante dessa nova realidade mundial, em que o turismo realiza uma verdadeira "revolução silenciosa",[76] vem à tona a necessidade do direito, para que este assegure o devido cumprimento das relações advindas do turismo.

O direito francês, nesse sentido, incluiu em 1999 uma nova especialidade, que já se encontrava tacitamente consolidada desde a segunda metade do século XX: o direito do turismo,[77] um ramo que transcende todos os demais, dado que se utiliza de contribuições do direito civil, do direito do consumidor, do direito comercial, do direito internacional privado e público, entre outros.

O direito do turismo,[78] na França, buscou conceituar todas as atividades advindas do turismo, descrever suas relações entre si e organizar todas as legislações, antes esparsas, em uma compilação de legislação específica da área: o código do turismo.[79]

O direito do turismo na União Européia encontra-se atualmente consolidado graças ao programa plurianual a favor do turismo europeu,[80] que, seguindo as diretrizes estabelecidas pelo Conselho Europeu, incentivou não somente a atividade turística em si, mas também a criação,

---

cias desses acontecimentos nefastos. A partir do presente momento, empenhamos urgentemente os governos, as autoridades aeroportuárias e as companhias aéreas a tomar todas as medidas necessárias para garantir a segurança dos viajantes". Carta do secretário-geral da OMT, disponível em http://www.world-tourism.org/data.htm, acesso em 12-9-2001.

[76] C. L. Carvalho, "Turismo: uma arma poderosa para incrementar o crescimento", em *Revista do Instituto Brasileiro de Turismo*, Atualidades, nº 23, Brasília, dezembro de 1999, pp. 2-15.

[77] P. Py, *Droit du tourisme*, cit., p. 35.

[78] *Ibidem*.

[79] *Code du tourisme* (Paris: Dalloz, 2000).

[80] B. Bouloc, *Philoxenie: Programme Maxi-annuel pour Aider le Tourisme Européen*. Texto enviado para o autor em 14-10-2000.

por parte dos países membros, de um novo ramo de direito, que desse suporte legal ao turismo e às áreas conexas a ele.

O turismo precisava ser amparado por leis que compreendessem suas atividades, suas relações e seus objetivos, além de sua adequação ao mundo jurídico. Criado na Europa, o direito do turismo surgiu em momento oportuno, dado o veloz crescimento do turismo e a sua necessidade de meios jurídicos lógicos, voltados exclusivamente a ele e que estivessem à disposição para a solução de conflitos oriundos dessa área.

Repercussão do ataque aos Estados Unidos sobre o turismo internacional

Após três anos dos atentados terroristas aos Estados Unidos, pôde-se observar que os resultados de 2001 no setor turístico foram pouco modificados, visto que, no hemisfério Norte, os meses de grande fluxo turístico já haviam passado, e que os resultados anunciados foram positivos, longe, no entanto, do montante alcançado em 2000.

Os ataques cometidos nas cidades americanas de Nova York e Washington provocaram repercussões mais importantes que aquelas engendradas em crises passadas. A sociedade internacional encontra-se diante de uma situação excepcional, e a experiência acumulada ao longo da história permite apenas analisar uma parcela das conseqüências das tragédias.

Diante de uma conjuntura econômica apagada, juntou-se uma crise na qual a amplitude ainda é imprecisa. De um lado, ela atingiu diretamente os Estados Unidos, país-chave no turismo e na economia mundial, e, de outro lado, faz temer as reações que foram e serão produzidas, tais como o desencadear de uma "guerra contra o terror" que os Estados Unidos passaram a empreender após os atentados, que culminaram na invasão do Iraque em março de 2003, sem anuência do Conselho de Segurança da ONU, e conseqüente fim do regime ditatorial de Saddam Hussein.

Em 2000, os Estados Unidos acolheram 51 milhões de turistas, ou seja, 7,3% do mercado mundial. Este fluxo turístico gerou receitas em torno dos 85 bilhões de dólares. No mesmo ano, os Estados Unidos geraram no exterior 40 milhões de viagens aéreas, ou seja, 5% do total mundial. Os americanos efetuaram em 2000 cerca de 1 bilhão de viagens no interior de seu país, sendo que 83% tiveram duração superior a um dia.[81]

As transportadoras aéreas responsabilizaram os atentados pelos dias de interrupção do fluxo de vôos internacionais e nacionais. As ligações aéreas com a América do Norte foram retomadas em 13 de setembro de 2001. A partir desta data, os vôos com destino aos Estados Unidos e provenientes de lá passaram a ser retomados pouco a pouco. A Iata, por meio de estudos, afirmou que as perdas foram de 4,6 bilhões de dólares.

Os eventos obrigaram uma série de gastos extras com medidas mais rigorosas de segurança, gestão e controle nos aeroportos em todo o mundo, e, num primeiro momento, acarretou o medo das pessoas em embarcar em um avião, mas que agilmente foi transposto pelas novas estratégias adotadas pelas companhias aéreas.

Os dados disponíveis de reservas efetuadas no meio aeroportuário mostraram um recuo no número total de reservas na Europa ocidental, América do Sul e Ásia nos meses subseqüentes aos atentados terroristas. Poucas viagens reservadas foram anuladas, todavia houve sensível diminuição das novas reservas entre outubro e novembro de

[81] Dados fornecidos pela Travel Association of America.

2001. Essa atitude é normal para o turista, uma vez que, no passado, situações similares foram observadas.[82]

A duração desse retrocesso para o turismo foi praticamente mínima, visto ser o turismo uma atividade maleável e com forte poder de recuperação. A própria história mostra a rigidez da demanda turística, sua resistência às crises e uma grande aptidão em ultrapassar situações desfavoráveis provocadas por uma instabilidade política ou econômica ou advindas de catástrofes naturais.

A demanda turística mundial não sofreu uma forte contradição. Do ponto de vista turístico, foi possível notar uma redistribuição do conjunto da demanda a favor do turismo regional e interno, sem que as motivações das viagens mudassem, além de uma redistribuição acompanhada de uma pequena modificação das despesas totais e da duração média da estadia.

O conflito estabelecido pelos atentados ensejou uma série de reações políticas, militares e econômicas por parte dos Estados Unidos e de seus aliados. As conseqüências dessas reações para o turismo dependeram em parte da natureza, do momento escolhido e das zonas geográficas visadas, ou seja, atingiu diretamente os deslocamentos para o Oriente Médio nos últimos três anos (2002-2004).

Ainda assim, uma parte do público passou a condenar, cegamente, grupos sociais que não possuem qualquer ligação com a crise. Tal erro de comportamento foi e continua sendo perigoso e implicou um recuo do fluxo turístico no Oriente Médio, cabendo à sociedade internacional uma série de medidas para evitar e prevenir essa situação.

O caráter excepcional do ocorrido em 2001 tornou necessário o recurso de soluções mais eficazes que as previs-

[82] Dados fornecidos pelo Sistema Mundial de Reservas Amadeus.

tas no passado. Em conseqüência, a OMT, por meio de diversos comunicados e resoluções, realizou, em seu programa de trabalho do biênio 2002-2003, novos estudos sobre o reforço da segurança dos turistas, bem como sobre o posicionamento dos destinos turísticos e melhoria de sua imagem.

Por fim, o crescimento do turismo nos anos seguintes aos atentados continuou acompanhando a previsão, ou seja, a movimentação de cerca de 4,5% do produto interno mundial, e a principal conseqüência do ocorrido em 11 de setembro de 2001 foi o enrijecimento das medidas que permitem a livre circulação internacional de pessoas, como, por exemplo, a que passou a vigorar em janeiro de 2004 nos Estados Unidos, exigindo visto de entrada para todos os estrangeiros.

O direito do turismo

O turismo envolve processo migratório, encontros e descobertas. Baseia-se, por conseguinte, no exercício da liberdade e, sendo expressão dela, não pode se desenvolver ou mesmo existir sem ela.

A prática do turismo pressupõe a existência das liberdades públicas essenciais, particularmente do direito de ir e vir. O Estado, exercendo sua soberania, pode, entretanto, limitar as possibilidades de acesso a certas áreas de seu território, suprimindo ou freando o desenvolvimento do turismo nessas regiões.

O desenvolvimento do turismo relaciona-se a outras liberdades, como a de associação e a do comércio e da indústria. O turismo pode, além disso, figurar como excluído do intervencionismo estatal.

A exclusão do turismo do campo do intervencionismo deve ser analisada empiricamente, pois é sabido que ele é objeto de preocupação singular por parte do Estado, por meio dos poderes públicos e órgãos especializados na atividade turística. Na França, desde o começo do século XX, os poderes públicos têm desempenhado importante papel no desenvolvimento do turismo, ora por intermédio de medidas de contenção, ora deixando fluir toda a energia liberal envolvida nesse processo.[1]

---

1 A instauração do controle de câmbio e dos carnês de câmbio, em março de 1983, denota a ampla atuação dos poderes públicos nas mais diversas atividades relacionadas ao turismo.

Desde 1955, era estudada a importância dos assuntos pertinentes ao turismo[2] e ao direito. O turismo organizado do século XX, enquanto herdeiro da rapidez e da democracia, seguiu diversas fases de evolução, destacando-se, entre eles, o período administrativo, pelos relevantes aspectos jurídicos que estudou.

O período administrativo traduz-se pela intervenção crescente dos poderes públicos e pela proliferação, na França, de regras jurídicas concernentes ao turismo. Efetivamente, torna-se claro que o Estado e os poderes públicos – e, conseqüentemente, o direito – exercem dois papéis fundamentais em relação ao turismo: de um lado, proteção contra conflitos e abusos que podem originar-se no âmbito do turismo e, de outro, seu desenvolvimento.

Como qualquer outra atividade, o turismo pode ameaçar a ordem pública, tornando-se fonte de abusos nos casos específicos de direito privado. Por isso, o direito esforça-se para remediar esse tipo de desordem.

Como atividade, o turismo, pressupondo deslocamento e concentração de populações, distração e lazeres diversos, pode constituir ameaça à ordem pública, segundo os três aspectos clássicos da segurança, da tranqüilidade e da salubridade públicas, que entram na área da polícia administrativa geral.[3]

---

2 A. Siegfried, *Les aspects du XXe siècle*, cit., p. 107.

3 A polícia administrativa geral pode ser definida como o conjunto das atividades que têm por objeto ditar as regras gerais e as medidas individuais necessárias à manutenção da segurança, da tranqüilidade ou da salubridade públicas. As polícias administrativas especiais diferem da polícia administrativa geral, seja pelo regime particular, seja porque permitem a intervenção somente nas matérias relacionadas a segurança, tranqüilidade e salubridade. Pode-se também dizer que a polícia administrativa geral implica uma competência de princípio, ao passo que as polícias especiais implicam competências de atribuição.

É possível levantar diversos exemplos de ameaça à ordem pública representados pelo turismo. Por exemplo, o *camping*[4] pode ser fonte de poluição, colocando em perigo a higiene e o meio ambiente (fauna e flora); os parques temáticos[5] podem colocar em risco todo o meio ambiente em que estão instalados, abalando seu equilíbrio. O turismo é uma atividade consumidora de espaços raros e frágeis, como uma montanha mais alta, o litoral e locais pitorescos. Convém, portanto, que a administração pública zele por esses espaços, impondo limites ao turismo, enquanto atividade consumidora,[6] e que, ao mesmo tempo, estabeleça garantias para ele.

Assim, a intervenção da administração pública no domínio do turismo torna-se indispensável para a garantia da segurança, da tranqüilidade e da salubridade públicas, visto que, sob diversos aspectos, a atividade turística põe em risco a coletividade, ou seja, a sociedade, suscitando, pois, a necessidade de um instrumento regulador para si.

O turista é um consumidor particularmente vulnerável, pois compra um produto a distância, sem realmente conhecê-lo. Está, portanto, em situação de inferioridade, podendo

---

4 Segundo Arminda Mendonça Souza, o conceito de *camping* advém do inglês, *camp*, acampar, estabelecer-se no campo de maneira móvel. Assim, tem-se que *camping* é "[...] toda área fisicamente delimitada, dotada de instalações, equipamentos e serviços, com padrões exigidos para a recepção e montagem dos equipamentos móveis destinados ao alojamento e uso temporário de seus ocupantes em período de lazer e turismo". A. M. Souza & M.V. Corrêa, *Turismo: conceitos, definições e siglas* (2ª ed. rev. Manaus: Valer, 2000), p. 36.

5 Segundo Marcos Vinícius Corrêa, parques são "[...] áreas criadas com a finalidade de resguardar atributos excepcionais da natureza e com uso para atividades científicas, educacionais ou recreativas". Parques temáticos, segundo o ilustre bacharel em turismo, "são os parques onde concentram-se objetos de determinados temas, independendo da finalidade – lazer, recreação, ciência ou educação". *Ibid.*, p. 110.

6 Definição de turismo estabelecida por Paul Murphy em 1995 e adotada por grande parte dos doutrinadores da economia.

ser objeto de publicidade enganosa, deparar-se com a falência da empresa prestadora dos serviços que adquiriu ou mesmo com a insolvência do prestador de serviço. A proteção eficaz do turista mostra-se indispensável na atual circunstância, ou seja, de desenvolvimento acelerado do turismo, movimentação de grandes somas de dinheiro e número cada vez maior de turistas.

Ao lado da proteção eficiente do turista, é preciso atentar para os aspectos trabalhistas e empresariais, assegurando, desse modo, a correta regulamentação profissional, a fim de evitar a proliferação de falsos profissionais do setor turístico, protegendo o setor comercial da concorrência desleal e garantindo, assim, a competência, a honestidade e a solvência dos prestadores de serviços e empresas.

A França, um dos primeiros países do mundo a organizar a profissão de agente de viagens,[7] foi o primeiro a regulamentar a profissão, em 1937, após a reclamação de diversos estrangeiros que não conseguiram visitar a Exposição Universal de Paris.

Os poderes públicos franceses esforçam-se para favorecer o desenvolvimento do turismo, pois entendem que ele representa grandiosa fonte de riqueza e de bem-estar social, reconhecendo no turismo uma fonte de divisas. Assim, a França criou, em 1909, por intermédio de A. Millerand, a primeira lei orgânica do turismo do mundo, instituindo, em seguida, o Office National du Tourisme por meio da lei de 8 de abril de 1910.

Esse organismo visava centralizar e colocar à disposição do público toda a informação concernente ao turismo

---

[7] Os agentes de viagens ou *tour operator* são responsáveis pela realização de todas as atividades da agência de viagens e de turismo, planejando, organizando e difundindo os produtos turísticos, tanto em território nacional como no exterior. Surgiram na primeira metade do século XX e tiveram sua atividade regulamentada pela primeira vez na França da década de 1930.

em suas várias formas e setores; pesquisar os meios próprios para o desenvolvimento do turismo; suscitar e, se necessário, tomar medidas que promovessem melhoras nas condições de transporte, circulação e estadia.

É claro que o objetivo principal desse órgão foi proporcionar à França uma posição favorável na competição turística nascente. Afirmada desde o início, essa vocação de cunho sociopolítico e econômico confirmou-se nas décadas seguintes, com a regulamentação da profissão dos agentes de viagens e com outras normas voltadas especificamente para o turismo.

A vontade de difundir o turismo no corpo social também é uma fonte de desenvolvimento de instituições e de um conjunto de normas jurídicas de grande importância. Na França, a intervenção estatal, com a regulamentação das férias pagas em 1936, foi uma condição necessária para a difusão do turismo, apesar de insuficiente. Seguiram-se, então, os exemplos da Itália e da Alemanha, com a criação do programa L'ère des Loisirs, que estudava meios de inserção do lazer nas atividades laborais, buscando maior produtividade e alegria no ambiente de trabalho.

Após a Segunda Guerra Mundial, foram fundados institutos jurídicos destinados a favorecer o desenvolvimento do turismo social. Esses institutos tratavam de conciliar as pessoas com os bancos, fornecendo crédito àqueles que desejavam viajar. Assim foram criados os *chèques-vacances*,[8] hoje conhecidos, mais comumente, como *traveller checks*.[9]

---

[8] *Chèques-vacances* eram os títulos de crédito comprados nos bancos, em valores fixos, em que o emitente apunha duas assinaturas – uma no momento de sua aquisição e outra ao transacioná-lo ou convertê-lo em moeda. Essa foi a primeira versão do modelo reconhecido mundialmente sob o nome de *traveller check*.

[9] Os *traveller checks* visam à maior segurança do turista, pois só podem ser usados mediante sua assinatura no ato da transação ou conversão em moeda.

O conjunto de institutos e instituições jurídicas ligadas às intervenções socioeconômicas e políticas fez do direito o motor – ou pelo menos um dos motores – do desenvolvimento do turismo francês e, definitivamente, guiou estudiosos pela senda que originou o direito do turismo.

A noção de autonomia de um ramo do direito é imprecisa. Essa autonomia repousa principalmente sobre a existência de um corpo de regras próprias, sob a égide de uma jurisdição especializada.

Algumas atividades não são regidas pelo direito. Esse não é o caso do turismo, uma vez que seu lugar no direito mostra-se desenvolvido, importante e apresenta muitas novidades. A originalidade do turismo no seio do direito parece muito acentuada.[10]

Desse modo, seria possível resgatar uma teoria geral da hospedagem a partir de uma inovação da noção de ocupação temporária (contrato de hospedagem e contrato de locação por temporada). Um novo capítulo da teoria geral da liberdade fundamental de ir e vir poderia ser escrito a partir da aparição de novas modalidades de deslocamentos especificamente turísticos.

O turismo é uma atividade regida por diferentes conjuntos de regras jurídicas que, uma vez aplicadas a seu campo, perdem a característica de direito público ou privado, ficando, pois, sob a égide do direito do turismo.

Diversos problemas específicos e dificuldades particulares são próprios da atividade turística. Essas questões ensejam soluções novas e originais, oriundas de um processo de transcendência do direito público e do direito privado. Logo, o direito do turismo rompe o dualismo funda-

[10] F. Servoin, *Institutions touristiques et droit du tourisme* (Paris: Masson, 1981), p. 12.

mental do direito, abordando de modo transversal a divisão clássica, a ponto de se tornar único e autônomo. Isso pode ser notado uma vez que o turismo é matéria específica, devendo assim ser tomado pelo direito quando por ele analisado.

O direito do turismo pode ser definido por seu objeto, já que o fenômeno turístico não pode ser conceituado de maneira puramente objetiva devido a sua constituição por produtos e consumos diversos.

Nota-se que o turismo aparece fundamentalmente como um consumo de bem e serviço particularmente heterogêneo. A maioria dos bens e serviços colocados à disposição pelo turismo concorre para a satisfação das necessidades de turistas e de não turistas por meio de produtos alimentícios, casas de veraneio, pacotes, hotéis, etc. Assim, toda atividade social, econômica, cultural e até política pode encerrar e assegurar uma função turística.

Desse modo, para melhor caracterizar e conceituar o direito do turismo, urge proceder-se a sua análise sob o prisma do turista, ainda que brevemente.

A Conferência das Nações Unidas de 1963, em Roma, propôs a definição de turista como um visitante temporário que permanece pelo menos 24 horas no país visitado e cujos motivos de viagem podem ser agrupados em lazer, negócios, família, obrigações e reuniões.

Essa definição proposta pela ONU é interessante sob o ponto de vista científico, pois permite distinguir o turismo de dois outros gêneros de atividade muito próximos – a migração e o lazer, com os quais não se confunde. Todavia, se a definição de turista apresenta interesse para a economia, a sociologia, a geografia e outras áreas, parece, contudo, ser falha para o direito, no sentido de não conseguir encerrar o conteúdo do direito do turismo.

Assim, o direito do turismo não pode ser analisado exclusivamente sob o prisma do turista, demasiadamente unilateral. Além disso, muitas vezes o turista adota comportamentos que nada têm de especificamente turístico. Dessa maneira, o direito do turismo não pode se recobrir apenas do conjunto de regras de direito aplicáveis aos turistas.

O turismo, enquanto matéria especificamente tratada pelo direito, pode e deve ser regulado por um ramo específico do direito. Desse modo, o direito do turismo pode ser definido como o "[...] conjunto de instituições e regras de direito nas quais o fenômeno do turismo provocou o nascimento ou inspirou seu conteúdo".[11]

Por outro lado, pode-se encontrar outra definição para o direito do turismo, que o descreve como:

> O conjunto de instituições e regras jurídicas para as quais o móvel turístico é determinante, seja porque trata de desenvolver a atividade turística, seja porque essas regras têm por objetivo a proteção específica do consumidor turístico ou a profissão turística, seja porque elas tenham por finalidade conciliar turismo e ordem pública.[12]

Ora, a regulamentação de *campings*, hotéis, *resorts* e outros meios de hospedagem turística tem por objetivo informar e proteger especificamente o consumidor turístico. Entretanto, faz-se mister ressaltar que, no plano jurídico, existem normas turísticas concernentes ao direito do turismo que podem ser aplicadas a não turistas, e outras normas, que não as do turismo, que podem ser aplicadas a turistas.

---

[11] P. Py, *Droit du tourisme*, cit., p. 42.

[12] *Ibid.*, p. 7.

Assim, o direito do turismo deve ser visto como um ramo transcendental do direito, uma vez que se estende por diversos ramos do direito sem se ligar a nenhum deles em particular, e que demonstra sua heterogeneidade por meio de suas peculiaridades.

Caráter do direito do turismo

Maleabilidade do direito do turismo

O direito do turismo aspira a se inserir num quadro de conceitos, regras e teorias menos rígidos, menos categóricos, menos fixos que os de outros ramos do direito, por reconhecer que o domínio turístico tem, efetivamente, características de maleabilidade. Os instrumentos jurídicos devem poder traduzir as necessidades de uma política do turismo de conjunturas, evidentemente móvel, e adaptar-se à evolução profunda, ainda que na complexidade da produção e do consumo. Considera-se, também, que dessa leveza, ou da pesquisa dessa leveza, origina-se o direito do turismo e suas particularidades.

Do ponto de vista das estruturas administrativas, observa-se que o turismo é terra de predileção da administração de missão (terceirizada), dos organismos privados encarregados de serviços públicos, das associações criadas pela administração pública e dos estabelecimentos públicos industriais e comerciais – enfim, de todos os organismos e estruturas inclinadas a escapar da rigidez da organização administrativa clássica. A suavidade do direito do turismo manifesta-se na diversidade dos regimes jurídicos e das regras aplicáveis no sentido de se alcançar a realidade. Também se manifesta na relativa imprecisão das normas, e pelo entendimento da liberdade de expressão Aí encontra-se o poder discricionário que é reservado à administração.

Enfim, o direito do turismo se traduz pela grande mobilidade e versatilidade com que trata das evoluções jurisprudenciais ou de modificações das normas positivadas.

A heterogeneidade do direito do turismo

O turismo é, por natureza, heterogêneo; logo, não é de se estranhar que o direito que o rege também apresente a mesma característica. A heterogeneidade apresenta-se em três niveis: com relação aos objetos, às fontes e à natureza do direito do turismo.

O consumo e a produção advindos do turismo são resultado de uma relação de consumo diversa, na qual a especificidade não pode aparecer senão por meio dos consumidores, ou seja, dos turistas. A originalidade do produto turístico reside no fato de que os bens e serviços necessários a seu consumo são demasiado numerosos e objetos de consumo sucessivo.[1]

Desse modo, podem-se reagrupar os produtos turísticos em duas grandes categorias. Uma delas é aquela na qual o produto turístico compreende um elemento atrativo ou um conjunto de elementos atrativos, aqui denominados de recursos turísticos – os recursos naturais, como os sítios pitorescos, as praias, a neve e o clima, ou os recursos socioculturais, como o patrimônio artístico e as manifestações folclóricas. A outra categoria é compreendida pelos equipamentos e serviços que possibilitam a atividade turística em todas as suas áreas, seja em hotelaria, seja em restaurante,

[1] G. Guibilatto, *Économie touristique* (Paris: Delta e Spes, 1999), p. 90. Essa assertiva é assim entendida dado o turismo ser a única atividade a movimentar mais de cinqüenta setores da economia ao mesmo tempo, de modo sucessivo.

transporte, equipamentos ou material cultural, de lazer e esportivo.

A ligação entre as duas categorias de elementos efetua-se por intermédio do próprio turismo, dos profissionais do turismo e dos poderes públicos. Aí percebe-se o primeiro fator da heterogeneidade do direito do turismo: ele constitui uma abordagem transversal dos diversos ramos do direito, dada sua transcendentalidade, e rompe com a divisão clássica proposta por Pellegrino-Rossi no final do século XIX.

As fontes do direito do turismo são as mesmas fontes já conhecidas pelo direito clássico. Contudo, surgem de maneira mais diversificada que as dos outros ramos do direito, por duas razões: a importância quantitativa e qualitativa das fontes internacionais e a diversificação das fontes internas.

Fontes internacionais do direito do turismo

O turismo é mutável e transcendental e, portanto, por natureza, tem uma vocação internacional.

O turismo internacional implica o consumo de produtos turísticos no estrangeiro, ou seja, indivíduos de um Estado consumindo "turisticamente" em outro Estado. Daí a necessidade da aquiescência dos Estados à saída de seus cidadãos e da aceitação dos Estados fornecedores de produtos turísticos.

Após a Segunda Guerra Mundial, constatou-se que as formalidades nas fronteiras,[2] as restrições de divisas, além de problemas técnicos e políticos concernentes aos transportes internacionais, eram os maiores obstáculos ao renas-

[2] Fronteiras aduaneiras ou polícia política.

cimento do turismo. Os acordos internacionais eram a única forma de progresso, ainda lento, do turismo internacional.

Esses acordos só prosperavam graças ao constante auxílio de organizações internacionais, que literalmente faziam toda a negociação entre os Estados. Assim, em 1975, a desgastada e pouco eficiente União Internacional dos Organismos Oficiais do Turismo foi sucedida pela OMT, que passou a desempenhar papel fundamental nas negociações e desenvolvimento eficaz do turismo internacional.

A OMT vem, desde esse período, trabalhando para o desenvolvimento do turismo em todo o mundo, por meio dos diversos compromissos e diretivas acordados entre ela e os Estados membros. Note-se também o vínculo firmado entre a OMT e a Unesco, visando a um turismo equilibrado e em harmonia com as políticas de preservação do patrimônio mundial.

Fontes internas do direito do turismo

Em âmbito interno, as fontes do direito são muito diversas, podendo-se dizer que o conjunto do direito é caracterizado pela heterogeneidade de suas fontes. Desse modo, partindo do princípio de que o direito do turismo é formado de maneira transcendental, ou seja, pelos diversos ramos do direito, e que cada ramo do direito possui suas fontes específicas, pode-se concluir pela heterogeneidade das fontes do direito do turismo.

As fontes para as regras são as mais variadas. Distinguem-se entre elas as fontes escritas (Constituição, leis, atos administrativos) e as fontes não escritas (costumes, princípios gerais do direito). É preciso, ainda, ressaltar que a maior parte das normas evocadas acima é objeto de outras considerações e classificações. Os atos administrativos normativos aplicados à atividade turística são peculiares. Existem normas administrativas nacionais e locais emanadas da administração pública em geral. Enfim, o direito do turismo é caracterizado pela proliferação de atos administrativos, como deliberações, circulares, portarias e resoluções.

O direito do turismo é, como já foi afirmado anteriormente, transcendental, formado por uma abordagem transversal de todos os outros ramos do direito e das diferentes disciplinas jurídicas, rompendo, assim, com a divisão clássica do século XIX. Por isso, é possível reconhecer em sua elaboração a contribuição de todas as fontes do direito, mesmo daquelas específicas de certas disciplinas ou de determinados ramos.

Dessa maneira é possível observar, pela natureza jurídica do direito do turismo, a superação das fronteiras do direito público e do direito privado, suprindo, pois, a autonomia requerida por esse novo ramo do direito.

Estruturas internacionais do turismo

O desenvolvimento do turismo ensejou a intervenção de duas categorias de organização internacional governamental: as organizações mundiais e as organizações regionais, notadamente as européias.

Por meio das estruturas internacionais do turismo, é possível assegurar o desenvolvimento harmonioso da atividade turística em âmbito global. Nesse sentido, a ONU procurou aumentar a autonomia da OMT e da Unesco em questões ligadas ao turismo, à hotelaria e à proteção ao patrimônio histórico-cultural dos Estados membros, para que o turismo seja consolidado de forma ética e inteligente.

A Organização Mundial do Turismo

A OMT é a principal organização internacional na área das viagens e do turismo,[1] servindo como tribunal mundial para as questões políticas inerentes a essa atividade e representando uma fonte prática do mais alto conhecimento especializado em turismo no mundo

Atualmente, a OMT conta com 139 países e mais de 350 membros afiliados, representantes das administrações

1 WTO, *About WTO*, disponível em http://www.world-tourism.org/frameset/frame_aboutwto.htm.

locais, associações turísticas e empresas do setor privado, principalmente companhias aéreas e grupos hoteleiros.[2]

Sediada em Madri, a OMT é um órgão intergovernamental ao qual a Organização das Nações Unidas confiou a promoção e o desenvolvimento do turismo. Por meio da atividade turística, a OMT busca estimular o crescimento econômico e a oferta de empregos, encorajar a proteção do meio ambiente e do patrimônio histórico-cultural turístico e, por fim, favorecer a paz e o entendimento entre todas as nações do mundo.[3]

A OMT é a mais intensa indústria do mundo

A OMT está convencida de que os poderes públicos desempenham papel essencial no turismo. A OMT aspira ajudar os países de todo o mundo a maximizar os efeitos positivos do turismo, como a criação de empregos, a colocação, em prática, da nova infra-estrutura do turismo e a entrada de divisas – sempre primando pela minimização dos efeitos negativos sobre o meio ambiente e sobre a sociedade.[4]

O turismo é o ramo de atividade que mais se desenvolve em todo o mundo; portanto, nada justifica sua estagnação no século XXI. Nos últimos vinte anos, as receitas do turismo, em nível internacional, progrediram de maneira excelente, sendo hoje estimadas em 4,5 trilhões de dólares por ano.

O turismo internacional é a atividade que melhor descreve os benefícios da exportação, tornando-se fator importante na balança comercial de diversos países. Em 2000, as receitas provenientes do turismo internacional ultrapassa-

---

2 *Ibidem.*

3 *Ibidem.*

4 *Ibidem.*

ram as exportações de produtos petrolíferos, de veículos automotores, de material de telecomunicações e, em sentido amplo, de qualquer produto ou serviço.[5]

O setor de viagens e de turismo mostra-se uma grande fonte abastecedora de trabalho; estimando-se que empregue cerca de 180 milhões de pessoas em todo o mundo. Nota-se que, nas pequenas e médias empresas, encontra-se a maioria dos empregados do turismo.[6] Estudos mostram que, no turismo, a criação de empregos progride cerca de uma vez e meia mais rapidamente que em qualquer outro ramo de atividade.

Enormes investimentos em infra-estrutura são empregados pela seara turística em todo o mundo, facilitando, dessa maneira, a vida da população fixa, e não somente a dos turistas. Os projetos turísticos, como, por exemplo, aeroportos, rodovias, marinas, redes de esgoto, instalações de tratamento de água, restauração de monumentos históricos, museus e centros de preservação ambiental, denotam a função social da atividade turística.[7]

Ressalte-se ainda que o turismo internacional e o interno representam cerca de 10% do produto interno bruto (PIB) mundial, o que equivale a um montante superior ao PIB de um grande número de pequenos países e mesmo de países em desenvolvimento.[8]

A OMT e suas atividades regionais

Os representantes regionais da OMT objetivam ações diretas que reforcem e apóiem os esforços das administra-

[5] *Ibidem.*
[6] *Ibidem.*
[7] *Ibidem.*
[8] *Ibidem.*

ções nacionais do turismo.[9] Cada uma dessas regiões do mundo (África, América, Ásia, Europa e Oriente Médio) tem, na OMT, um representante nomeado que atua em prol de sua região.

Uma vez na OMT, os representantes regionais tornamse o "esquadrão de vanguarda" para a realização de contatos com os países membros.[10] Estão, por isso, constantemente em viagem, atuando, em certo aspecto, como embaixadores itinerantes, a fim de encontrar-se com o alto escalão do turismo de cada um dos países de sua região para estudar seus problemas e ajudar a encontrar soluções para eles.[11]

Fica, dessa maneira, assegurado o liame entre as autoridades do turismo e o Programa das Nações Unidas para o Desenvolvimento, uma vez que a atividade turística instalase na base de projetos determinados pelo programa.

Os representantes atuam, também, na organização de seminários nacionais sobre temas que se mostrem de interesse para um dado país, como a promoção do turismo no México ou o ecoturismo no Quirguistão. Conferências regionais sobre os problemas advindos do turismo, como a segurança e a proteção dos turistas na Europa oriental ou o transporte aéreo e a política para o turismo nas Caraíbas, fazem, igualmente, parte das atribuições dos representantes da OMT, visando, dessa maneira, que os participantes troquem experiências e mirem objetivos comuns.

Os representantes regionais da OMT estão presentes nas manifestações turísticas nacionais e regionais, esforçando-se em facilitar possíveis contatos frutíferos entre as autoridades turísticas e as de outras instâncias, freqüentemente

[9] *Ibidem.*
[10] *Ibidem.*
[11] *Ibidem.*

ligadas ao chefe de Estado. Todas essas atividades buscam contribuir para o crescimento da importância dos organismos públicos do turismo em seus próprios países, melhorando, dessa forma, o setor turístico de cada nação.[12]

As seis comissões regionais da OMT se reúnem ao menos uma vez por ano para discutir as atividades e prioridades da Organização no futuro. Nessas reuniões, os Estados membros e membros afiliados participam de uma conferência sobre um tema turístico particular, explorado por especialistas mundiais.[13]

A OMT está excepcionalmente bem localizada para desenvolver os projetos especiais que objetivam a promoção do turismo num grupo de países membros. Os projetos da Rota da Seda[14] e da Rota dos Escravos,[15] executados em

---

12 Unesco, *News*, disponível em http://www.unesco org/news.htm,. acesso em 25-9-2001.

13 Em 2000, essas conferências regionais tiveram por temas: "A parceria da iniciativa pública e privada para o desenvolvimento do turismo" (Ásia); "A promoção de viagens para a África" (África); "A gestão integrada da qualidade" (Oriente Médio); "O turismo e o transporte aéreo" (Europa) e "As estratégias de promoção turística comum" (América).

14 Lançado em 1994, o projeto Rota da Seda da OMT tem por objetivo revitalizar, com a ajuda do turismo, os caminhos que ajudaram outrora o mercador veneziano Marco Polo e, sucedendo-o, os mercadores das caravanas. A rota se estende por 12 mil quilômetros da Ásia à Europa. Para realizar esse projeto reuniram-se dezesseis países: Japão, República da Coréia, República Popular Democrática da Coréia, China, Casaquistão, Quirguistão, Paquistão, Usbequistão, Tadjiquistão, Turcomenistão, Irã, Azerbaijão, Turquia, Geórgia, Grécia e Egito. As atividades comuns de promoção compreendem um livreto, um filme em VHS, viagens informativas e programações especiais em salões do turismo. WTO, *About WTO*, disponível em http://www.world-tourism.org/frameset/frame_aboutwto.htm.

15 Lançada em 1995 por ocasião do Ano Internacional da Tolerância das Nações Unidas, o projeto Rota dos Escravos visa desenvolver o turismo

parceria com a Unesco,[16] são dois exemplos de sucesso, nesse sentido.

O modo de funcionamento da OMT

A OMT é financiada essencialmente por contribuições dos Estados membros e dos membros associados e afiliados.[17] Os Estados membros efetivos pagam uma contribuição anual calculada em função do nível de seu desenvolvimento econômico e da importância de seu turismo. Os membros associados pagam anualmente a contribuição fixa de 50 mil dólares, e os membros afiliados contribuem com cerca de 5 mil dólares por ano.[18] O orçamento da OMT é reforçado pelo apoio direto da ONU, que destina cerca de 200 milhões de dólares por ano para a elaboração de projetos de natureza cultural em parceria com a Unesco.

Os principais órgãos da OMT são:

- Assembléia Geral: órgão supremo da OMT. Reúne-se a cada dois anos para aprovar o orçamento, o programa de trabalho e para discutir os temas de importância econômica para o setor turístico. A cada quatro anos, elege o secretário-geral. A Assembléia Geral é composta de delegados que representam os Estados membros e os membros associados, que têm direito a voto. Os

cultural nos países da África ocidental. Seus objetivos imediatos são restaurar os monumentos, valorizar os museus de história e lançar campanhas comuns de promoção em um número restrito de mercados emissores de turismo, a fim de estimular os visitantes estrangeiros a se interessar pelo passado desses países e, para alguns, a descobrir suas raízes. No futuro, esse projeto deveria ser estendido e englobar os países da África austral e setentrional, assim como o Caribe. WTO, *About WTO*, disponível em http://www.world-tourism.org/frameset/frame_aboutwto.htm.

16 Unesco, *News*, cit.

17 WTO, *Tourism: Concepts*, cit.

18 *Ibidem*.

membros afiliados e os representantes de outros organismos internacionais também participam da reunião como observadores.

- Conselho Executivo: conselho de direção da OMT, encarregado de zelar pelo bom funcionamento da Organização e por tudo o que é colocado em prática por ela, bem como por seu programa de trabalho e pela rigorosa execução do orçamento. Reúne-se duas vezes por ano, e é composto por 26 membros eleitos pela Assembléia Geral na razão de um conselheiro a cada cinco Estados membros. Os membros associados e afiliados participam como observadores.
- Comissões Regionais: a OMT possui seis Comissões Regionais, para África, América, Ásia ocidental, Ásia oriental, Europa e Oriente Médio. Reúnem-se no mínimo uma vez por ano e são compostas cada uma pela união dos Estados membros e dos membros associados de cada região.[19] Os membros afiliados assistem a suas reuniões como observadores.
- Comitês: fornecem os dados necessários à elaboração e execução de projetos e programas em todas as áreas, como a orçamentária, financeira, estatística e outras.
- Secretariado: é coordenado pelo secretário-geral e tem por objetivo colocar em prática o programa de trabalho da OMT e de responder às necessidades dos Estados membros.

Os membros da OMT

A OMT possui três categorias de membros: os membros efetivos ou Estados membros, os membros associados e os membros afiliados.

[19] *Ibidem.*

A qualidade de membro efetivo é acessível a todos os Estados soberanos; a qualidade de membro associado é acessível a todos os territórios que não têm responsabilidade sobre suas relações exteriores. A candidatura depende da obtenção de apoio de um Estado que se responsabilize por suas relações internacionais. A qualidade de membro afiliado[20] compreende uma larga escala de organismos e empresas que trabalham diretamente com o setor de viagens e turismo ou em setores correlatos.

A OMT é a única organização intergovernamental em que o setor operacional pode fazer sua adesão. A categoria diversa dos membros afiliados da OMT participa ativamente, uma vez que possui seu próprio programa de atividades, que compreende reuniões anuais e seminários regionais sobre temas de estudos particulares.

A OMT e o Código Mundial de Ética do Turismo

O Código Mundial de Ética do Turismo é um marco para o desenvolvimento responsável e sustentável do turismo mundial no início do novo milênio. Seu texto inspirou-se em numerosas declarações e códigos profissionais similares que o precederam, e aos quais juntou novas idéias que refletem a mudança de nossa sociedade no final do século XX.[21]

Diante da previsão de que o turismo internacional quase triplicará seu volume nos próximos anos, os membros da

---

20 P. Py, *Droit du tourisme*, cit., p. 77: "Trata-se de companhias aéreas e de outras empresas do setor de transporte, hotéis e restaurantes, de operadoras turísticas, de pequenos agentes de viagens, de agências bancárias, de editoras, de gabinetes-conselho, de estabelecimentos de ensino e de institutos de pesquisa, de conselhos do turismo locais e regionais e de associações de profissionais de viagem [...]".

21 WTO, *Tourism Market Trends 2001* (Madri: WTO, 2001), p. 20.

OMT estão convencidos de que o Código Mundial de Ética do Turismo é necessário para ajudar a minimizar os efeitos negativos do turismo sobre o meio ambiente e sobre o patrimônio cultural, aumentando, simultaneamente, os benefícios para os residentes nos destinos turísticos.[22]

A preparação do código advém de uma resolução adotada na Assembléia Geral da OMT, em Istambul, em 1997. Nos dois anos subseqüentes, constituiu-se um comitê especial para preparar o Código Mundial de Ética do Turismo, tendo como base um documento preliminar, elaborado pelo secretário-geral e pelo conselheiro jurídico da OMT após consultas ao Conselho Empresarial, às Comissões Regionais e ao Conselho Executivo da Organização.[23]

A Comissão das Nações Unidas para o Desenvolvimento Sustentável, reunida em Nova York em abril de 1999, aprovou o conceito do Código e pediu à OMT que solicitasse novas sugestões ao setor privado, às organizações não-governamentais e às organizações sindicais. Foram recebidas contribuições por parte de mais de setenta Estados membros da OMT e de outras entidades.[24]

O Código Mundial de Ética do Turismo é, por conseguinte, a coroação de um completo processo de consulta. Os dez artigos que o compõem foram aprovados por unanimidade na Assembléia Geral da OMT realizada em Santiago do Chile, em outubro de 1999.[25]

---

[22] *Ibidem.*

[23] *Ibid.*, p. 21.

[24] "Será criado um Comitê Mundial de Ética do Turismo, composto por doze pessoas ilustres, não representantes do governo, e doze suplentes, selecionados com base em sua competência no setor de turismo e setores afins; essas pessoas não receberão ordens nem instruções dos que propuseram seus nomes ou as designaram, nem lhes prestarão contas" (Anexo 2).

[25] "Recordando que, baseado nessas considerações iniciais, o documento preliminar do Código Mundial de Ética para o Turismo foi

Os nove primeiros artigos enunciam as "regras do jogo" para os destinos, governos, operadores turísticos, promotores, agentes de viagens, empregados e para os próprios turistas.[26] O décimo artigo refere-se à resolução de litígios, sendo a primeira vez que um código desse tipo é dotado de semelhante mecanismo de aplicação. Esse mecanismo será fundamentado na conciliação, por intermédio de um Comitê Mundial de Ética do Turismo (Anexo 2), constituído por representantes de cada uma das regiões do mundo e de cada um dos grandes grupos de agentes do setor turístico: governos, setor privado, trabalhadores e organizações não-governamentais (ONGs).

O Código Mundial de Ética do Turismo, reafirmando os objetivos enunciados no artigo 3º dos Estatutos da Organização Mundial do Turismo, demonstra consciência acerca do papel decisivo e central, reconhecido a essa organização pela Assembléia Geral das Nações Unidas na promoção e no desenvolvimento do turismo, visando contribuir para a expansão econômica, a compreensão internacional, a paz e a prosperidade dos países, bem como para o respeito universal e a observância dos direitos do homem e das liberdades fundamentais, sem distinção de raça, sexo, língua ou religião;[27] trata-se de um documento cujo propósito foi ousado ao buscar

preparado pelo secretário-geral, com a assistência do conselheiro jurídico da OMT, e foi estudado pelo Conselho Empresarial da OMT, pelas Comissões Regionais e, finalmente, pelo Conselho Executivo em sua 60ª sessão, todos eles foram convidados a formular suas observações." WTO, "Resolution", em *Approval of the Global Code of Ethics for Tourism*, disponível em http://www.world-tourism.org/frameset/frame_project_ethics.html.

26 WTO, "Message from the Secretary-General of WTO: Preparing the New Millennium", em *Global Code of Ethics for Tourism*, disponível em: http://www.world-tourism.org/frameset/frame_project_ ethics.html.

27 "Resolution", em *Approval of the Global Code of Ethics for Tourism*, disponível em http://www.world-tourism.org/frameset/frame_project_ethics.html.

uma linha mestra a ser seguida pelos Estados que vêem no turismo uma atividade social, política e cultural.

Ao permitir contatos diretos, espontâneos e imediatos entre homens e mulheres de culturas e modos de vida diferentes, o turismo representa uma força viva a serviço da paz, bem como um fator de amizade e compreensão entre os povos do mundo.

A OMT, em consonância com os princípios encaminhados para conciliar de forma sustentável a proteção ambiental, o desenvolvimento econômico e a luta contra a pobreza – como propuseram as Nações Unidas, em 1992, quando da Cúpula da Terra, no Rio de Janeiro, expressada na Agenda 21, adotada naquela ocasião –, reservou dispositivo ao desenvolvimento sustentável, harmonizando, desse modo, o turismo e o meio ambiente.

Levando em consideração o crescimento rápido e contínuo da atividade turística, resultante de motivações de lazer, negócios, cultura, religião ou saúde, e que produz poderosos efeitos, positivos e negativos, sobre o meio ambiente, a economia e a sociedade dos países emissores e receptores de fluxos turísticos, sobre as comunidades locais e populações autóctones e sobre as relações e trocas internacionais, a Organização objetivou, nos princípios do código, externar de forma clara os pressupostos que regem a atividade turística, bem como demonstrar suas características.

Os princípios proclamados também preconizam a responsabilidade e a sustentabilidade da atividade turística, de maneira acessível a todos, em harmonia com a Declaração Universal dos Direitos do Homem, que estabelece o direito ao lazer e o respeito ao princípio da alteridade.[28]

[28] WTO, "Principles", em *Global Code of Ethics for Tourism*, disponível em http://www.world-tourism.org/frameset/frame_project_ethics.html: "O direito a uma limitação justa da jornada de trabalho

Levando em conta que o turismo é uma atividade dos mercados globais de capital e que sua indústria desenvolve tanto o setor privado quanto o público, os redatores do Código arrolaram, nesse contexto, a atividade laboral do turismo e sua alta capacidade de gerar empregos.

Nesse processo, todos os agentes do desenvolvimento turístico – administrações nacionais, regionais e locais, empresas, associações profissionais, trabalhadores do setor, organizações não-governamentais e outros organismos da indústria turística, bem como as comunidades receptoras, os órgãos de informação e os próprios turistas – exercem responsabilidades diferenciadas, mas interdependentes, na valorização individual e social do turismo, e a identificação dos direitos e deveres de cada um contribuirá para a realização desse objetivo.[29]

Promovendo verdadeira colaboração entre os setores públicos e privados do desenvolvimento turístico, conforme a OMT vem executando, com base na Resolução nº 364 (XII), adotada pela Assembléia Geral de 1997, em Istambul, e desejando ver uma associação e uma cooperação da mesma natureza estender-se, de modo aberto e equilibrado, às relações entre países emissores e receptores e seus respectivos setores turísticos, surge o Código Mundial de Ética do Turismo, harmonizando as relações e trazendo novo instrumento de parceria entre os setores públicos e privados.[30]

Nesse contexto, o direito do turismo ganha forças, oferecendo suporte à implantação de novos projetos e à conti-

e a descansos remunerados periódicos, garantido pelo artigo 24 da Declaração Universal dos Direitos do Homem e pelo artigo 7º do Pacto Internacional relativo aos direitos econômicos, sociais e culturais."

[29] "Resolution", em *Approval of the Global Code of Ethics for Tourism*, disponível em http://www.world-tourism.org/frameset/frame_project_ethics.html.

[30] WTO, *Tourism Market Trends 2001*, cit., p. 62.

nuidade dos já implementados, tais como as Declarações de Manila, de 1980, sobre o turismo mundial, e de 1997, sobre o impacto do turismo na sociedade, bem como a Carta do Turismo e do Código do Turista, adotados em Sófia, em 1985, sob a égide da OMT.[31]

Fica, assim, reconhecido o novo ramo do direito, que, mediante a interdependência dos princípios estabelecidos pelo Código Mundial de Ética do Turismo, objetivou complementar os instrumentos legais já existentes e, por meio do equilíbrio, fornecer sustentabilidade para um desenvolvimento sadio durante o século XXI.

Desse modo, para que os princípios do código de ética tenham a mais ampla abrangência, foram utilizadas as definições e classificações aplicáveis às viagens e, em especial, as noções de "visitante", "turista" e "turismo", adotadas pela Conferência Internacional de Ottawa, realizada em 1991, e aprovadas, em 1993, pela Comissão de Estatística das Nações Unidas, em sua 27ª sessão.

O Código Mundial de Ética do Turismo embasou-se em diversos instrumentos legais de cunho internacional, que compõem seus dez princípios, a saber:

- Declaração Universal dos Direitos Humanos, de 1948;
- Pacto Internacional dos Direitos Econômicos, Sociais e Culturais, de 1966;
- Pacto Internacional dos Direitos Civis e Públicos, de 1966;
- Convenção de Varsóvia, sobre o transporte aéreo, de 1929;

[31] R. Hollier, *L'Europe du tourisme s'affirme* (Paris: Espaces, 2000), p. 384: "Os princípios estabelecidos na Carta do Turismo e no Código do Turista em 1985 foram englobados pelo Código Mundial de Ética do Turismo, de maneira que são utilizados, na atualidade, como complementos da supracitada norma [...]".

- Convenção Internacional da Aviação Civil de Chicago, de 1944, bem como as Convenções de Tóquio, Haia e Montreal, a ela relacionadas;
- Convenção sobre as facilidades alfandegárias para o turismo, de 1954, e protocolo associado;
- Convenção sobre a proteção do patrimônio mundial cultural e natural, de 1972;
- Declaração de Manila sobre o Turismo Mundial, de 1980; Resolução da 6ª Assembléia Geral da OMT, em Sófia, que adotou a Carta do Turismo e o Código do Turista, de 1985;
- Convenção sobre os Direitos da Criança, de 1990;
- Resolução da 9ª Assembléia Geral da OMT, em Buenos Aires, relativa às matérias de facilidades para viagens e segurança dos turistas, de 1991;
- Declaração do Rio de Janeiro sobre o Meio Ambiente e o Desenvolvimento, de junho de 1992;
- Resolução da 11ª Assembléia Geral da OMT, no Cairo, sobre a prevenção do turismo sexual organizado, de 1995;
- Declaração de Estocolmo contra a Exploração Sexual de Crianças com Fins Comerciais, de 1996;
- Declaração de Manila sobre os Efeitos Sociais do Turismo, de 1997; convenções e recomendações adotadas pela Organização Internacional do Trabalho (OIT) em matéria de convenções coletivas, de proibição do trabalho forçado e do trabalho infantil, de defesa dos direitos dos povos autóctones, de igualdade de tratamento e de não-discriminação no trabalho.

O Código Mundial de Ética do Turismo aspira por ser um documento vivo, pois seus signatários entendem que somente a cooperação permitirá proteger o futuro do setor turístico e aumentar sua contribuição para a prosperidade econômica, para a paz e para o entendimento entre todas as nações do mundo.[32]

Princípios do Código Mundial de Ética do Turismo

1. Contribuição do turismo para a compreensão e o respeito mútuo entre homens e sociedades

A compreensão e a promoção dos valores éticos comuns à humanidade, num espírito de tolerância e de respeito pela diversidade das crenças religiosas, filosóficas e morais, são, ao mesmo tempo, fundamento e conseqüência de um turismo responsável. Os agentes do desenvolvimento e os próprios turistas devem levar em conta as tradições e as práticas sociais e culturais de todos os povos, incluindo as das minorias e populações autóctones, reconhecendo sua riqueza.

As atividades turísticas devem conduzir-se em harmonia com as especificidades e as tradições das regiões e dos países receptores, observando suas leis, seus usos e costumes.

As comunidades receptoras de turistas, por um lado, e os agentes profissionais locais, por outro, devem aprender a conhecer e a respeitar os turistas que os visitam, e informar-se sobre seus modos de vida, gostos e expectativas. A educação e a formação ministradas aos profissionais contribuem para um acolhimento hospitaleiro dos turistas.

---

[32] P. Py, *Droit du tourisme*, cit., p. 77: "O Código Mundial de Ética do Turismo tem por finalidade promover uma ordem turística mundial, eqüitativa, responsável e estável, com o benefício dividido entre todos os setores da sociedade, em um contexto de economia internacional aberta e liberal [...]".

As autoridades públicas têm por missão assegurar a proteção dos turistas, visitantes e de seus respectivos bens. Nesse sentido, devem conceder especial atenção à segurança dos turistas estrangeiros, devido a sua particular vulnerabilidade. Assim, devem disponibilizar meios específicos de informação, prevenção, proteção, seguro e assistência que correspondam a suas necessidades. Atentados, agressões, raptos ou ameaças a turistas ou a trabalhadores da indústria turística, bem como destruições voluntárias de instalações turísticas ou de elementos do patrimônio cultural ou natural, devem ser severamente condenados e reprimidos, em conformidade com as respectivas legislações nacionais.

Os turistas e visitantes devem evitar, quando de seus deslocamentos, praticar atos criminosos ou considerados delituosos pelas leis do país visitado, bem como comportamentos considerados chocantes ou que firam os costumes das populações locais ou, ainda, suscetíveis de atentar contra o meio ambiente local. Também devem abster-se de todo o tráfico de drogas, armas, antiguidades, espécies protegidas, bem como de produtos ou substâncias perigosas ou proibidas pelas legislações nacionais.

Cabe aos turistas e visitantes a responsabilidade de obter informações, antes mesmo de sua partida, sobre as características dos países que pretendem visitar. Devem, ainda, ter consciência dos riscos para a saúde e a segurança, inerentes a todo deslocamento para fora de seu meio habitual, e adotar um comportamento que minimize esses riscos.

2. Turismo, instrumento de desenvolvimento individual e coletivo

O turismo, atividade geralmente associada ao repouso, à diversão, ao desporto, ao acesso à cultura e à natureza, deve ser concebido e praticado como meio privilegiado de desenvolvimento individual e coletivo. Realizado com a necessária abertura de espírito, constitui fator insubstituível de auto-educação, de tolerância mútua e de aprendizagem das diferenças legítimas entre povos e culturas, e de sua diversidade.

As atividades turísticas devem respeitar a igualdade entre homens e mulheres, devem tender a promover os direitos humanos e, especialmente, os particulares direitos dos grupos mais vulneráveis, especificamente as crianças, os idosos, os deficientes, as minorias étnicas e os povos autóctones.

A exploração de seres humanos sob todas as formas, principalmente a sexual, e sobretudo de crianças, vai contra os objetivos fundamentais do turismo e constitui sua própria negação. Portanto, e em conformidade com o Direito Internacional, ela deve ser rigorosamente combatida, com a cooperação de todos os Estados envolvidos, e condenada sem concessões pelas legislações nacionais, quer dos países visitados, quer dos países de origem dos atores dessas ações, mesmo quando executadas no estrangeiro.

Os deslocamentos por motivo de religião, saúde, educação e intercâmbios culturais ou lingüísticos constituem formas particularmente interessantes de turismo, merecendo ser encorajadas. A introdução do conteúdo relativo ao valor dos intercâmbios turísticos, de seus benefícios econômicos, sociais e culturais, e também de seus riscos, deve ser incentivada nos programas de educação.

3. O turismo, fator de desenvolvimento sustentável

É dever de todos os agentes envolvidos no desenvolvimento turístico salvaguardar o ambiente e os recursos naturais, na perspectiva de um crescimento econômico sadio, contínuo e sustentável, capaz de satisfazer eqüitativamente as necessidades e as aspirações das gerações presentes e futuras.

Todos os tipos de desenvolvimento turístico que permitam economizar os recursos naturais raros e preciosos, principalmente a água e a energia, e que venham a evitar, na medida do possível, a produção de dejetos devem ser privilegiados e encorajados pelas autoridades públicas nacionais, regionais e locais.

Deve-se, também, equacionar a distribuição no tempo e no espaço dos fluxos de turistas e de visitantes, especialmente a que resulta das licenças de férias e das férias escolares, e buscar-se um melhor equilíbrio na freqüência, de forma a reduzir a pressão da atividade turística sobre o meio ambiente e aumentar o seu impacto benéfico na indústria turística e na economia local.

A infra-estrutura deve ser planejada e as atividades turísticas, programadas de forma que seja protegido o patrimônio natural, constituído pelo ecossistema e pela biodiversidade, e que sejam preservadas as espécies ameaçadas da fauna e da flora selvagens. Os agentes do desenvolvimento turístico, principalmente os profissionais, devem permitir que lhes sejam impostos obstáculos ou limitações a suas atividades quando elas forem exercidas em zonas particularmente sensíveis: regiões desérticas, polares ou de altas montanhas, zonas costeiras, florestas tropicais ou zonas úmidas, propícias à criação de parques naturais ou reservas protegidas.

O turismo de natureza e o ecoturismo são reconhecidos como formas de turismo especialmente enriquecedoras e valorizadoras, sempre que respeitem o patrimônio natural e que as populações locais se ajustem à capacidade de carga dos locais turísticos.

4. O turismo, fator de aproveitamento e enriquecimento do Patrimônio Cultural da Humanidade

Os recursos turísticos pertencem ao patrimônio comum da humanidade. As comunidades dos territórios onde eles se situam têm, diante deles, direitos e obrigações especiais.

As políticas e atividades turísticas serão desenvolvidas respeitando o patrimônio artístico, arqueológico e cultural, que devem ser preservados e transmitidos às gerações futuras. Uma atenção especial deve ser concedida à preservação e à restauração dos monumentos, santuários e museus, bem como de locais históricos e arqueológicos, que devem estar abertos à freqüência turística. Deve ser encorajado o acesso do público aos bens e monumentos culturais privados, resguardando-se os direitos de seus proprietários, bem como aos templos religiosos, sem prejudicar as necessidades de culto.

Os recursos obtidos pela freqüência dos locais e monumentos culturais devem ser empregados, pelo menos em parte, preferencialmente na manutenção, na salvaguarda, na valorização e no enriquecimento desse patrimônio.

A atividade turística deve ser concebida de forma a permitir a sobrevivência e o desenvolvimento de produções culturais e artesanais tradicionais, bem como do folclore, evitando sua padronização e seu empobrecimento.

5. O turismo, atividade benéfica para os países e para as comunidades de destino

As populações e comunidades locais devem estar associadas às atividades turísticas e participar eqüitativamente dos benefícios econômicos, sociais e culturais que geram, sobretudo da criação de empregos diretos ou indiretos resultantes.

As políticas turísticas devem ser conduzidas de forma a contribuir para a melhoria do nível de vida das populações das regiões visitadas e a responder a suas necessidades. A concepção urbanística e arquitetônica e o modo de exploração das estâncias e dos alojamentos turísticos devem visar a sua melhor integração no contexto econômico e social local. Em caso de igualdade de competências, deve ser dada prioridade à contratação de mão-de-obra local.

Uma particular atenção deve ser dispensada aos problemas específicos das zonas costeiras e aos territórios insulares, bem como às zonas rurais e serranas, onde o turismo representa, muitas vezes, uma das raras oportunidades de desenvolvimento diante do declínio das tradicionais atividades econômicas.

Os profissionais do turismo, especialmente os investidores, devem, conforme regulamentação estabelecida pelas autoridades públicas, proceder a estudos sobre o impacto de seus projetos de desenvolvimento em relação ao entorno e aos meios naturais existentes. Devem, da mesma forma, prestar informações quanto a seus futuros programas e aos impactos previstos, com a maior transparência e objetividade, abrindo-se ao diálogo, nessas questões, com as populações interessadas.

6. Obrigações dos agentes de desenvolvimento turístico

Os agentes profissionais do turismo têm por obrigação fornecer aos turistas uma informação objetiva e sincera sobre os destinos, as condições de viagem, de receptividade e de estadia. Devem, ainda, assegurar uma transparência perfeita das cláusulas dos contratos propostos a seus clientes, tanto no que se refere à natureza, ao preço e à qualidade dos serviços que se comprometem a fornecer quanto às contrapartidas financeiras que lhes incumbem em caso de ruptura unilateral, por sua parte, dos referidos contratos.

Os profissionais do turismo, quando lhes couber, darão assistência, em cooperação com as autoridades públicas, quanto a segurança, prevenção de acidentes, proteção sanitária e higiene alimentar dos que recorrerem a seus serviços. Zelarão pela existência de sistemas de seguro e de assistência apropriados. Da mesma forma, aceitarão a obrigação de prestar contas, segundo as modalidades previstas nas regulamentações nacionais, e, se necessário, pagar uma indenização eqüitativa no caso do não-cumprimento de suas obrigações contratuais.

Os profissionais do turismo, enquanto deles depender, contribuirão para o pleno desenvolvimento cultural e espiritual dos turistas e permitirão o exercício de suas práticas religiosas durante os deslocamentos.

As autoridades públicas dos Estados de origem e dos países de destino, em colaboração com os profissionais interessados e suas associações, zelarão pelo estabelecimento de mecanismos necessários ao repatriamento dos turistas, no caso do não-cumprimento dos contratos pelas empresas organizadoras de suas viagens.

Os governos têm o direito e o dever, especialmente em caso de crise, de informar a seus cidadãos sobre as condições difíceis, e mesmo sobre os perigos que eles possam encontrar, por ocasião de seus deslocamentos ao exterior. No entanto, incumbe-lhes fornecer tais informações sem prejudicar, de forma injustificada ou exagerada, a indústria turística dos países receptores e os interesses de seus próprios operadores. O conteúdo de eventuais avisos deve, portanto, ser previamente discutido com as autoridades dos países de destino e com os profissionais interessados. As recomendações eventualmente formuladas serão estritamente proporcionais à gravidade real das situações e limitadas às zonas geográficas onde a insegurança estiver comprovada. Essas recomendações devem ser atenuadas ou anuladas logo que o retorno à normalidade permitir.

A imprensa, sobretudo a especializada em turismo, e os demais meios de comunicação, incluindo os modernos meios de comunicação eletrônica, devem fornecer informação honesta e equilibrada sobre os acontecimentos e as situações capazes de influenciar a freqüência turística.

Devem ter por missão, igualmente, o fornecimento de indicações precisas e confiáveis aos consumidores de serviços turísticos. As novas tecnologias de comunicação e o comércio eletrônico devem ser desenvolvidos e utilizados para esse fim, não devendo, de forma alguma, assim como a imprensa e os demais meios de comunicação, incentivar o turismo sexual.

7. Direito ao turismo

A possibilidade de acesso direto e pessoal à descoberta das riquezas de nosso mundo constituirá um direito aberto, igualmente, a todos os habitantes do planeta. A participação cada vez mais ampla no turismo nacional e internacional deve ser considerada como uma das melhores expressões possíveis do crescimento contínuo do tempo livre e não deve ser dificultada.

O direito de todos ao turismo deve ser visto como conseqüência do direito ao descanso e ao tempo livre e, em particular, a uma razoável limitação da duração do trabalho e a licenças periódicas pagas, conforme garantido no artigo 24 da Declaração Universal dos Direitos Humanos e no artigo 7.1 do Pacto Internacional relativo aos direitos econômicos, sociais e culturais.

O turismo social, sobretudo o turismo associativo, que permite o acesso da maioria dos cidadãos ao lazer, às viagens e às férias, deverá ser desenvolvido com o apoio das autoridades públicas.

O turismo das famílias, dos jovens e estudantes, das pessoas idosas e dos deficientes deverá ser encorajado e facilitado.

8. Liberdade de deslocamento turístico

Os turistas e visitantes se beneficiarão, respeitando-se o direito internacional e as legislações nacionais, da liberdade de circulação, quer no interior de seu país quer de um Estado para outro, em conformidade com o artigo 13 da Declaração Universal dos Direitos Humanos, podendo ter acesso às zonas de trânsito e de estada, bem como aos locais turísticos e culturais, sem exageradas formalidades e sem discriminações.

Os turistas e visitantes devem ter reconhecida a faculdade de utilizar todos os meios de comunicação disponíveis, interiores ou exteriores; devem beneficiar-se de um pronto e fácil acesso aos serviços administrativos judiciários e de saúde locais, bem como ao livre contato com as autoridades consulares de seu país de origem, em conformidade com as convenções diplomáticas vigentes.

Os turistas e visitantes serão beneficiados com os mesmos direitos dos cidadãos do país visitado quanto à confidencialidade dos dados e das informações pessoais que lhes digam respeito, sobretudo as armazenadas sob forma eletrônica.

Os procedimentos administrativos do cruzamento de fronteira, estabelecidos pelos Estados ou resultantes de acordos internacionais, como os vistos ou as formalidades sanitárias e alfandegárias, devem ser adaptados de modo a facilitar ao máximo a liberdade de viajar e o acesso do maior número de pessoas ao turismo internacional. Os acordos entre grupos de países visando harmonizar e simplificar tais procedimentos devem ser encorajados. Os impostos e os encargos específicos que penalizem a indústria turística e atentem contra sua competitividade devem ser progressivamente eliminados ou reduzidos.

Desde que a situação econômica dos países de origem permita, os turistas devem dispor do crédito de divisas conversíveis necessário a seus deslocamentos.

9. Direito dos trabalhadores e dos empresários da indústria turística

Os direitos fundamentais dos trabalhadores assalariados e autônomos da indústria turística e das atividades afins devem ser assegurados pelas administrações, quer dos Estados de origem quer dos países de destino, com especial atenção, tendo em vista as limitações específicas vinculadas à sazonalidade de sua atividade, à dimensão global de sua indústria e à flexibilidade muitas vezes imposta pela natureza de seu trabalho.

Os trabalhadores assalariados e autônomos da indústria turística e das atividades afins têm o direito e o dever de adquirir uma formação ajustada, integral e contínua. A eles será assegurada uma proteção social adequada, e a precariedade do emprego deve ser limitada o máximo possível. Deverá ser proposto aos trabalhadores sazonais do setor um estatuto especial, visando a sua proteção social.

Toda pessoa física e jurídica, sempre que demonstrar possuir as disposições e as qualificações necessárias, deve ter reconhecido seu direito de desenvolver uma atividade profissional no âmbito do turismo, de acordo com a legislação nacional vigente. Os empresários e os investidores – especialmente das pequenas e médias empresas – devem ter reconhecido o livre acesso ao setor turístico com um mínimo de restrições legais ou administrativas.

As trocas de experiência oferecidas aos quadros de trabalhadores de diferentes países, assalariados ou não, contribuem para o desenvolvimento da indústria turística mundial. Assim, devem ser incentivadas sempre que possível, de acordo com as legislações nacionais e as convenções internacionais aplicáveis.

Elementos insubstituíveis de solidariedade no desenvolvimento e de dinamismo nas trocas internacionais, as empresas multinacionais da indústria turística não devem abusar das situações de posição dominante que por vezes detêm. Devem, também, evitar tornar-se modelos culturais e sociais artificialmente impostos às comunidades receptoras de fluxos turísticos. Em troca da liberdade de investir e operar comercialmente, que precisa ser plenamente reconhecida, devem comprometer-se com o desenvolvimento local, evitando, pelo repatriamento excessivo de seus benefícios ou pelas importações induzidas, reduzir a contribuição que dão às economias das localidades onde estão instaladas.

A colaboração e o estabelecimento de relações equilibradas entre empresas de países emissores e receptores contribuem para o desenvolvimento sustentável do turismo e para uma distribuição eqüitativa dos benefícios de seu crescimento.

10. Aplicação dos princípios do Código Mundial de Ética do Turismo

Os setores públicos e privados de desenvolvimento turístico cooperararam na aplicação dos presentes princípios, devendo zelar pelo controle de sua efetivação.

Os agentes do desenvolvimento turístico reconheceram o papel dos organismos internacionais – na primeira linha dos quais figura a OMT –, bem como das organizações não-governamentais competentes em matéria de promoção e desenvolvimento do turismo, na proteção dos direitos humanos, do meio ambiente e da saúde, respeitando os princípios gerais do direito internacional.

Os mesmos agentes manifestam a intenção de submeter, para fins de conciliação, os litígios relativos à aplicação ou interpretação do Código Mundial de Ética do Turismo a um terceiro organismo, imparcial, denominado Comitê Mundial de Ética do Turismo (Anexo 2).

OMT: agência especializada das Nações Unidas

Em 10 de janeiro de 2004, a OMT tornou-se agência especializada da ONU e, desde então, com seus limites de atuação e reconhecimento internacional ampliados, vem desenvolvendo uma série de trabalhos e pesquisas em favor do desenvolvimento sustentado do turismo.

Em 24 de julho de 2002, o Conselho Social e Econômico da ONU adotou, por consenso, uma resolução, nesse sentido, que previu uma série de rodadas de negociações que se converteu no novo estatuto da OMT e em sua transformação em agência especializada.

A resolução adotada pelo Conselho Social e Econômico autorizou o secretário-geral da OMT a designar membros do conselho para formar um comitê encarregado de negociar um acordo sobre as relações entre a ONU e a OMT. O projeto desse acordo foi submetido ao Conselho Social e Econômico para exame e o novo estatuto da OMT foi então submetido à Assembléia-Geral das Nações Unidas e aprovado pela mesma no final de 2003.

Em seu discurso aos membros do Conselho Social e Econômico, o secretário-geral da OMT, Francesco Frangialli, declarou que a passagem da OMT de órgão intergovernamental para agência especializada representou um grande progresso para o desenvolvimento do turismo que pode ser descrito em três palavras: reconhecimento, eficácia e impulsão.

Reconhecimento, no sentido de que as viagens, o lazer e o turismo representam um dos elementos motores essenciais das sociedades modernas, que não pode ser ignorado.

Eficácia, pela razão da natureza multidisciplinar do turismo, pelo número de instituições e pelos organismos oriundos do turismo, que visam a expansão do setor com a cautela de uma responsabilidade específica e sempre tomando por norte o desenvolvimento sustentável. A conversão da OMT em agência especializada reforçará a coerência das políticas internacionais do turismo adotadas por esta organização.

Enfim, impulsão, pois o turismo expandiu-se muito nas últimas décadas e tem incitado os governos e também os organismos multilaterais, notadamente os de Bretton Woods, a interessarem-se pela atividade turística.

O turismo tornou-se uma das atividades mestres no início do século XXI. Entre 2001 e 2003, estimou-se que o turismo movimentou algo em torno de 13,5 trilhões de dólares, além de gerar mais de 390 milhões de empregos.

A OMT nasceu em 1975, fruto da transformação da ineficiente UIOOT em instituição intergovernamental, e as relações entre OMT e ONU foram estabelecidas com base em um acordo aprovado em 1977 pela Assembléia-Geral das Nações Unidas e pela Assembléia-Geral da OMT.

Desde 1976, como agência de execução do Programa das Nações Unidas para o Desenvolvimento (Pnud), tem colocado em prática a maioria dos projetos de desenvolvimento turístico financiados no mundo por esta instituição. Vinculada ao Pnud, a OMT conseguiu a qualidade de instituição conexa ao Sistema das Nações Unidas, intergovernamental e funcionando como elo de ligação entre a sociedade civil e os governos.

Após 28 anos de existência e árduos trabalhos em prol do desenvolvimento sadio do turismo, a OMT continua a se transformar sob a influência das tecnologias da informação e com a aparição de novas categorias de operadores do turismo, como as "agências virtuais de turismo" ou as companhias aéreas "a custo reduzido".

O turismo expandiu-se sobremaneira, sendo que, em 2002, foram mais de 710 milhões de desembarques e 4,2 trilhões de dólares movimentados com a atividade turística, mesmo com as dificuldades ocasionadas por guerra, terrorismo, desastres naturais e epidemias. Assim as viagens e o lazer representaram um fenômeno consolidado e em franco desenvolvimento.

Nessa perspectiva, também a OMT buscou acompanhar as últimas tendências mundiais e solicitou seu ingresso direto no sistema das Nações Unidas como agência especializada, uma vez que tem refletido e acompanhado as contantes mudanças e evoluções do setor,[33] almejando força cogente para suas resoluções ante seus membros.

Simultaneamente, a cooperação empreendida entre a OMT e a ONU estreitou-se, nos últimos dez anos, em decorrência dos sucessivos acordos acerca de estatísticas e contas satélites do turismo, da consideração da Assembléia-Geral da ONU sobre o novel Código Mundial de Ética do Turismo, da declaração de 2002 como o ano internacional do turismo, da inscrição do turismo na ordem do dia da assembléia e do "Plano de ação" do Encontro de Johannesburgo, na África do Sul.

Nesse panorama, aliado à comprovação de que o turismo não é simplesmente um setor econômico, ou ainda um fenômeno social, mas sim uma esfera que envolve contribuição direta para essas duas áreas, além da preservação do meio ambiente, da manutenção da biodiversidade, da conservação do patrimônio cultural, do entendimento entre os povos e da paz entre as nações.

[33] Desde sua criação, em 1975, até hoje, a OMT cresceu mais de 80%, contando na atualidade com 141 Estados membros. OMT, "News", disponível em http://www.world-tourism.org.

Essa riqueza e complexidade do turismo fundamentam sua especificidade e evidenciam a necessidade de uma agência especializada, com o apoio de governos e instituições internacionais para a consecução desses objetivos. As implicações diretas da transformação da OMT em agência especializada para a ONU são nulas, visto que a OMT é autônoma financeiramente e suas reservas encontram-se abastadas, graças às contribuições dos Estados membros.

Por fim, o essencial da mudança residiu na maior visibilidade e amplitude de atuação da OMT e na obrigação do cumprimento de suas resoluções pelos Estados membros. Com a transformação, o turismo será considerado igualmente como as outras grandes atividades da sociedade humana, tais como a indústria, a agricultura, o transporte, a educação, a cultura, a saúde, o trabalho, entre outras.

A Unesco e a proteção do patrimônio mundial

A conferência geral da Unesco adotou a convenção concernente à proteção do patrimônio mundial, cultural e natural de 1972, tendo por objetivo proteger os bens naturais e culturais únicos do mundo contra a ameaça crescente de degradação à qual são expostos no ritmo do desenvolvimento moderno. Essa convenção parte do princípio de que alguns bens naturais ou culturais únicos em seus gêneros constituem patrimônio mundial e que, sendo assim, sua proteção e sua preservação são incumbências de toda a comunidade internacional.

Em 1995 a convenção foi ratificada por 140 Estados, e a lista do patrimônio mundial já compreendia cerca de 440 bens inscritos, divididos entre 100 países. Aderindo à convenção, os Estados aceitaram adotar uma política geral visando proteger e preservar o patrimônio natural e cultural e integrar a proteção desse patrimônio aos programas diretores de proteção e preservação histórica.

Os Estados signatários, mais precisamente, passaram a engajar-se na tarefa de identificar e inscrever certos bens de valor universal na lista do patrimônio mundial. Uma vez na lista, o bem passa a ser protegido pelo Estado de forma mais eficaz, com apoio da comunidade internacional. Os Estados signatários comprometeram-se, também, a não tomar nenhuma medida que viesse a prejudicar direta ou indiretamente o patrimônio cultural ou natural situado em território de outros Estados signatários da convenção.

Por fim, os Estados contribuem anualmente para o Fundo do Patrimôno Mundial, que tem por função a cooperação internacional pela preservação dos sítios do patrimônio mundial.

O Comitê do Patrimônio Mundial toma as decisões necessárias à aplicação da convenção, consultando três organismos especializados. O Comitê é composto por representantes de 21 Estados signatários, eleitos por todos os outros signatários na conferência geral da Unesco para um mandato de seis anos. Dois organismos não-governamentais, o Conselho Internacional dos Monumentos e Sítios (Icomos)* e a União Mundial pela Natureza (UICN),** auxiliam o Comitê a avaliar as propostas de inscrição concernentes aos sítios culturais e naturais e verificar o estado de conservação dos locais inscritos.

O Centro Internacional de Estudos para a Conservação e Restauração dos Bens Culturais (Iccrom),*** em Roma, é

* International Council on Monuments and Sites.

** Union Internationale pour la Conservation de la Nature.

*** International Centre for the Study of the Preservation and Restoration of Cultural Property.

outra organização intergovernamental que auxilia o Comitê do Patrimônio Mundial, fornecendo suporte técnico altamente especializado na conservação dos sítios culturais.

O Comitê do Patrimônio Mundial encoraja os Estados signatários a inscrever seus sítios de valor universal passíveis de ser considerados integrantes do patrimônio mundial. Para tanto, a Unesco fornece assistência preparatória, realizando estudos no local, averiguando o estado de conservação do sítio, bem como sua proteção e os meios de preservação a curto prazo. Após a assistência preparatória, o Comitê analisa e avalia as inscrições segundo alguns critérios de seleção e de condições necessárias em matéria de autenticidade, integridade e proteção.[34]

A convenção do Patrimônio Mundial de 1972 discrimina uma lista do patrimônio mundial em perigo.[35] O Comitê inscreve um sítio nessa lista quando as ameaças que pesam sobre ele são sérias e precisas, que sua conservação necessita de grandes trabalhos e que um Estado signatário faça um pedido formal de assistência e indique os custos estimados com a operação de salvamento do sítio cultural ou natural.[36] O Comitê do Patrimônio Mundial pode providenciar um auxílio emergencial de ordem financeira ou material ao Estado signatário que tem a responsabilidade sobre o sítio ameaçado.

Nesse contexto de preservação e proteção, mostra-se indispensável a atuação da Unesco na seara do turismo, dado que este, como atividade de massa, ameaça o patrimônio mundial no que tange a sua integridade e diversidade. Notase, na úlltima década, uma profunda aproximação entre a

[34] O Comitê do Patrimônio Mundial atua por intermédio da UICN, do Icomos e do secretariado especializado da Unesco.
[35] R. Lanquar, *Le tourisme international* (Paris: PUF, 1998), p. 35.
[36] Unesco, *News*, cit.

Unesco e a OMT, buscando estabelecer objetivos para um turismo ético e que respeite, ao mesmo tempo, a integridade das áreas turísticas.

A União Européia e o direito do turismo

A União Européia é o resultado de um processo de cooperação e de integração iniciado, em 1951, entre seis países (Bélgica, Alemanha, França, Itália, Luxemburgo e Países Baixos). Após quase cinqüenta anos e quatro vagas de adesões (Dinamarca, Irlanda e Reino Unido, em 1973; Grécia, em 1981; Espanha e Portugal, em 1986; Áustria, Finlândia e Suécia, em 1995), a UE reúne atualmente quinze Estados membros e prepara-se para o quinto alargamento, desta vez para incluir nações do leste e do sul da Europa.[37]

O turismo na União Européia

O turismo é uma das principais áreas em crescimento na Europa e no mundo em geral. Importante para o progresso do setor de serviços na União Européia, tem uma contribuição dupla: para a agricultura e a indústria, no que tange ao emprego (65%) e ao PIB (50%).[38]

O turismo, em sua definição mais restrita, contribui diretamente para 5,5% do PIB, para 6% do emprego total e para mais de 30% do comércio externo de serviços na União

---

37 R. Hollier & A. Subremon, *Le tourisme dans la Communauté Européenne* (Paris: PUF, 1995), p. 35.

38 C. Papoutsis, "Emprego e turismo: novas diretrizes de ação", em *Anais da conferência O Euro e o Turismo: Oportunidades e Estratégias para as Empresas Turísticas*, Bruxelas, 1998.

Européia.[39] Os fluxos turísticos internacionais crescem mais rapidamente do que o turismo interno, e estima-se que as chegadas internacionais à Europa cresçam 57%, passando de 335 milhões para 527 milhões entre 1995 e 2010. A introdução do euro e o processo de inclusão, na União Européia, de países candidatos da Europa Central e Oriental, além de Chipre, criarão novas oportunidades de expansão para seu mercado turístico.[40]

Isso significa que, no final da década de 2010, haverá oportunidade de criar entre 2,2 milhões e 3,3 milhões de novos empregos em atividades do turismo na União Européia.[41] Serão gerados mais postos de trabalho como resultado do impacto do turismo do que nas demais atividades econômicas. Como já se pode observar pela porcentagem de emprego gerado pelo consumo turístico em ramos relevantes no fim da década de 1990:

> Serviços complementares e auxiliares (abaixo de 25%) – empresas portuárias, indústria farmacêutica e cosmética, indústria de vestuário, mecânica de automóveis, universidades, institutos técnicos e institutos de formação privados, arquitetos/desenvolvimento, engenharia elétrica e indústria da música, bancos, indústria da construção.
>
> Serviços complementares e auxiliares (25% a 50%) – estações de estradas de ferro, indústria de artigos de desporto, passatempos eletrônicos, indústria fotográfica, fabricantes de meios de transporte (aviões, automóveis, navios, etc.), fornecedores de consultas e ou-

[39] Dados publicados no *JO C* nº 178, Luxemburgo, 23-6-1999, p. 3.

[40] R. A. De Lacerda Badaró, *Direito do turismo: a importância do direito para o turismo*, monografia (Piracicaba: Unimep, 2001).

[41] Relatório do Comitê das Regiões, *Reforçar o papel do turismo em matéria de emprego*, COM 205, parte final, em *JO C* nº 178, Luxemburgo, 23-6-1999, p. 11.

> tros serviços médicos, jornalistas, escritores, artistas, conjuntos musicais, empresas grossistas e retalhistas, profissionais liberais e trabalhadores independentes (consultoria fiscal, jurídica e empresarial), agências de publicidade, fabricantes de papel, tipografias, agências de planejamento, tecnologia da informação/comunicação, manutenção paisagística/agricultura.[42]
>
> Ramos turísticos centrais (50% a 100%) – agências de viagens, operadores turísticos, alojamento em hotéis e outros estabelecimentos, restaurantes e outros serviços de alimentação e bebidas, empresas de transporte, agências de recepção, empresas de saúde e de aventuras, instalações de desporto, associações da indústria turística, indústria de recordações, fornecedores de equipamentos de viagem, indústrias de reuniões/incentivos/convenções e outros eventos, aeroportos, seguros de viagem, artesãos, empresas de cultura e espetáculos, sistemas de distribuição e sistemas de reserva globais, editores e distribuidores de literatura de viagem e mapas, serviços de câmbio.

O potencial de crescimento do turismo europeu só poderá ser plenamente explorado se for proporcionado, pelas entidades públicas, um quadro de condições adequadas em todos os níveis. É essencial, também, que as empresas, juntamente com a política, conjuguem esforços para eliminar barreiras estruturais ao crescimento.[43]

O turismo é um complexo de serviços e produtos fornecidos para satisfazer a procura dos consumidores, das empresas e do setor público no que diz respeito a viagens dentro e fora do país. A atividade do turismo está amplamente descentralizada e interligada com a economia devi-

---

42 C. Papoutsis, *Turismo europeu: novas parcerias para o emprego* (Bruxelas: Grupo de Alto Nível sobre Turismo e Emprego, 1998), p. 9.

43 P. Py, *Droit du tourisme*, cit., p. 44.

do à mobilidade e à variedade das necessidades dos turistas, bem como ao fato de os produtos e serviços relacionados a ele ser comprados antes, durante e até após a viagem.

Uma análise recente indica a taxa do volume de negócios gerada, em média, pelo consumo dos turistas em ramos conexos. A criação de contas-satélite para o turismo, com base numa metodologia rigorosa e amplamente reconhecida, seguindo as normas da UE[44] e da Organização para a Cooperação e o Desenvolvimento Econômicos (OCDE) e refletindo as necessidades tanto do setor público como do setor privado, garantiria a disponibilidade de informação exaustiva e confiável sobre o impacto das atividades turísticas, incluindo possíveis projeções e previsões.

O desenvolvimento do turismo na Europa contribui para o progresso da consolidação da União Européia,[45] ligando as regiões e os países, com sua variedade de culturas, línguas, tradições e sistemas políticos. A convergência das preocupações de vários Estados membros no sentido de grandes iniciativas comunitárias, como o mercado único e a moeda única européia, e da promoção do crescimento econômico e emprego sustentados cria verdadeiro quadro de condições favoráveis ao desenvolvimento do turismo.[46]

Apesar de sua evidente importância em termos econômicos e sociais, e de suas indiscutíveis perspectivas de maior crescimento ao longo da próxima década, o turismo tem tido sérias dificuldades em obter um reconhecimento político à altura de sua contribuição e de seu potencial. Essa situação verifica-se em nível comunitário e reflete, assim, uma experiência similar na maioria dos Estados membros.[47]

---

[44] *Ibid.*, p. 46.

[45] R. A. De Lacerda Badaró, *Direito do turismo: a importância do direito para o turismo*, cit.

[46] F. Servoin, "Le droit du tourisme européen", em *Tourisprudence*, nº 33, Grenoble, 1999, pp. 15-27.

[47] *Ibid.*, p. 21.

É necessário um esforço conjunto, nos mais variados níveis, para corrigir essa situação e para demonstrar à política que o turismo pode fornecer novas oportunidades para satisfazer objetivos importantes, como, por exemplo, o emprego.[48] Já foi demonstrado, pela Direção Geral XXIII e por diversos grupos que estudam o turismo na Europa, que há uma ampla disponibilidade, por parte da indústria, para contribuir para o processo de desenvolvimento de cooperação entre empresas e de parceria entre o setor privado e o setor público.[49]

A criação de situações coerentes a partir de ações locais, regionais, nacionais e comunitárias é condição essencial para um esforço combinado que permita vencer o desafio da qualidade e da competitividade. Isso garantirá a integração das preocupações do turismo nas estratégias e nos planos de desenvolvimento social, político e econômico e a definição de um novo lugar para o turismo no processo de decisão, levando em consideração as medidas planejadas pela Comunidade Européia e pelos Estados membros. Contam, para tanto, com os organismos que, direta ou indiretamente, contribuem para o desenvolvimento do turismo, bem como para o estabelecimento de um direito do turismo europeu.

Organismos da União Européia e do turismo europeu

A União Européia objetiva organizar, de forma coerente e solidária, as relações entre os Estados membros e seus povos. Os objetivos a atingir, em sentido estrito, são muito importantes para o sucesso dessa ousada empreitada, como se pode notar pela seguinte relação:[50]

---

48 C. Papoutsis, *Turismo europeu: novas parcerias para o emprego*, cit., p. 13.

49 *Ibid.*, p. 17.

50 R. A. De Lacerda Badaró, *Direito do turismo: a importância do direito para o turismo*, cit., p. 95.

- promoção do progresso econômico e social;[51]
- afirmação da identidade européia no cenário internacional;[52]
- instituição de uma cidadania européia;[53]
- criação de um espaço de liberdade, de segurança e de justiça;[54]
- manutenção e desenvolvimento do acervo comunitário.[55]

O funcionamento da União Européia é assentado em cinco instituições: o Parlamento Europeu[56] (eleito pelos povos dos Estados membros), o Conselho[57] (que representa

---

51 A concretização do mercado interno, a partir de 1993, e o lançamento da moeda única, em 1999, são claros exemplos desse objetivo da UE.

52 Ajuda humanitária européia a países terceiros, política externa e de segurança comum, intervenção na gestão das crises internacionais, posições comuns nas organizações internacionais.

53 A cidadania européia é complementar à cidadania nacional e confere aos cidadãos europeus certo número de direitos civis e políticos.

54 Associado ao funcionamento do mercado interno e, mais especificamente, à livre circulação de pessoas.

55 Incluídos os textos jurídicos adotados pelas instituições européias, bem como os tratados fundadores.

56 O Parlamento Europeu tem adotado numerosas resoluções concernentes à matéria turística; entre elas, medidas que objetivam consolidar o turismo como atividade social e política, harmonizando esse aspecto com seu traço econômico e cultural. Cf. Diretiva nº 82/470, de 29 de junho de 2000, relativa a medidas destinadas a favorecer o exercício efetivo da liberdade de estabelecimento e da liberdade de prestação de serviços para as atividades não assalariadas de determinados auxiliares de transportes e agentes de viagens, como também de estoquistas; Diretiva nº 90/314, 13 de junho de 1990, concernente a viagens, férias e circuitos organizados.

57 O Conselho dos Ministros, órgão essencialmente de decisão, adotou três importantes diretivas concernentes à profissão dos trabalhadores do setor turístico e dos pacotes turísticos. A última delas, e a de maior valia, foi a preconização da criação, por parte dos países membros, de um ramo do direito que normatizasse, com exclusividade, a seara turística em toda a Europa.

os governos dos Estados membros), a Comissão[58] (órgão executivo que detém o direito de iniciativa em matéria legislativa), o Tribunal de Justiça[59] (que garante o respeito pela legislação) e o Tribunal de Contas (que assegura o controle das contas). Essas cinco instituições são apoiadas por vários órgãos: o Comitê Econômico e Social e o Comitê das Regiões (órgãos consultivos que representam as posições das diferentes categorias da vida econômica e social, bem como das regiões da UE), o Provedor de Justiça (que instrui as queixas dos cidadãos acerca de casos de má administração na Europa), o Banco Europeu de Investimento (instituição financeira da UE) e o Banco Central Europeu (responsável pela política monetária da zona euro).[60]

O turismo está diretamente ligado a todos os objetivos da União Européia, sejam eles econômicos, sociais, políticos ou culturais. Verifica-se que, em cada um dos objetivos da União Européia, o turismo se faz presente e se mostra como instrumento, ora auxiliar, ora principal, para o desenvolvimento eficaz de cada uma das metas da comunidade. Nesse contexto, diversas foram as medidas tomadas com a finalidade de definir uma política comunitária e um direito do turismo europeu.[61]

Relembre-se de que só recentemente houve a necessidade, nos planos internacional e nacional, de fontes escritas des-

[58] A Comissão, encarregada de fazer as propostas ao Conselho dos Ministros e de assegurar o respeito às regras comunitárias, tem se mostrado muito preocupada com as questões advindas de problemas dos consumidores turísticos e com a preservação da integridade dos sítios turísticos europeus.

[59] A Corte de Justiça, encarregada de solucionar conflitos, tem tomado, nas matérias sobre circulação de turistas e sobre profissões da área do turismo, decisões de suma importância para a consolidação desse novo ramo do direito.

[60] R. A. De Lacerda Badaró, *Direito do turismo: a importância do direito para o turismo*, cit., *passim*.

[61] P. Py, *Droit du tourisme*, cit., *passim*.

tinadas a reequilibrar as relações advindas do turismo e a lutar contra os abusos oriundos da desarmonia da relação turística.

Desde o início da década de 1990, diversos foram os atos dos órgãos da Comunidade Européia que buscaram sintonizar o turismo com as preocupações acerca do meio ambiente e com o direito e que estabeleceram a política comunitária para o setor, o ano europeu do turismo e o plano de ação comunitária para o desenvolvimento do turismo.

As medidas tomadas ao longo da década de 1990 foram de suma importância para o desenvolvimento do direito do turismo, tanto formal quanto concretamente, culminando na diretiva de 2 de março de 2000, que buscou criar o direito do turismo.

A importância do turismo para a Europa ensejou a fundação de dois órgãos especializados: o Comitê do Turismo – presidido pela Comissão, onde são discutidos os trabalhos feitos pelos Estados membros sobre as medidas tomadas ou as que serão praticadas em matéria turística – e o Serviço da Direção Geral XXIII (DG 23) – que seleciona as melhores pesquisas em matéria de turismo e analisa suas conclusões para o Comitê do Turismo.

O direito do turismo na União Européia

O Tratado de Roma, de 1957, não previu expressamente a atribuição de competência específica para que a Comunidade Econômica Européia (CEE) atuasse no setor do turismo. Todavia, o Tratado de Maastricht, assinado em 7 de fevereiro de 1992, reconheceu pela primeira vez que, pelo cumprimento das missões que foram assinadas, a ação da União Européia comporta, nas condições e conforme os ritmos previstos pelo tratado, medidas no domínio do turismo.[62]

[62] *Ibid.*, p. 82: "O novo artigo 3º do Tratado de Maastricht reconhece, de fato: 'Aos fins enunciados no artigo 2º, a ação da Comunidade com-

Observa-se, de modo geral, que a implantação e o sucesso de um mercado turístico interno na Europa implica uma obrigatória harmonização dos ordenamentos jurídicos dos Estados membros e a adaptação destes ao princípio do livre comércio.[63] Nesse sentido, a União Européia tem adotado diversas disposições visando assegurar o desenvolvimento harmonioso e sustentável do turismo. Esses objetivos são traduzidos em diversas medidas, como, por exemplo, facilitar a circulação de turistas, protegê-los, informá-los, assegurar a liberdade de estabelecimentos e a livre prestação de serviços. As medidas destinadas a facilitar a circulação de turistas foram estabelecidas indiretamente pelo Tratado de Roma, que conferia a todo cidadão de um Estado membro a liberdade de movimento e de permanência no território de outro Estado membro mediante a simples apresentação de uma carteira de identidade ou o passaporte. Esse foi um dos primeiros direitos adquiridos pelos cidadãos da Comunidade Européia como turistas.

O princípio da liberdade de circulação foi colocado em prática pela Corte de justiça em um importante caso, ocorrido em 1984, entre Luisi e Carbone, no qual decidiu-se que os Estados membros não têm o direito sobre certas reservas, ficando impossibilitados de limitar a transferência de

porta, nas condições e segundo os ritmos previstos pelo tratado: [...] t) medidas nos domínios da energia, da proteção civil e do turismo'".

63 *Ibidem*: "A declaração nº 1, relativa à proteção civil, à energia e ao turismo, determina: 'A conferência declara que a questão da introdução no tratado [de Maastricht] que instituiu a União Européia de títulos relativos aos domínios visados no artigo 3º, inciso t, do referido tratado será examinada de acordo com a ação prevista no artigo N, parágrafo 2º do tratado sobre a União Européia, com base em um relatório que a Comissão submeterá ao Conselho o mais tardar em 1996. A Comissão declara que a ação da Comunidade nesses domínios será buscada baseando-se nas disposições atuais dos tratados que instituíram as Comunidades Européias'".

divisas turísticas, bem como as viagens de negócios, de estudos ou de propósito médico-científico. Desse modo, foram tomadas algumas medidas, como a instituição da carteira de habilitação da Comunidade Européia,[64] do passaporte europeu e da isenção fiscal nas fronteiras.[65]

A livre circulação de turistas implica um tratamento de não-discriminação, consoante ao princípio da alteridade. A Corte de Justiça apoiou-se nesse princípio para tomar a decisão de 15 de março de 1994,[66] que condenou o Reino espanhol por discriminar turistas de outros Estados membros em favor dos cidadãos e residentes do território espanhol, faltando, assim, com as obrigações assumidas nos artigos 7º[67] e 59[68] do Tratado de Roma.

As primeiras medidas destinadas a proteger e a informar o turista da União Européia foram adotadas pelo Conselho em dezembro de 1986, por meio de uma recomendação que previa a padronização das principais informações a respeito dos hotéis e que objetivava assegurar um nível mínimo de segurança nesses estabelecimentos.

Em 13 de junho de 1990, o Conselho adotou uma diretiva cujo objeto era promover a aproximação entre disposições

---

[64] Hoje carteira de habilitação da União Européia.

[65] Cf. *JO*, Luxemburgo, 26-11-1994, pp. 16767-16768.

[66] Caso C-45/93, Comissão Européia, Espanha, em *JO*, nº C 120, Luxemburgo, 30-4-1994.

[67] O artigo 7º do Tratado de Roma dispõe: "No domínio do presente tratado, e sem prejuízo das disposições particulares que ele prevê, é proibida toda e qualquer discriminação exercida em virtude da nacionalidade".

[68] O artigo 59 do Tratado de Roma dispõe: "No quadro das disposições a seguir, as restrições à livre prestação de serviços no interior da Comunidade são progressivamente suprimidas no decorrer do período de transição com relação aos cidadãos europeus dos Estados membros estabelecidos em outro país da Comunidade que não aquele do destinatário da prestação".

legais, regulamentares e administrativas dos Estados membros e os pacotes turísticos de viagem, as férias e os circuitos turísticos vendidos ou oferecidos à venda no território da Comunidade Européia. Com essa diretiva, ficava patente a crescente preocupação com o aspecto legal da atividade turística; uma década mais tarde, a diretiva de março de 2000 trataria do tema empregando a denominação "direito do turismo".

Com relação às medidas destinadas a assegurar a liberdade de estabelecimento e da livre prestação de serviços,[69] observa-se que os cidadãos europeus podem exercer, nos países membros da Comunidade Européia, atividades no setor de restaurantes, bebidas, hotéis e *campings*, desde que já tenham adquirido experiência nesses setores em seus próprios países.[70]

A liberdade de estabelecimento e de prestação de serviços a consumidores num determinado Estado membro é reconhecida aos agentes de viagens pela diretiva de 29 de junho de 1982 da CEE. Uma série de medidas tem, igualmente, sido tomada para liberar os transportes turísticos.[71] A Corte de Justiça tem se mostrado reta ao condenar todos os Estados membros que impedem a liberdade de prestação de serviços na Comunidade Européia,[72] notadamente nas atividades ligadas ao turismo.

---

69 E. R. Fuhrich, *GemeinSchaftliche Staats Haftung Wegen Verspäteter Umsetzung* (Colônia: EZW, 1999), p. 725.

70 Diretiva nº 68-638 CEE, de 1968.

71 Diretiva nº 9, de 16-8-1992, e decreto de 13-7-1992.

72 P. Py, *Droit du tourisme*, cit., p. 84: "A Corte de Justiça condenou a Espanha em 22 de março de 1994 (Caso C-375/92) declarando e decretando:'O Reino da Espanha, a) ao subordinar o acesso à profissão de guia turístico e de guia-intérprete à possessão da nacionalidade espanhola, b) ao não prever um procedimento de exame e de comparação das qualificações adquiridas por um cidadão da Comunidade titular de um diploma de guia turístico ou de guia-intérprete concedido em um outro Estado membro com aquelas que são exigidas pela Espanha, c) ao subordinar a prestação de serviços dos guias

As medidas destinadas a favorecer um desenvolvimento sadio e harmonioso do turismo foram, num primeiro momento, de caráter econômico, seguindo-se, depois, iniciativas das áreas política e comunitária para a consecução desse objetivo.[73]

Os instrumentos financeiros da Comunidade Européia, acentuadamente os fundos estruturais (o Fundo Europeu de Orientação e de Garantia Agrícola, o Fundo Europeu de Desenvolvimento Regional e o Fundo Social Europeu) e o Banco Europeu de Investimento proporcionam suporte, sob a forma de subvenções ou de empréstimos vantajosos, a numerosas atividades turísticas.[74]

Os fundos estruturais estão concentrados em seis objetivos prioritários. Entre eles, três têm promovido o turismo na condição de eixo principal de intervenção, conforme a ordem:

- região em atraso no desenvolvimento turístico;
- região em declínio industrial;

turísticos que viajam com um grupo de turistas provenientes de um outro Estado membro, quando determinados monumentos históricos são suscetíveis de ser visitados apenas com um guia profissional especializado, à posse de uma carta profissional que supõe a aquisição de uma formação específica reconhecida por diploma, d) ao não fornecer à Comissão as informações solicitadas sobre a regulamentação das comunidades autônomas no domínio das atividades de guia turístico e de guia-intérprete, *descumpriu as obrigações que lhe competem em virtude dos artigos 48, 52 e 59 do tratado da CEE'"* [grifo do autor].

73 L. B. Bonn & M. W. Huff, *Zur Umsetzung der e.g. Pauschalreiserichtlinie* (Colônia: EZW, 1999), p. 85.

74 P. Py, *Droit du tourisme*, cit., p. 85: "Em 1992 o orçamento específico do turismo da Direção Geral XXIII era de 5,6 milhões de escudos (39 milhões de francos). Mas alguns programas de desenvolvimento regional de fundos estruturais e os dezesseis programas de iniciativa comunitária previstos entre 1984 e 1993 tiveram repercussões turísticas difíceis de ser isoladas".

- zonas rurais em dificuldades.

Nos quadros comunitários de apoio, a atividade turística recebeu cerca de 10% dos recursos dos fundos estruturais. Isso ocorreu porque o turismo foi a única atividade a se relacionar com mais de cinco outras atividades de iniciativa comunitária.

Assim, o Conselho de Ministros da União Européia elaborou, em 1996, um programa plurianual de ação comunitária para favorecer o turismo: Philoxenia. Esse programa, com duração prevista de três anos, objetiva manter a Europa como a primeira região turística em um contexto de alta concorrência, contribuindo, portanto, para a melhora da qualidade do turismo europeu.

Para atingir os objetivos estabelecidos, definiram-se onze ações comunitárias pelas quais a autoridade administrativa da Comunidade Européia determina a cada ano os recursos financeiros disponíveis. O programa é colocado em prática por intermédio da Comissão, amparada por um comitê composto de representantes dos Estados membros e presidido pelo presidente da Comissão.

As onze ações comunitárias tratam, respectivamente, do aprofundamento do conhecimento do turismo e da manutenção e coerência das ações; da exposição das férias; de ações transnacionais; da proteção do turista; do turismo cultural; da proteção ao meio ambiente; do turismo rural; do turismo social; do turismo dos jovens; da formação turística; e da promoção do turismo.[75]

A Comunidade Européia esforça-se, também, para desenvolver o turismo no espaço e no tempo. Uma resolução adotada pelo Conselho convidou os Estados membros a

[75] P. H. Wieland, *Das Recht des Pauschalreise in Deustchland und Osterreich* (Frankfurt: Ffort, 1991), p. 17.

encorajar um melhor aproveitamento das férias e a valorizar as regiões pouco exploradas pelo turismo.[76]

Entre as diversas diretivas relacionadas à proteção do meio ambiente, algumas se aplicam especificamente ao setor turístico, estabelecendo regras sobre: a qualidade das águas dos banhos termais; a exigência da liberdade de acesso às informações em matéria de ecoturismo; a avaliação e o estudo de viabilidade sobre possíveis incidentes e acidentes provocados no meio ambiente pela atividade turística em projetos de ordem pública ou privada; e a conservação e a proteção da flora e da fauna.[77]

Nota-se que as diretivas adotadas e seguidas pelos Estados membros ensejaram diversas normas específicas ao turismo, regulando suas atividades e a de seus profissionais, além de estabelecer instrumentos e meios para defender o turista e o fornecedor de produto ou de serviço turístico.

No contexto sociopolítico da década de 1990 foram fixados vários planos e diretrizes[78] destinados a direcionar o desenvolvimento do turismo de maneira sadia, harmoniosa e em consonância com outras atividades. Nesse decênio ficou evidenciada a importância do turismo para a consolidação da Comunidade Européia, uma vez que essa atividade é utilizada como um indicador da maneira como se desenvolvem as relações entre os Estados.

Embora o Tratado de Roma não tenha contemplado o turismo diretamente, seu artigo 2º prevê que a Comunidade

---

[76] Sobre essa resolução, cf. J.-C. Eude, "La place croissante du tourisme dans la politique communautaire de protection de l'environnement", em *Cahiers de l'Université de Perpignan*, nº 13, Perpignan, 2º semestre de 1992.

[77] As diretivas nºs 76/160/CEE, 91/271/CEE, 90/313/CEE, 85/337/CEE e 79/409/CEE têm a característica de apoio específico ao ecoturismo.

[78] M. Böhmer, *Das deutsche internationale Privatrecht des timeshasing* (Tübingen: JCB Mohr, 1993), p. 20.

Européia tem por missão a promoção de relações mais estreitas entre os povos nela reunidos. Assim, o turismo representa um auxílio à comunidade para que essa meta seja cumprida. Colocando em contato os povos europeus, constitui um instrumento fundamental para a integração européia.[79]

Analisado do ponto de vista econômico, o turismo é muito importante para o cumprimento do que foi estabelecido no artigo 2º do Tratado de Roma,[80] pois ocupa diretamente cerca de 25 milhões de pessoas na União Européia e, indiretamente, muitas mais.[81] Sua importância para a União Européia, portanto, relaciona-se ao grande número de atividades comunitárias que incide direta e indiretamente sobre seus domínios,[82] desde a livre circulação de pessoas e a livre prestação de serviços turísticos até o desenvolvimento regional e a proteção do meio ambiente, passando pelo transporte de viajantes e pela estadia destes.[83] Além disso, exerce verdadeiro efeito estabilizador sobre as balanças comerciais dos países e representa fator de desenvolvimento das regiões mais pobres da Comunidade Européia. Assim, o turismo merece que lhe seja dispensada a devida atenção, a fim de que se desenvolva de maneira harmoniosa.

A fim de encorajá-lo, a política para o turismo da União Européia, por meio do Philoxenia,[84] busca identificar e conhecer, em sentido estrito, os interesses do turismo, para tomar decisões políticas por intermédio do Conselho que

---

79 Cf. *JO* nº L 133, Luxemburgo, 4-6-1969, e *JO* nº L 206, Luxemburgo, 14-7-1982.

80 Cf. *JO* nº C 31, Luxemburgo, 8-2-1980.

81 Cf. *JO* nº L 103, Luxemburgo, 2-5-1972.

85 Cf. caso 2-74; caso 33-74, em *JO* nº L 260, Recueil de la Jurisprudence de la Cour, 22-10-1968, pp. 631 e 1217.

83 Cf. *JO* nº C 197, Luxemburgo, 31-7-1982.

84 Cf. *JO* nº C 347, Luxemburgo, 18-11-1996, e *Bulletin*, nº 10-1996, item 1.3.72.

visem à aplicação prática das mais diferentes ações comunitárias nessa matéria.[85]

Desse modo, a política para o turismo da União Européia estabelece dezesseis pontos-chave que ensejam o desenvolvimento e a proteção do turismo na Europa. Entre eles, devem ser ressaltados:

> [...] a proteção dos interesses do turista, o alargamento do período de férias, a assistência turística e o seguro turístico, a diminuição dos controles alfandegários e do controle policial nas fronteiras e, por fim, o direito do turismo como instrumento de solução para litígios advindos dessa seara.[86]

A nova Resolução do Conselho, de 21 de maio de 2002, que versa sobre o futuro do turismo na União Européia, foi clara ao expressar a necessidade de uma regulamentação específica, planejando, assim, o setor turístico europeu. A Resolução também evidencia que:

> [...] o setor do turismo na Europa é constituído principalmente por pequenas e médias empresas (PME), é indispensável proporcionar à indústria turística um melhor acesso aos instrumentos existentes no quadro da União Européia, de forma a ajudá-las a melhorar o desempenho econômico e a reforçar a competitividade, o que, por seu turno, lhes permitirá aumentar seu contributo para o desenvolvimento sustentável e conduzirá à criação de riqueza e de emprego.[87]

---

[85] Cf. *JO* nº C 51, Luxemburgo, 10-3-2000.

[86] Cf. *JO* nº L 228, Luxemburgo, 16-8-2000, pp. 45-46.

[87] Resolução do Conselho, de 21 de maio de 2002, 2002/C 135, sobre o futuro do turismo europeu. A Resolução aponta, ainda, a necessidade de melhoria da imagem da União Européia no mundo, contemplando uma análise da forma como ela atualmente se apresenta, bem como um debate sobre as possibilidades de melhorá-la, por

O direito do turismo evidencia-se, nesse contexto de desenvolvimento político e econômico da União Européia, como instrumento legal da atividade turística, buscando fornecer suporte e soluções para conflitos, além de auxiliar no desenvolvimento harmonioso do turismo em todos os países membros.

O turismo, como instrumento de promoção social, política e econômica de um país, cresce de maneira veloz em todo o mundo, garantindo o progresso das mais diversas regiões e viabilizando a expansão dos mercados de consumo e de trabalho. Diante dessa nova realidade mundial, na qual o turismo realiza uma verdadeira "revolução silenciosa",[88] é notória a necessidade da presença do direito, para que este assegure o devido cumprimento das relações advindas do turismo.

O direito do turismo na União Européia encontra-se, atualmente, consolidado, graças ao programa plurianual a

exemplo, por meio das novas tecnologias da comunicação e da informação, da aferição comparativa das melhores práticas ou da coordenação de certo número de atividades promocionais combinadas pelas autoridades turísticas e/ou da indústria turística, sem deixar de assegurar que a concorrência entre os Estados membros não seja distorcida; a necessidade do reforço do papel do Comitê Consultivo do Turismo, nomeadamente no que se refere ao diálogo entre as partes interessadas, públicas e privadas; a importância da cooperação, no âmbito dos quadros existentes, com os agentes privados e os poderes públicos nos países candidatos, em outros países vizinhos e na região mediterrânica; o incentivo a uma cooperação estreita entre a Comunidade Européia e as organizações internacionais ativas no setor do turismo; o incentivo ao aprofundamento da dimensão ética do turismo, em especial no que se refere à introdução de instrumentos para lutar contra todas as formas de exploração de mulheres e crianças; o incentivo ao turismo como instrumento de luta contra a pobreza nos países em desenvolvimento; e, finalmente, a promoção de iniciativas para conscientizar a indústria turística, os poderes públicos e a sociedade civil sobre a importância dessas questões.

88 C. L. Carvalho, "Turismo: uma arma poderosa para incrementar o crescimento", cit.

favor do turismo europeu,[89] que, seguindo as diretrizes estabelecidas pelo conselho europeu, incentivou não somente a atividade turística em si mas também a criação, por parte dos países membros, de um novo ramo de direito, que veio a dar suporte legal ao turismo e às áreas conexas a ele.

Observa-se que a União Européia tem concentrado seus esforços no sentido de harmonizar a atividade do turismo com suas demais atividades, buscando, assim, estabelecer um elo entre a política, a economia e a cultura dos países membros, de maneira a atingir o desenvolvimento sustentável do setor.

Tendo em vista esses elementos, conclui-se que as políticas da União Européia para o turismo têm se apoiado nas últimas tendências e acontecimentos mundiais, de modo a alcançar os anseios de todo o bloco europeu com relação ao turismo, o que implica a consolidação do direito do turismo europeu.

O Mercosul e as normas do turismo

O turismo na América do Sul desenvolve-se de maneira ágil, mas ainda ineficaz. Na última década, com o advento do Mercosul, o estímulo para essa área cresceu significativamente, assim como os conflitos a ela relacionados.

O número de turistas estrangeiros que visitam os Estados membros do Cone Sul ultrapassa 15 milhões de pessoas por ano,[90] representando algo em torno de 17 bilhões de

[89] B. Bouloc, *Philoxenie: Programme Maxi-annuel pour Aider le Tourisme Européen*, cit.

[90] Dados fornecidos pela OMT em maio de 2001, disponível em http://www.world-tourism.org.

dólares em receita cambial.[91] Em 2000, só no Brasil, foram investidos mais de 5 bilhões de dólares em infra-estrutura. Esses números tendem a aumentar vertiginosamente nos próximos anos, dado o incentivo ao turismo e as facilidades oferecidas aos turistas.

Entretanto, a situação do Mercosul no que tange ao direito do turismo é frágil. A maioria das normas estipuladas pelos Estados membros são apenas atos administrativos, disponibilizados em grande quantidade, mas com eficácia reduzida no campo prático e dinâmico do turismo.

Tendo em vista o crescimento dessa atividade, os representantes do Cone Sul buscaram novas políticas para seu desenvolvimento, bem como o estabelecimento de critérios a ser rigorosamente seguidos pelos países membros, visando, assim, a harmonia nas relações turísticas do Mercosul e a amenização dos conflitos delas surgidos.[92]

Ocorreu, em abril de 2001, a XXXIII Reunión Especializada del Turismo del Mercosur, em San Bernardino, no Paraguai, com a presença de delegações dos países membros da organização, que estabeleceu quatro recomendações para o desenvolvimento da atividade turística no Cone Sul. Essas recomendações, aprovadas pela OMT, tratam dos seguintes temas:

- R 01/01 – Circuitos turísticos regionais integrados;
- R 02/01 – Promercotur;
- R 03/01 – Lista de agentes de financiamento;
- R 04/01 – Programa de trabalho da Recomendación del Turismo (RET).

[91] N. Caixeta, "A explosão do turismo", em *Exame*, nº 735, São Paulo, março de 2001, pp. 40-59.

[92] R. A. De Lacerda Badaró, *Direito e turismo: aspectos conceituais. Legislação aplicada à hotelaria e ao turismo* (Sorocaba: DSQ, 2001), apostila.

Cada uma dessas recomendações abrange as áreas social, política, econômica e, sobretudo, a seara jurídica.

Em todas as RETs foi pedido um tratamento profundo dos temas, para que, em futuro próximo, haja um avanço significativo em benefício de todos os Estados membros. Note-se que as decisões tomadas nesse evento foram, todas elas, permeadas pelo incentivo à criação de normas exclusivas ao turismo, seguindo o exemplo da União Européia – ou seja, da diretiva nº 2, de março de 2000 – o que constitui um primeiro passo, em âmbito jurídico, para a regulamentação da atividade turística no Cone Sul.

Com relação ao desenvolvimento do direito do turismo no Mercosul, é interessante lembrar o ensinamento de Mialhe, que assevera:

> [...] direito comunitário europeu tem servido como inspiração ao Mercosul, principalmente no tocante a seus propósitos, previstos no Tratado de Assunção de 1991, de uma área de livre circulação de bens, serviços e fatores produtivos entre os países.[93]

Ora, o turismo só tem a contribuir para com o desenvolvimento do Cone Sul, cabendo pois, aos Estados membros dedicar mais atenção a essa atividade, em seus aspectos sociais, políticos, culturais e econômicos. E, uma vez que isso se concretize, passar ao desenvolvimento do direito do turismo, a fim de assegurar a harmonia e o salutar crescimento do turismo no Mercosul.

---

[93] J. L. Mialhe, "O direito comunitário europeu como inspirador do Mercosul", em *Caderno Comunicações*, nº 2, Piracicaba, Unimep, janeiro de 2001, pp. 53-57.

Estruturas internas do turismo

Ministério do Turismo

Desde janeiro de 2003, a organização administrativa pública do turismo brasileiro foi alterada substancialmente com a edição da Lei nº 10.683/03, que dispõe sobre a nova organização da presidência da República e dos ministérios. O artigo 30, inciso X da mencionada lei, cria o Ministério do Turismo, desmembrando assim, o antigo Ministério do Esporte e Turismo.

O artigo 27, inciso XXIII, definiu as competências do novel ministério, a saber:

a) política nacional de desenvolvimento do turismo;

b) promoção e divulgação do turismo nacional, no país e no exterior;

c) estímulo às iniciativas públicas e privadas de incentivo às atividades turísticas;

d) planejamento, coordenação, supervisão e avaliação dos planos e programas de incentivo ao turismo;

e) gestão do Fundo Geral do Turismo;

f) desenvolvimento do Sistema Brasileiro de Certificação e Classificação das atividades, empreendimentos e equipamentos dos prestadores de serviços turísticos.

O ilustre jurista Gladston Mamede lembra que:

> [...] uma pasta específica faz com que o setor não seja alcançado pela competência do Ministério do De-

> senvolvimento, Indústria e Comércio Exterior para definir a política de desenvolvimento da indústria, do comércio e dos serviços. Contudo, haverá competência concorrente no que se refere a metrologia, normalização e qualidade empresarial, políticas de comércio exterior, regulamentação e execução dos programas e atividades relativas ao comércio exterior e à formulação da política de apoio à microempresa, empresa de pequeno porte e ao artesanato. Finalmente o Ministério do Desenvolvimento, Indústria e Comércio Exterior, mesmo em relação ao turismo, manterá competência exclusiva para cuidar de propriedade intelectual e transferência de tecnologia, aplicação dos mecanismos de defesa comercial e execução das atividades de registro do comércio – obviamente sem alcançar o cadastramento específico de empresas e empreendimentos turísticos junto ao Ministério do Turismo.[1]

O Ministério do Turismo, para consecução de seus objetivos, conta com osseguintes órgãos: Conselho Nacional do Turismo, Secretaria de Políticas de Turismo e Secretaria de Programas de Desenvolvimento do Turismo.[2]

A Secretaria de Políticas de Turismo tem por objetivo executar a política nacional para o setor, orientada pelas diretrizes do Conselho Nacional do Turismo. Faz a promoção interna e zela pela qualidade da prestação do serviço turístico brasileiro.[3] Esta secretaria é responsável pela gestão do relacionamento institucional; pela integração das diversas esferas do governo e setor privado no processo de decisão

---

1 G. Mamede, *Direito do turismo: legislação específica aplicada* (3ª ed. São Paulo: Atlas, 2003), pp. 30-31.

2 Artigo 29, inciso XXIII, da Lei 10.683 de 29 de maio de 2003.

3 Entre suas metas está a estruturação de produtos turísticos em cada estado brasileiro até 2007, usando a estratégia da regionalização. Disponível em http://www.mtur.gov.br.

do turismo brasileiro, promovendo, ainda, a avaliação e o monitoramento do Plano Nacional de Turismo; pela estruturação e diversificação da oferta turística; pelo desenvolvimento da regionalização dos produtos turísticos; pela organização dos segmentos para atender às demandas de mercado e ao potencial de cada região; pela normatização da qualidade da prestação do serviço turístico e pelas relações internacionais.[4]

Cabe à Secretaria de Programas de Desenvolvimento do Turismo promover o desenvolvimento da infra-estrutura e a melhoria da qualidade dos serviços prestados ao turismo pelas seguintes ações: fomento do investimento; financiamento para as atividades turísticas; desenvolvimento da infra-estrutura física; qualificação profissional; desenvolvimento da produção associada ao turismo; implantação de programas regionais de desenvolvimento do turismo.[5]

O Conselho Nacional do Turismo é um órgão colegiado de assessoramento superior, integrante da estrutura básica do Ministério do Turismo, diretamente vinculado ao ministro de Estado, com as seguintes atribuições:[6]

a) propor diretrizes, oferecer subsídios e contribuir para a formulação e implementação da Política Nacional de Turismo;

b) assessorar o ministro de Estado do turismo na avaliação da Política Nacional de Turismo;

c) zelar pela efetiva aplicação da legislação que regula a atividade turística em geral;

[4] Ministério do Turismo, "Missão Institucional do Ministério do Turismo. Nossa Missão", disponível em http://www.mtur.gov.br/br/conteudo/ver.asp?conteudoId=158&id=223.

[5] *Ibidem.*

[6] Artigo 1º do Decreto 4.686 de 29 de abril de 2003.

d) emitir pareceres e recomendações sobre questões do turismo nacional, quando solicitado;

e) propor ações objetivando a democratização das atividades turísticas para a geração de emprego e renda e a redução das desigualdades regionais;

f) propor ações que visem ao desenvolvimento do turismo interno e ao incremento do fluxo de turistas do exterior para o Brasil;

g) zelar para que o desenvolvimento da atividade turística no país se faça sob a égide da sustentabilidade ambiental, social e cultural;

h) propor normas que contribuam para a adequação da legislação turística à defesa do consumidor e ao ordenamento jurídico da atividade turística;

i) buscar, no exercício de suas competências, a melhoria da qualidade e produtividade do setor; e

j) manifestar-se sobre matérias previstas na legislação vigente, objeto de consultas dirigidas pelo ministro de Estado do turismo.[7]

A composição do Conselho Nacional do Turismo é a seguinte: ministro de Estado do turismo, que o presidirá, e um representante de cada ministério a seguir:

a) da Cultura;

b) da Defesa;

c) do Desenvolvimento Agrário;

d) do Desenvolvimento, Indústria e Comércio Exterior;

e) da Integração Nacional;

[7] Funções do Conselho Nacional do Turismo estabelecidas pelos incisos I a X do artigo 1º do Decreto nº 4.686 de 29 de abril de 2003.

f) da Justiça;

g) do Meio Ambiente;

h) do Planejamento, Orçamento e Gestão;

i) das Relações Exteriores;

j) do Trabalho e Emprego; e

l) dos Transportes.

Além disso, terá um representante da Casa Civil da presidência da República, um representante da Secretaria de Comunicação de Governo e Gestão Estratégica da presidência da República e um representante de cada entidade a seguir: Instituto Brasileiro de Turismo (Embratur); Banco do Brasil S.A.; Banco do Nordeste do Brasil S.A.; Banco Nacional de Desenvolvimento Econômico e Social (BNDES); Caixa Econômica Federal; Banco da Amazônia S.A.; Empresa Brasileira de Infra-estrutura Aeroportuária (Infraero); e Superintendência da Zona Franca de Manaus (Suframa).

Também integram o Conselho Nacional do Turismo, o principal dirigente de cada seguinte entidade:

1. Associações Brasileiras
   a) das Locadoras de Automóveis (Abla);
   b) de Agências de Viagens (Abav);
   c) de Empresas de Eventos (Abeoc);
   d) de Hotéis, Restaurantes, Bares e Similares (Abresi);
   e) de Indústria Hoteleira –(Abih);
   f) de Operadoras de Turismo (Braztoa/Cobrat);
   g) de Restaurantes e Empresas de Entretenimento–(Abrasel);
   h) de Turismo Rural (Abraturr);

i) dos Bacharéis em Turismo (Abbtur); e

j) dos Centros de Convenções e Feiras– (Abracef);

2. Associação das Empresas da Diversão do Brasil (Adibras);
3. Associação Nacional dos Transportadores de Turismo (Anttur);
4. Brazilian Incoming Tour Operatours (Bito);
5. Confederação Nacional dos Municípios;
6. Confederação Nacional dos Trabalhadores em Turismo e Hospitalidade (Contratuh);
7. Federação Brasileira de Albergues da Juventude;
8. Federação Nacional de Hotéis, Restaurantes, Bares e Similares (FNHBRS);
9. Federação Nacional de Turismo (Fenactur);
10. Federação Nacional dos Guias de Turismo (Fenagtur);
11. Federação Brasileira de Convention & Visitors Bureaux (FBCB);
12. Fórum de Operadores Hoteleiros do Brasil (FOHB);
13. Fórum Nacional dos Secretários de Turismo (Fornatur);
14. Serviço de Apoio às Micro e Pequenas Empresas (Sebrae);
15. Serviço Nacional do Comércio (Senac);
16. Sindicato Nacional das Empresas Aeroviárias (Snea); e
17. União Brasileira dos Promotores de Feiras (Ubrafe); três representantes, designados pelo presidente da República, dentre brasileiros de notório saber na área de turismo. Ressalta-se ainda que o presidente do Conselho poderá convidar outras entidades da iniciativa privada para participarem de reunião do colegiado.

Estrutura regimental do Ministério do Turismo

O Decreto 5.203 de 3 de setembro de 2004 aprovou a nova estrutura regimental do Ministério do Turismo, revogando o Decreto 4.653 de 27 de março de 2003, consolidando as atividades desse órgão da administração direta federal e apresentando o quadro demonstrativo dos cargos em comissão e das funções gratificadas entre outras providências estabelecidas.

Assim, a atual estrutura do Ministério de Estado do Turismo apresenta-se da seguinte maneira:

I. Órgãos de assistência direta e imediata ao ministro de Estado:

   1. Gabinete;
   2. Secretaria Executiva: Subsecretaria de Planejamento, Orçamento e Administração; e
   3. Consultoria Jurídica.

II. Órgãos específicos singulares:

   1. Secretaria Nacional de Políticas de Turismo
      a) Departamento de Planejamento e Avaliação do Turismo;
      b) Departamento de Estruturação, Articulação e Ordenamento Turístico;
      c) Departamento de Relações Internacionais do Turismo; e
      d) Departamento de Promoção e Marketing Nacional.
   2. Secretaria Nacional de Programas de Desenvolvimento do Turismo
      a) Departamento de Programas Regionais de Desenvolvimento do Turismo;

b) Departamento de Infra-estrutura Turística;

c) Departamento de Financiamento e Promoção de Investimentos no Turismo; e

d) Departamento de Qualificação e Certificação e de Produção Associada ao Turismo;

III. Órgão colegiado: Conselho Nacional de Turismo (CNT); e

IV. Entidade vinculada: autarquia Instituto Brasileiro de Turismo (Embratur).

O Decreto 5.203/04, que aprovou a estrutura regimental do Ministério do Turismo, ainda estabeleceu as competências:

1. *Dos órgãos de assistência direta e imediata ao ministro de Estado.*

1.1. Ao gabinete compete:

I. assistir ao ministro de Estado em sua representação política e social, ocupar-se das relações públicas e do preparo e despacho do seu expediente pessoal;

II. promover a articulação entre o ministério e os órgãos que compõem a presidência da República;

III. providenciar o atendimento às consultas e aos requerimentos formulados pelo Congresso Nacional e acompanhar o andamento dos projetos, em tramitação, de interesse do ministério;

IV. providenciar a publicação oficial e a divulgação das matérias relacionadas com a área de atuação do ministério;

V. planejar, coordenar e supervisionar o desenvolvimento das atividades de comunicação social do ministério;

VI. assistir ao ministro de Estado nos seus deslocamentos no âmbito do território nacional e no exterior;

VII. receber, registrar, responder e/ou solucionar reclamações, sugestões, elogios e denúncias na defesa dos direitos e interesses dos usuários dos serviços turísticos;

VIII. coordenar e desenvolver atividades, no âmbito internacional, que auxiliem a atuação institucional do ministério, em articulação com o Ministério das Relações Exteriores e outros órgãos da administração pública; e

IX. exercer outras competências que lhe forem cometidas pelo ministro de Estado.

1.2. À Secretaria Executiva compete:

I. assistir ao ministro de Estado na supervisão e coordenação das atividades das secretarias integrantes da estrutura do ministério e da autarquia a ele vinculada;

II. supervisionar e coordenar a execução das atividades de organização e modernização administrativa, bem como as relacionadas com os sistemas federais de planejamento e de orçamento, de administração financeira, de contabilidade, de administração dos recursos de informação e informática, de pessoal civil e de serviços gerais, no âmbito do ministério; e

III. auxiliar o ministro de Estado na definição das diretrizes e na implementação das políticas e ações da área de competência do ministério.

Frisa-se também que a Secretaria Executiva exerce, ainda, por intermédio da Subsecretaria de Planejamento, Orçamento e Administração, a ela subordinada, a função de órgão setorial dos Sistemas de Pessoal Civil da Administração Federal (Sipec), de Administração de Recursos de Informação e Informática (Sisp), de Serviços Gerais (Sisg), de Planejamento e de Orçamento Federal, de Administração Financeira Federal e de Contabilidade Federal.

1.3. À Subsecretaria de Planejamento, Orçamento e Administração compete:

I. planejar, coordenar e supervisionar, no âmbito do ministério, a execução das atividades de organização e modernização administrativa, bem como as relacionadas com os sistemas federais de planejamento e de orçamento, de administração financeira, de contabilidade, de administração dos recursos de informação e informática, de pessoal civil e de serviços gerais;

II. promover a articulação com os órgãos centrais dos sistemas federais, referidos no inciso I e informar e orientar os órgãos e entidades do ministério quanto ao cumprimento das normas administrativas estabelecidas;

III. promover e coordenar a elaboração e consolidação dos planos e programas das atividades de sua área de competência e submetê-los à decisão superior;

IV. desenvolver as atividades de execução orçamentária, financeira e contábil no âmbito do ministério;

V. analisar e avaliar as prestações de contas, parciais ou finais, quanto aos seus aspectos técnicos e financeiros, propondo a instauração de tomada de contas especial e demais medidas de sua competência quando a prestação de contas não for aprovada, após exauridas as providências cabíveis; e

VI. realizar tomadas de contas dos ordenadores de despesas e demais responsáveis por bens e valores públicos e de todo aquele que der causa a perda, extravio ou outra irregularidade que resulte em dano ao erário.

1.4. À Consultoria Jurídica, órgão setorial da Advocacia-Geral da União, compete:

I. assessorar o ministro de Estado em assuntos de natureza jurídica;

II. exercer a supervisão das atividades do órgão jurídico da entidade vinculada;

III. fixar a interpretação da Constituição, das leis, dos tratados e dos demais atos normativos a serem uniformemente seguidos em suas áreas de atuação e coordenação, quando não houver orientação normativa do advogado-geral da União;

IV. elaborar estudos e preparar informações, por solicitação do ministro de Estado;

V. assistir ao ministro de Estado no controle interno da legalidade administrativa, dos atos por ele praticados ou já efetivados e daqueles oriundos de órgãos ou entidades sob sua coordenação;

VI. examinar, prévia e conclusivamente, no âmbito do ministério:

a) os textos de editais de licitação, bem como os dos respectivos contratos ou instrumentos congêneres a ser publicados e celebrados;

b) os atos pelos quais se vá reconhecer a inexigibilidade ou decidir a dispensa de licitação; e

c) propostas, estudos, projetos, anteprojetos e minutas de atos normativos de interesse do ministério.

2. Dos órgãos específicos singulares:

2.1. À Secretaria Nacional de Políticas de Turismo compete:

I. subsidiar a formulação e a elaboração e monitorar a Política Nacional de Turismo, de acordo com as diretrizes propostas e os subsídios fornecidos pelo Conselho Nacional de Turismo;

II. analisar e avaliar a execução da Política Nacional de Turismo;

III. coordenar a elaboração e acompanhar a execução do Plano Nacional de Turismo;

IV. conceber instrumentos e propor normas para a implementação da Política Nacional de Turismo;

V. subsidiar a formulação, a elaboração e avaliar os planos, os programas e as ações do ministério, necessários à consecução da Política Nacional de Turismo;

VI. conceber as diretrizes para a formulação de estudos, pesquisas, análises e levantamentos de dados destinados à formulação, implementação e avaliação da Política Nacional de Turismo;

VII. desempenhar as funções de Secretaria Executiva do Conselho Nacional de Turismo;

VIII. orientar, acompanhar e supervisionar a execução dos projetos de qualificação dos serviços turísticos, estruturação e diversificação da oferta turística, e de incentivo ao turismo no mercado interno, compreendendo a divulgação dos produtos turísticos brasileiros no mercado nacional;

IX. orientar o levantamento e a estruturação dos indicadores relativos ao turismo, com a finalidade de acompanhar a dinâmica do mercado turístico nacional e internacional e subsidiar a avaliação da implementação da Política Nacional de Turismo;

X. articular com organismos e instâncias nacionais e internacionais, visando ao desenvolvimento do turismo nacional;

XI. promover a cooperação e articulação com os órgãos da administração federal, estadual, do Distrito Federal e municipal em projetos de suas iniciativas que possam contribuir para o fortalecimento e desenvolvimento do turismo nacional;

XII. promover a cooperação e articulação com os fóruns, conselhos, consórcios e entidades articuladoras do turismo nos âmbitos estaduais, regionais e municipais; e

XIII. articular com os demais órgãos governamentais e entidades da administração pública em seus programas, projetos e ações que interagem com a Política Nacional de Turismo.

2.2. Ao Departamento de Planejamento e Avaliação do Turismo compete:

I. planejar, coordenar, acompanhar e avaliar a Política Nacional de Turismo;

II. coordenar a elaboração e avaliação do Plano Nacional de Turismo;

III. elaborar os instrumentos e as normas destinados à implementação da Política Nacional de Turismo;

IV. realizar estudos, pesquisas, análises e levantamentos de dados e indicadores necessários à formulação, implementação e avaliação da Política Nacional de Turismo;

V. acompanhar a dinâmica do mercado turístico nacional e internacional com vistas a subsidiar a formulação e avaliação da Política Nacional de Turismo;

VI. prestar apoio técnico e administrativo ao Conselho Nacional de Turismo; e

VII. acompanhar a gestão descentralizada do Plano Nacional de Turismo nas ações dos conselhos e fóruns estaduais, regionais e municipais.

2.3. Ao Departamento de Estruturação, Articulação e Ordenamento Turístico compete:

I. coordenar, acompanhar, supervisionar e articular políticas, planos, programas, projetos e ações para a estruturação e diversificação da oferta turística;

II. coordenar e exercer a cooperação e a articulação com os órgãos da administração federal, estadual, do Distrito Federal, municipal e entidades não-governamentais em programas, projetos e ações de fiscalização, classificação e cadastramento de serviços e empreendimentos turísticos e de outros que tenham interface com os projetos, programas e ações do departamento;

III. apoiar o planejamento de programas e projetos no âmbito da Administração dos Estados, Distrito Federal, de Municípios e de microrregiões que contribuam para o fortalecimento e desenvolvimento sustentável da atividade turística;

IV. subsidiar a formulação e o gerenciamento de políticas, planos, programas e projetos para o ordenamento e desenvolvimento do turismo e de seus segmentos no âmbito local, regional, estadual e nacional, promovendo a inserção da temática social, ambiental e cultural;

V. subsidiar a formulação de políticas, atos normativos, regulamentos e de fiscalização para o ordenamento e a qualificação dos serviços turísticos e da atividade turística em geral; e

VI. criar e gerenciar instrumentos e mecanismos de comunicação, estabelecendo redes de informação e relacionamentos para subsidiar a implantação do Plano Nacional do Turismo e fortalecer a atividade turística.

2.4. Ao Departamento de Relações Internacionais do Turismo compete:

I. apoiar, planejar, coordenar e acompanhar a celebração de acordos e instrumentos de cooperação técnica internacional;

II. apoiar, planejar, coordenar e acompanhar a atuação e participação do Ministério do Turismo em fóruns e organismos internacionais de interesse do turismo nacional;

III. apoiar, planejar, coordenar e acompanhar a atuação do ministério nas negociações de acordos comerciais bilaterais, regionais e multilaterais, com fins de fortalecimento do turismo nacional no cenário internacional;

IV. apoiar, planejar, coordenar e acompanhar a articulação com os demais órgãos e instituições governamentais com atuação no cenário internacional; e

V. pesquisar, prospectar e atrair novas tecnologias, conhecimentos e oportunidades no mercado internacional.

2.5. Ao Departamento de Promoção e Marketing Nacional compete:

I. propor, apoiar, planejar, coordenar e acompanhar as ações e os projetos de *marketing*, promoção, propaganda e divulgação do turismo brasileiro no mercado nacional;

II. apoiar, planejar, coordenar e acompanhar os programas de promoção e divulgação de eventos e dos produtos turísticos brasileiros no mercado nacional;

III. apoiar, planejar, coordenar e acompanhar a promoção e divulgação de produtos associados ao turismo no mercado nacional; e

IV. articular e interagir com os demais órgãos da Administração Federal, em especial com a Secretaria de Comunicação de Governo e Gestão Estratégica, conforme estabelecido no Decreto 4.799 de 4 de agosto de 2003.

2.6. À Secretaria Nacional de Programas de Desenvolvimento do Turismo compete:

I. subsidiar a formulação dos planos, programas e ações destinados ao desenvolvimento e fortalecimento do turismo nacional, necessários à consecução da Política Nacional de Turismo;

II. subsidiar a formulação e acompanhar os programas de desenvolvimento regional de turismo e a promoção do apoio técnico, institucional e financeiro necessário ao fortalecimento da execução e participação dos estados, do Distrito Federal e dos municípios, nesses programas;

III. subsidiar o desenvolvimento de planos, projetos e ações para a captação e o estímulo aos investimentos privados nacionais e internacionais, em conformidade com as diretrizes da Política Nacional de Turismo;

IV. promover a cooperação e a articulação dos instrumentos da administração pública para financiamento, apoio e promoção da atividade turística;

V. regulamentar e apoiar a certificação das atividades, dos empreendimentos e equipamentos dos prestadores de serviços e fixar os critérios de avaliação dos organismos de certificação de conformidade;

VI. apoiar a qualificação profissional e a melhoria da qualidade da prestação de serviços para o turista;

VII. apoiar a diversificação da oferta turística, mediante o incentivo à produção associada ao turismo;

VIII. propor diretrizes e prioridades para aplicação do Fundo Geral de Turismo (Fungetur); e

IX. orientar, acompanhar e supervisionar a execução dos projetos e programas regionais de desenvolvimento do turismo, de capacitação, de infra-estrutura, de financiamento e de fomento e captação de investimento nacional e estrangeiro para o setor do turismo.

2.7. Ao Departamento de Programas Regionais de Desenvolvimento do Turismo compete:

I. coordenar a formulação, apoiar e acompanhar os programas regionais de desenvolvimento do turismo que objetivem beneficiar as populações locais e o incremento da renda gerada pelo turismo nacional e internacional;

II. subsidiar a formulação, coordenar, apoiar e acompanhar a promoção do apoio técnico, institucional e financeiro necessário ao fortalecimento da execução e participação dos estados, do Distrito Federal e dos municípios, nesses programas;

III. coordenar a formulação, apoiar e acompanhar a estrutura institucional e financeira adequada para a execução dos programas regionais de desenvolvimento do turismo;

IV. coordenar a formulação, apoiar e acompanhar o aporte de recursos de responsabilidade do ministério, em conformidade com as diretrizes e a matriz de financiamento de cada programa; e

V. coordenar e acompanhar a integração das ações de sua competência com a Embratur.

2.8. Ao Departamento de Infra-estrutura Turística compete:

I. formular, coordenar e acompanhar os planos, programas e as ações do ministério voltados à implementação de projetos de infra-estrutura turística;

II. coordenar, fiscalizar, acompanhar e avaliar a aplicação de recursos de responsabilidade do ministério em projetos de infra-estrutura turística;

III. apoiar a formulação de propostas de recuperação de patrimônio histórico integrante de produto turístico estruturado ou em estruturação;

IV. analisar investimento em saneamento básico e ambiental integrante de projeto turístico estruturado ou em estruturação, em conformidade com a Política Nacional de Turismo; e

V. articular com os demais órgãos governamentais e entidades da administração federal, estadual e municipal em seus programas, projetos e ações de infra-estrutura que interagem com a Política Nacional de Turismo.

2.9. Ao Departamento de Financiamento e Promoção de Investimentos no Turismo compete:

I. coordenar o estabelecimento de diretrizes e prioridades para a aplicação dos recursos do Fundo Geral de Turismo (Fungetur);

II. coordenar a formulação, apoiar e acompanhar as ações de estímulo e fomento à mobilização da iniciativa privada, nacional e internacional, para a sua participação ativa na implementação da Política Nacional de Turismo;

III. coordenar, apoiar e acompanhar o desenvolvimento de planos, projetos e eventos que objetivem a captação e o estímulo aos investimentos nacionais e internacionais, em ações integradas com as diretrizes e nas regiões beneficiadas pelos programas de desenvolvimento do turismo;

IV. coordenar, apoiar e acompanhar o desenvolvimento, a manutenção e a promoção de projetos e de oportunidades de investimentos;

V. coordenar, apoiar e acompanhar o desenvolvimento nas instituições financeiras de linhas de crédito e outros instrumentos financeiros voltados para o financiamento ao turista e às empresas da cadeia produtiva do turismo;

VI. coordenar e acompanhar a integração das ações de sua competência com a Embratur;

VII. orientar, acompanhar e supervisionar a execução dos projetos e programas de financiamento de obras, serviços e atividades turísticas no âmbito do Fungetur;

VIII. elaborar estudos com vistas a uniformização de normas e procedimentos operacionais do Fungetur;

IX. acompanhar e propor, quando necessário, ajustes na regulamentação do Fungetur;

X. propor convênios ou contratos a ser celebrados com os bancos de desenvolvimento e de investimento e com as demais instituições financeiras, em conformidade com regulamento específico; e

XI. elaborar relatórios e exercer os controles das operações financeiras realizadas no âmbito da gestão do Fungetur.

2.10. Ao Departamento de Qualificação e Certificação e de Produção Associada ao Turismo compete:

I. formatar, implementar e apoiar os planos, programas e as ações voltados ao desenvolvimento da produção artesanal e dos demais produtos associados ao turismo;

II. coordenar as ações voltadas para a promoção e comercialização da produção artesanal e dos demais produtos associados ao turismo;

III. formatar e implementar os programas e as ações voltadas ao desenvolvimento da qualificação e certificação de profissionais, de equipamentos e serviços turísticos;

IV. coordenar as ações voltadas à qualificação profissional e à melhoria da qualidade dos serviços prestados ao turista;

V. desenvolver, implementar e apoiar projetos estruturantes, em regiões alvo de novos investimentos turísticos geradores de impactos econômicos e sociais;

VI. articular, apoiar e acompanhar a promoção de apoio técnico, institucional e financeiro necessários às regiões com potencial turístico e de baixa renda *per capita*, em conformidade com o Plano Nacional de Turismo;

VII. coordenar a formulação, apoiar e acompanhar os planos, programas e ações voltados para a geração de novas alternativas de desenvolvimento local com base nos segmentos turísticos e sua cadeia produtiva, de acordo com a Política Nacional de Turismo; e

VIII. articular com os demais órgãos e entidades da administração federal, estadual, municipal, do setor produtivo e terceiro setor, programas, projetos e ações que tenham interface com o departamento.

A competência do órgão colegiado do Ministério do Turismo, ou seja, do Conselho Nacional do Turismo é estabelecida por regulamento específico, que foi aprovado na primeira reunião do órgão, realizada em 30 de abril de 2003.

Plano Nacional do Turismo

O Plano Nacional do Turismo é o instrumento de planejamento do Ministério do Turismo que tem como finalidade explicitar o pensamento do governo e do setor produtivo e orientar as ações necessárias para consolidar o desenvolvimento do setor do turismo. Foi elaborado de forma participativa dentro de um processo permanente de discussão e atualização, de acordo com as necessidades inerentes à dinâmica do setor.

O Plano Nacional do Turismo foi criado após uma série de debates e reuniões com todas as entidades do setor, primando pela harmonia e pelo objetivo-mor do desenvolvimento do turismo. Da análise das sugestões das entidades do setor turístico, foi permitido ampliar o entendimento dos grandes desafios a enfrentar e a consolidar uma proposta inicial para o turismo brasileiro.

Através do Plano Nacional do Turismo evidenciou-se que o Brasil, apesar dos avanços obtidos nos últimos anos, está longe de ocupar um lugar no cenário turístico mundial compatível com suas potencialidades e vocações. A falta de articulações entre os setores governamentais tem gerado políticas desencontradas, fazendo com que os parcos recursos destinados ao setor se percam em ações que se sobrepõem ou que não estão direcionados para objetivos comuns.

A falta de articulação também se faz presente entre os setores público e privado, agravando os seguintes problemas:

a) ausência de um processo de avaliação de resultados das políticas e dos planos destinados ao setor;

b) insuficiência de dados, informações e pesquisas sobre o turismo brasileiro;

c) qualificação profissional deficiente dos recursos humanos do setor, tanto no âmbito gerencial quanto nas habilidades específicas operacionais;

d) inexistência de um processo de estruturação da cadeia produtiva, impactando a qualidade e a competitividade do produto turístico brasileiro;

e) regulamentação inadequada da atividade e baixo controle de qualidade na prestação de serviços com foco na defesa do consumidor;

f) superposição dos dispositivos legais nas várias esferas públicas, requerendo uma revisão de toda legislação pertinente ao setor;

g) oferta de crédito insuficiente e inadequada para o setor turístico;

h) deficiência crônica na gestão e operacionalização de toda infra-estrutura básica (saneamento, água, energia, transportes) e turística;

i) baixa qualidade e pouca diversidade de produtos turísticos ofertados nos mercados nacional e internacional;

j) insuficiência de recursos e falta de estratégia e articulação na promoção e comercialização do produto turístico brasileiro.[8]

[8] Ministério do Turismo, "Plano Nacional do Turismo", disponível em http://www.mtur.gov.br .

O Plano Nacional do Turismo estruturou seus objetivos tomando por base o diagnóstico feito acerca da situação do turismo brasileiro. Cada um desses objetivos visados representa uma área específica que sugere, na sua essência, os resultados a ser atingidos, tais como:

1. Objetivos gerais: desenvolver o produto turístico brasileiro com qualidade, contemplando as diversidades regionais, culturais e naturais; estimular e facilitar o consumo do produto turístico brasileiro nos mercados nacional e internacional.
2. Objetivos específicos: dar qualidade ao produto turístico; diversificar a oferta turística; estruturar os destinos turísticos; ampliar e qualificar o mercado de trabalho; aumentar a inserção competitiva do produto turístico no mercado internacional; ampliar o consumo do produto turístico no mercado nacional; aumentar a taxa de permanência e gasto médio do turista.

Programas para a consecução das metas do plano nacional do turismo

Os macroprogramas são construídos por um conjunto de programas que visam, por seu intermédio, resolver os problemas e obstáculos que impedem o crescimento do turismo no Brasil, identificados por um processo de consulta ao setor. Esses programas serão detalhados em conjunto com as câmaras temáticas, utilizando-se de planejamento, definição de prioridades e avaliação de resultados.

As várias interfaces para o desenvolvimento do turismo necessitam de uma permanente articulação entre os diversos setores públicos e privados, no sentido de agilizar soluções, eliminar entraves burocráticos, compartilhar decisões e facilitar a participação de todos os envolvidos no processo de crescimento do setor. Cabe ao Ministério do Turismo estabelecer as diversas interfaces com os distintos ministérios e órgãos governamentais dos quais o turismo depende, direta e indiretamente.

Por outro lado é necessário fortalecer os canais representativos da iniciativa privada para solidificar a interlocução com o poder público. A necessidade de existência de instrumentos de gestão e articulação com base nas relações de interesses institucionais levou a criação do Conselho Nacional do Turismo, cuja finalidade é auxiliar a elaboração e implantar o Plano Nacional do Turismo.

Assim, sete macroprogramas foram elaborados visando ao início do processo de solução dos problemas enfrentados pelo turismo brasileiro, a saber:

1. gestão e relações institucionais: programa de acompanhamento do conselho nacional do turismo, programa de avaliação e monitoramento do plano, programa de relações internacionais;
2. fomento: programa de atração de investimentos, programa de financiamento para o turismo;
3. infra-estrutura: programa de desenvolvimento regional, programa de acessibilidade aérea, terrestre, marítima e fluvial;
4. estruturação e diversificação da oferta turística: programa de roteiros integrados, programa de segmentação;
5. qualidade do produto turístico: programa de normatização da atividade turística, programa de qualificação profissional;
6. promoção e apoio à comercialização: programa de promoção nacional e internacional do turismo brasileiro, programa de reposicionamento da imagem do Brasil, programa de apoio à comercialização;

7. informações turísticas: programa de base de dados, programa de pesquisa de demanda, programa de avaliação de impacto do turismo, programa de avaliação de oportunidade de investimento.

Instituto Brasileiro de Turismo

O atual Instituto Brasileiro de Turismo (Embratur) teve sua origem na Empresa Brasileira de Turismo, criada pelo Decreto-lei nº 55, em 1966, que, posteriormente, passou à condição de Autarquia pela Lei nº 8.181 de 28 de março de 1991. Segundo Mamede:

> A Embratur teve suas funções alteradas em face do conflito estabelecido pela Lei nº 10.683/03, que definiu as competências do Ministério do Turismo, e as leis nº 8.181/91 e nº 6.505/77. Como as normas de 1977 e 1991 estabeleciam como competência da Embratur o que a Lei nº 10.683/03 atribuiu ao Ministério do Turismo, tem-se a derrogação das normas anteriores pela norma posterior.[9]

Assim, a única competência do Instituto Brasileiro de Turismo é a promoção, o *marketing* e o apoio à comercialização dos produtos brasileiros no exterior, nos termos do Decreto nº 4.653/2003, posteriormente revogado pelo Decreto nº 5.203/2004.

De acordo com o Plano Nacional do Turismo, caberá à Embratur executar nos anos de 2003 a 2006: a elaboração e implantação do plano de *marketing* para o turismo brasileiro; a definição e execução da política de ações promocionais

[9] G. Mamede, *Direito do turismo: legislação específica aplicada*, cit., p. 33.

e apoio à comercialização dos produtos turísticos; a formatação e organização de novos produtos e roteiros turísticos integrados; e a elaboração de estudos e pesquisas que orientem os processos de tomada de decisão e avaliem o impacto da atividade turística na economia nacional.

A promoção do turismo brasileiro no mercado internacional terá como conceito estratégico a diversificação da imagem do país. O trabalho de *marketing* orientará a construção do Brasil como destino turístico moderno, alegre, jovem, hospitaleiro, que traz credibilidade, com capacidade para proporcionar lazer de qualidade, novas experiências aos visitantes, realização de negócios, eventos e incentivos, sendo ainda competitivo internacionalmente. Será integrada ao programa de promoção e *marketing* a essência da cultura brasileira, sua diversidade étnica, social e natural.

Estudos estão sendo realizados para um programa de reposicionamento da marca Brasil para o turismo, construindo e consolidando uma nova imagem turística do Brasil no mercado internacional integrada a essa diversidade cultural, étnica e social do país.

A promoção e o apoio à comercialização dos produtos turísticos brasileiros dar-se-ão a partir de diversas ações, entre elas: participação em feiras internacionais de turismo (com a ampliação da agenda já existente, focando não somente o turismo de lazer, mas também o turismo de negócios e eventos); realização e participação em promoções (parceria com empresas brasileiras em lançamentos de produtos e eventos); ações de oportunidade (participação em grandes eventos brasileiros no exterior, como oportunidade de promoção do turismo); captação e promoção de eventos; e promoção de eventos internacionais.

Foi criado também um programa de geração e disseminação de informações sobre o turismo brasileiro com o objetivo de conhecer os mercados nacional e internacional, o impacto do turismo na economia do país, orientar os investimentos em turismo e promover a comunicação dos resultados obtidos do mercado, da imprensa e dos órgãos oficiais de turismo, assim como orientar as políticas públicas e privadas.

Dessa maneira, são cinco as áreas de atuação: geração de indicadores para o turismo; realização de estudos e pesquisas (demanda turística internacional, estudo do mercado doméstico, mercado de eventos, etc.); avaliação do impacto do turismo na economia; indução de investimento (diagnósticos de meios de hospedagem, centros de convenções e eventos e oportunidades de negócios para pequenos e microinvestidores); e disseminação de informação (anuário, boletins e rede nacional de informação turística).

O Código de Defesa do Consumidor e o Regulamento Geral dos Meios de Hospedagem

É relevante proceder breve análise do turismo à luz do direito das relações de consumo, elencando, dessa maneira, os conceitos inerentes àqueles aplicáveis ao setor turístico nacional. Observa-se ainda que a atividade do turismo no Brasil, por ser regulamentada por atos administrativos, necessita do Código de Defesa do Consumidor[10] brasileiro para consolidação da proteção legal à atividade turística.[11]

---

[10] Particularmente sigo o entendimento do amigo e professor Gladston Mamede acerca da acepção do Código das Relações de Consumo, nomenclatura que não privilegia nenhum dos pólos da relação de consumo.

[11] Além das normas administrativas que regulam a atividade turística brasileira e das leis nº 6.505/77, nº 6.513/77, nº 8.181/91 e nº 8.623/93, que são específicas para o setor, deve reconhecer a importância de outras normas que são igualmente aplicáveis ao turismo, tais como o

O Código de Defesa do Consumidor foi celebrado sob a visão de proteção do hipossuficiente, do mais fraco.[12] É possível dizer que o consumidor poderá ficar mais tranqüilo ao assinar um contrato, pois terá amparo legal específico, por exemplo, a nulidade das cláusulas abusivas, dispostas no artigo 51 da referida norma, hipótese que no passado não existia.

O referido diploma protege unicamente a relação jurídica conhecida como relação de consumo. Dessa maneira, para que se possa defini-la, é preciso conceituar à luz do direito alguns termos usados nessa norma, tais como consumidor, fornecedor, produto, serviço e relação de consumo.

Cabe ainda ressaltar que o supracitado diploma legal protege exclusivamente a relação de consumo estabelecida entre o fornecedor e aquele consumidor destinatário final da mesma. Em conseqüência, uma vez estabelecida tal relação jurídica, regras jurídicas específicas passam a reger a defesa do consumidor, diferentes das que tutelam outro tipo de relação.

Nesse sentido, corroborando com Nieto,[13] é possível fazer previsão da importância do Código de Defesa do Consumidor brasileiro para o setor turístico, visto que suas relações preenchem, em sua maioria, os requisitos de uma relação de consumo.

Produto e serviço

Um produto é qualquer coisa que pode ser oferecida a um mercado para aquisição ou consumo, incluindo-se ob-

Código de Defesa do Consumidor, o Código Civil, o Código Tributário Nacional, o Código de Águas, o Código Florestal, as normas sobre crimes ambientais, sobre patrimônio natural, histórico e cultural, e outras.

12 Cf. Marcos Pinto Nieto, *Manual de direito aplicado ao turismo* (Campinas: Papirus, 2001), p. 115.

13 *Ibid.*, p. 118.

jetos físicos, serviços, personalidades, lugares, organizações e idéias.[14] Consoante o artigo 3º, parágrafo 1º, do Código de Defesa do Consumidor, produto é qualquer bem móvel ou imóvel, material ou imaterial, incluindo-se a marca do produto ou do serviço.

Segundo o artigo 3º, parágrafo 2º, da norma consumerista, serviço é qualquer atividade fornecida no mercado de consumo,[15] mediante remuneração, inclusive as de natureza bancária, financeira, de crédito ou securitária, salvo as decorrentes de caráter trabalhista.

Ainda em linguagem jurídica, bem é o gênero do qual os produtos e serviços são espécies. Em suma, bem é tudo aquilo que tem valor econômico, é útil ao homem e pode ser objeto de uma relação jurídica.[16]

Consumidor final e fornecedor

Outros termos são importantes para que seja possível o entendimento da relação que é protegida pelo Código de Defesa do Consumidor, tais como os conceitos de consumidor elencados no artigo 2º, e o conceito de fornecedor elencado no artigo 3º da referida norma.[17]

---

14 Cf. Kotler *apud* M. P. Nieto, *Manual de direito aplicado ao turismo*, cit., p. 116.

15 É interessante ressaltar que, na esfera pública, há serviços que se incluem entre aqueles regulados pelo Código de Defesa do Consumidor, como, por exemplo, os serviços prestados ao público e em obediência a uma tarifa (energia elétrica, água, esgoto, limpeza pública, operações portuárias e outras). Cf. M. P. Nieto, *Manual de direito aplicado ao turismo*, cit., p. 117.

16 *Ibid.* p. 116.

17 Nieto, em seu livro *Manual de direito aplicado ao turismo*, na página 117, traz a definição de consumidor e fornecedor da seguinte maneira "Vendedor: aquele que, num dado momento, pratica a atividade de venda de um produto ou serviço. Fornecedor: aquele que comer-

Compreende-se, da análise dos conceitos tratados neste item, que o Código de Defesa do Consumidor é usado somente quando há uma relação de consumo. Essa relação de consumo é entendida como aquela em que uma das partes é um fornecedor e a outra é um consumidor final.

Ora, pois, o diploma de defesa do consumidor só protege a relação de consumo que se estabeleça entre fornecedor e consumidor final. Estabelecida tal relação, regras jurídicas próprias de defesa do consumidor tornam-se válidas para sua efetiva tutela, diferentes das que protegem outro tipo de relação.

Direitos do consumidor

O Código de Defesa do Consumidor estabelece uma série de direitos ao consumidor. Assim, a Lei nº 8.078/90 confere ao consumidor o direito à qualidade do produto ou serviço, ou seja, o direito ao princípio da qualidade; outorga também o direito do consumidor de ser informado sobre as reais características dos produtos e serviços, ou seja, o direito ao princípio da transparência; e, por último, a norma da proteção contratual ao consumidor, ou o direito ao princípio da proteção contratual.[18]

O Código das Relações de Consumo, segundo Nieto, assegura o direito de receber o produto ou serviço com qualidade, criando mecanismos sancionatórios ao fornecedor que descumpra com sua obrigação de fornecer produtos e serviços com qualidade. O diploma legal brasileiro elenca

cializa, vende, aluga um produto ou serviço com habitualidade. Comprador: aquele que, num dado momento, pratica a atividade de compra de determinado produto ou serviço. Consumidor final: aquele que adquire ou utiliza produto ou serviço como destinatário final da relação de consumo".

[18] *Ibid.*, p. 119.

dois tipos de problemas distintos advindos da qualidade, ensejando, desse modo, sanções ao fornecedor por descumprimento do princípio da qualidade. O primeiro é o defeito ou periculosidade e o segundo é o vício.

A lei de proteção ao consumidor pressupõe ter havido dano à saúde, à integridade física ou ao interesse patrimonial para que seja caracterizado o defeito ou o fornecimento perigoso. Ou seja, só haverá defeito ou fornecimento perigoso do produto ou serviço se tiver ocorrido, por conta do problema existente, um dano à saúde, à integridade física ou ao interesse patrimonial do consumidor.[19]

Se tanto defeito como periculosidade existem somente quando há um dos danos mencionados acima, urge-se diferenciar ambos. Assim, conforme elucida Nieto, o defeito origina-se de uma impropriedade do próprio serviço ou produto, ao passo que, na periculosidade, a origem dos prejuízos sofridos pelo consumidor encontra-se na utilização indevida do produto ou serviço, decorrente da má orientação do fornecedor.

O vício, segundo Nieto, caracteriza-se por produtos ou serviços que apresentam impropriedades inócuas. Isto é, o bem viciado não causa prejuízo à saúde, à integridade física, tampouco ao interesse patrimonial do consumidor, apenas é impróprio às finalidades a que se destina.

A norma consumerista subdivide o vício em aparente e oculto. O primeiro é aquele de fácil constatação, em que o consumidor, tão logo receba o bem (produto ou serviço), já

[19] Se um turista loca um veículo com problema no freio e, apercebendo-se do problema antes de causar um acidente, leva-o à locadora, que lhe entrega outro carro, terá ocorrido vício, pois deixou de existir qualquer dano ao consumidor. Todavia, se, por conta do problema nos freios do veículo alugado, o turista tivesse sofrido um acidente, aí haveria fornecimento de serviço defeituoso. Cf. M. P. Nieto, *ibid.*, p. 119.

possa detectar a presença do problema. Já o segundo, é aquele que não se apresenta de fácil constatação, passando a ser notado somente mediante determinadas condições que não se apresentam no momento de recebimento do bem.[20]

A norma estabelece os seguintes prazos para reclamação contra vícios dos bens: bens duráveis, noventa dias; bens não duráveis, trinta dias. O início da contagem do prazo depende de o vício ser aparente ou oculto Sendo aparente, conta-se o prazo a partir da data do recebimento do produto ou serviço. Se for vício oculto, começa a contagem do prazo a partir da data da constatação do problema.

É assegurada uma série de direitos ao consumidor que adquire um bem viciado.

Por outro lado, como frisa Nieto, a norma assegura uma série de direitos alternativos ao consumidor somente se o vício não for sanado em trinta dias. Ou seja, detectado o vício, o consumidor deve contatar o fornecedor, pleiteando solução para o problema apontado. O fornecedor terá, então, trinta dias para solucionar o vício, quer trocando o produto ou o serviço ou consertando-o adequadamente.

Se, após o prazo de trinta dias contados da data da reclamação, o fornecedor não sanar o vício, aí sim o consumidor terá à sua escolha as seguintes alternativas:

a) substituição do produto ou serviço por outro da mesma espécie, em perfeitas condições de uso;

b) restituição imediata da quantia paga, monetariamente atualizada, sem prejuízo de eventuais perdas e danos;

[20] No caso de vício oculto, pode-se usar como exemplo o caso do refrigerador adquirido no inverno e que, aparentemente, não apresenta qualquer problema de resfriamento, mas que, na chegada do verão, sendo ele exigido em sua capacidade máxima, acaba não gelando os produtos adequadamente. Cf. M. P. Nieto, *ibid.*, p. 122.

c) o abatimento proporcional do preço.

Com relação ao princípio da transparência, é assegurado ao consumidor o direito de ser informado sobre a qualidade, quantidade, composição e características do produto ou serviço, assim como de poder identificar o caráter publicitário da mensagem.[21]

Dessa maneira, o código veda a publicidade simulada, ou seja, o uso de imagens subliminares ou de reportagens publicitárias. Nesse contexto também é proibida a publicidade enganosa[22] e a publicidade abusiva, consoante o preceituado no artigo 37, parágrafos 1º e 2º, respectivamente.

A norma do consumidor previu, em seus artigos 46 a 54, uma série de elementos protecionistas do consumidor. De início, estabelece o diploma legal que não gera nenhuma obrigação ao consumidor, mesmo que tenha celebrado contrato, se não lhe foi dado previamente conhecimento das cláusulas desse mesmo contrato. Também se forem redigidas de maneira não compreensiva com relação a seu alcance e sentido.

---

[21] O artigo 36 do Código Consumerista alerta sobre a necessidade de a publicidade ser veiculada de tal maneira que o consumidor consiga identificar essa característica. Nesse sentido, a publicidade deve ser considerada como todos os métodos chamados de promoção de vendas, reunindo ações diretas nos compradores potenciais, como os convursos,[verificar termo] vendas com prêmio e outras formas de vendas agressivas. É imprescindível que o número de pessoas atingido pela campanha seja tal que se possa qualificá-lo de público. Cf. Ferreira de Almeida, *Os direitos dos consumidores* (Coimbra: Almedina, 1998), p. 81.

[22] O Brasil mais uma vez mostra-se fiel à Convenção da União de Paris e notadamente ao seu artigo 10º: "os países da União obrigam-se a assegurar proteção efetiva contra a concorrência desleal, devendo proibir as alegações falsas no exercício do comércio capazes de desacreditar os produtos do concorrente". Ver E. G. Saad, *Comentários ao Código de Defesa do Consumidor* (São Paulo: LTr, 2001), p. 336.

Havendo dúvida quanto à interpretação de cláusula contratual, prevalece o entendimento mais favorável ao consumidor. Foi previsto o direito de rescisão contratual, sem que o consumidor venha a arcar com nenhuma despesa, dentro do prazo de sete dias a contar de sua assinatura ou do ato do recebimento do produto ou serviço, mas somente se o adquiriu fora do estabelecimento comercial, por exemplo, por telefone ou em domicílio.

O código inovou ao definir a nulidade de pleno direito das cláusulas abusivas, em seu artigo 51. A lei também assegurou o direito de revisão de cláusulas contratuais se, após a celebração do contrato, sobrevierem alterações econômicas não previsíveis à época e que as tornem excessivamente onerosas.

Exigências gerais do Código de Defesa do Consumidor

Necessário se faz frisar algumas exigências de caráter geral do Código de Defesa do Consumidor, consoante os ensinamentos de Nieto, para que se possa compreender o seu cumprimento na prática. Assim, tendo em vista o princípio da transparência, as empresas devem cuidar para que as ofertas de seus serviços sejam veiculadas, qualquer que seja o meio de divulgação, de forma clara. O turista deve ser informado clara e ostensivamente sobre o que está sendo vendido. O termo "clara" acarreta a proibição do uso de palavras e códigos que não são de domínio público. Desse modo, com relação ao serviço a ser prestado, deve haver comunicação ao consumidor, e tudo em língua portuguesa, sobre:

- preço, moeda a que se refere, condição de pagamento e, se financiado, a taxa de juros e o preço total como somatória de todas as prestações;
- categoria do serviço;

- duração do serviço e o que o integra;
- multa em caso de cancelamento de reserva;
- orçamento prévio;
- tudo quanto for indispensável à clara definição do produto ou serviço vendido.

Através das exigências elencadas acima, observam-se elementos comuns a ser observados pelas mais diversas atividades turísticas, visto que, em sua grande maioria, esses serviços são amparados pela norma consumerista.

A deliberação normativa nº 429, de 23 de abril de 2002, da Embratur, e o anexo Regulamento Geral dos Meios de Hospedagem

Em 23 de abril de 2002, a Deliberação Normativa nº 429 que, considerando o termo de compromisso firmado em 2001 entre o então Ministério do Esporte e Turismo, por meio da Embratur e da ABIH Nacional, visando instituir um novo Sistema de Classificação dos Meios de Hospedagem, aprovou:

- o novo Regulamento Geral dos Meios de Hospedagem;
- o Regulamento do Sistema Oficial de Classificação dos Meios de Hospedagem.

A DN nº 429/02, a teor de seu artigo 3º, instituindo os regulamentos supracitados, modificou o Regulamento dos Meios de Hospedagem, o Manual de Avaliação e a Matriz de Classificação criados pela DN nº 387/98, nos seguintes aspectos:

a) modificou o Regulamento Geral dos Meios de Hospedagem;

b) alterou integralmente o processo de classificação dos meios de hospedagem;

c) procedeu alterações no Manual de Avaliação e na Matriz de Classificação dos Meios de Hospedagem;

d) incorporou ao Regulamento Geral dos Meios de Hospedagem, como anexos I e II, os impressos denominados, respectivamente, Ficha Nacional de Registro de Hóspede (FNRH) e Boletim de Ocupação Hoteleira (BOH);

e) Incorporou, igualmente, no Regulamento do Sistema Oficial de Classificação dos Meios de Hospedagem, os anexos III e IV, denominados Manual de Avaliação e Matriz de Classificação;

f) por fim, consolidou as disposições dispersas na legislação, concernente à atividade hoteleira, revogando dessa maneira a DN nº 387/98.

A breve análise do Regulamento Geral dos Meios de Hospedagem foi feita sob três aspectos, a saber: conceitos e definições; direitos e deveres dos meios de hospedagem; e, por último, controle e fiscalização.

Conceitos e definições

O artigo 2º do Regulamento Geral dos Meios de Hospedagem estabelece o conceito de Empresa Hoteleira, especificando de forma inconstitucional que a constituição desta deve ser sob a forma de sociedade anônima ou sociedade por cotas de responsabilidade limitada. Assim, tem-se:

> Considera-se empresa hoteleira a pessoa jurídica, constituída na forma de sociedade anônima ou sociedade por cotas de responsabilidade limitada, que explore ou administre meio de hospedagem e que

> tenha em seus objetivos sociais o exercício de atividade hoteleira, observado o artigo 4º do Decreto nº 84.910 de 15 de julho de 1980.

A inconstitucionalidade desse ato administrativo está estabelecida quando ele, explicitamente, ao conceituar empresa hoteleira, limita a sua constituição às sociedades anônimas ou às sociedades por cotas de responsabilidade limitada, ferindo, portanto, a garantia constitucional da livre iniciativa. Além do que, cabe ainda estabelecer que como ato normativo, a Deliberação Normativa tem sua competência limitada e não pode, sob pena de ser considerada inconstitucional, versar sobre qualquer matéria específica de lei.

Dessa forma, segundo Mamede, qualquer pessoa (física ou jurídica) pode explorar meios de hospedagem, devendo atender apenas às exigências específicas da legislação comum (societária, tributária, urbanística, etc.). As deliberações normativas da Embratur, desde que harmônicas com a Constituição Federal e com as normas infraconstitucionais são referências jurídicas a ser observadas na exploração da atividade hoteleira.[23]

Dentro do campo dos conceitos e das definições, a norma estabelece que será meio de hospedagem o estabelecimento que seja licenciado pelas autoridades competentes para prestar serviços de hospedagem (artigo 3º, inciso I) e que seja administrado ou explorado comercialmente por empresa hoteleira e que adote contrato de hospedagem, no trato com os hóspedes.

Ressalta-se que os meios de hospedagem, a teor do parágrafo único do artigo 3º do novel regulamento, devem

[23] Cf. G. Mamede, *Manual de direito para administração hoteleira* (São Paulo: Atlas, 2002), p. 44.

oferecer aos hóspedes, indispensavelmente, alojamento, para uso temporário, em unidades habitacionais (UHs) específicas a esse fim, e uma gama de serviços mínimos,[24] consistentes em:

a) portaria/recepção;

b) guarda de bagagens e objetos pessoais;

c) conservação, manutenção, arrumação e limpeza das áreas, instalações e equipamentos.

O novel regulamento manteve a definição de UH dada pela revogada DN nº 387/98, ou seja, "é o espaço, atingível a partir das áreas principais de circulação comuns do estabelecimento, destinado à utilização pelo hóspede, para seu bem-estar, higiene e repouso.

Quanto ao tipo, as UHs podem ser, consoante o artigo 5º do Regulamento Geral dos Meios de Hospedagem, quarto, apartamento e suíte. No primeiro tipo, observa-se a presença apenas de quarto de dormir exclusivo ao hóspede, bem como local apropriado para guarda de roupas e objetos pessoais; já no segundo, a presença do banheiro privativo se faz como diferencial em relação ao primeiro; e, por último, a suíte possui além do banheiro privativo, uma sala de estar.

Admitiu-se a possibilidade de que para determinados meios de hospedagem possam existir UHs distintas das referidas no artigo 5º do Regulamento Geral dos Meios de Hospedagem, instituído pela DN nº 429/02. Além disso, cabe ainda observar que as UHs poderão ser conjugadas e/ou adaptadas, sendo sempre consideradas como duas ou mais para efeito de avaliação.

---

[24] Ver o anexo Regulamento Geral dos Meios de Hospedagem, da DN nº 429/02, artigo 3º, parágrafo único, inciso II, alíneas "a" *usque* "c".

Para findar o campo das definições, o anexo Regulamento Geral da DN nº 429/02 elencou o conceito, já modificado, de diária como sendo "o preço de hospedagem correspondente à utilização da UH e dos serviços incluídos, observados os horários fixados para entrada (*check-in*) e saída (*check-out*).

Cabe ao estabelecimento determinar o horário de vencimento da diária, à sua conveniência, observando os costumes locais ou ainda conforme acordo direto com o hóspede. Também, mediante consenso entre o estabelecimento hoteleiro e o hóspede, poderão ser cobradas diárias diferenciadas. Ressalta-se que, no caso de não haver especificação do número de ocupantes da UH, a diária básica referir-se-á, sempre, à ocupação da UH por duas pessoas.[25]

Direitos e deveres dos meios de hospedagem

Com relação aos padrões comuns a todos os meios de hospedagem, o regulamento trouxe os deveres dos meios de hospedagem, quanto a quatro aspectos:[26] posturas legais; aspectos construtivos; equipamentos e instalações; e serviços de gestão.

- *Quanto ao aspecto legal*: licenciamento pelas autoridades competentes para prestar serviços de hospedagem, inclusive de órgãos de proteção ambiental; administração ou exploração comercial, por empresa hoteleira, conforme o artigo 2º do Regulamento Geral dos Meios de Hospedagem; oferta de alojamento temporário para hóspedes, mediante adoção de contrato, tácito ou expresso, de hospedagem e cobrança de diária, pela ocupação da UH; exigências da legislação trabalhista, es-

[25] *Ibid.*, artigo 6º, parágrafo 3º.
[26] *Ibid.*, artigo 7º e incisos.

pecialmente no que se refere a vestiários, sanitários e local de refeições de funcionários e Comissões de Prevenção de Acidentes de Trabalho (Cipa).

- *Quanto ao aspecto construtivo*: edificações construídas ou expressamente adaptadas para a atividade; áreas destinadas aos serviços de alojamento, portaria/recepção, circulação, serviços de alimentação, lazer e uso comum, e outros serviços de conveniência do hóspede ou usuário, separadas entre si, e, no caso de edificações que atendam a outros fins, devem ser independentes das demais; proteção sonora, conforme as normas da Associação Brasileira de Normas Técnicas (ABNT) e legislação aplicável; salas e quartos de dormir das UHs dispondo de aberturas para o exterior, para fins de iluminação e ventilação; todos os banheiros dispondo de ventilação natural, com abertura direta para o exterior ou por duto; serviços básicos de abastecimento de água que não prejudiquem a comunidade local, bem como de energia elétrica, rede sanitária, tratamento de efluentes e coleta de resíduos sólidos, com destinação adequada; facilidades construtivas, de instalações e de uso, para pessoas com necessidades especiais, de acordo com a NBR nº 9050/1994, em prédio com projeto de arquitetura aprovado pela prefeitura municipal, como meio de hospedagem, após 12 de agosto de 1987. Em caso de projetos anteriores, o meio de hospedagem deverá dispor de sistema especial de atendimento.
- *Quanto a equipamentos e instalações*: instalações elétricas e hidráulicas de acordo com as normas da ABNT e legislação aplicável; instalações de emergência, para a iluminação de áreas comuns e para o funcionamento de equipamentos indispensáveis à segurança dos hóspedes; elevador para passageiros e cargas, ou serviço, em prédio com quatro ou mais pavimentos, inclusive o tér-

reo, ou conforme posturas municipais; instalações e equipamentos de segurança contra incêndio e pessoal treinado a operá-lo, de acordo com as normas estabelecidas e com o Corpo de Bombeiros local; quarto de dormir da UH mobiliado, no mínimo, com cama, equipamentos para a guarda de roupas e objetos pessoais, mesa-de-cabeceira e cadeira.

- *Quanto a serviços de gestão*: portaria/recepção apta a permitir a entrada, saída, registro e liquidação de conta dos hóspedes, durante as 24 horas do dia; registro obrigatório do hóspede no momento de sua chegada ao estabelecimento, por meio de preenchimento da FNRH, aprovada pela Embratur; limpeza e arrumação diária da UH; fornecimento e troca de roupa de cama e banho, bem como de artigos comuns de higiene pessoal, por conta do estabelecimento; serviços telefônicos prestados aos hóspedes de acordo com os regulamentos internos dos estabelecimentos e as normas e os procedimentos adotados pelas concessionárias dos serviços, ou pelo poder concedente; imunização permanente contra insetos e roedores; pessoal de serviço em quantidade e com qualificação necessárias ao perfeito funcionamento do meio de hospedagem; pessoal mantido permanentemente uniformizado e/ou convenientemente trajado, de acordo com as funções que exerçam; meios para pesquisar opiniões e reclamações dos hóspedes e solucioná-las; observância das demais normas e condições necessárias à segurança, saúde/higiene e conservação/manutenção do meio de hospedagem, para atendimento ao consumidor.

Atento aos problemas de saneamento básico e infra-estrutura básica, o Regulamento Geral dos Meios de Hospedagem previu[27] que, nas localidades não servidas ou pre-

[27] *Ibid.*, artigo 7º, parágrafo 1º.

cariamente servidas por redes de serviços públicos, a satisfação dos itens obrigatórios aos meios de hospedagem, cujo atendimento dependa da existência dessas redes, será apreciada, caso a caso, pelo instituto, porseus representantes.

Em consonância com a Política do Meio Ambiente e também com as normas ambientais, o Regulamento Geral exigiu condições específicas de proteção, observadas as normas e os padrões estabelecidos pelos órgãos governamentais competentes, para os meios de hospedagem localizados no interior ou nas proximidades de unidades de conservação, ou protegidas pela legislação ambiental vigente;[28] e de aeroportos, estações viárias, vias industriais, ou estabelecimentos que ofereçam problemas especiais de poluição ambiental e sonora.[29]

Em relação às condições dos locais de trabalho e de uso dos empregados, no estabelecimento, serão mantidas, no que se refere à segurança, higiene e medicina do trabalho, em estrita observância ao disposto na Consolidação das Leis de Trabalho, ou nos atos que a modifiquem.

No que tange a proteção contratual, a DN nº 429/02, em seu anexo Regulamento Geral dos Meios de Hospedagem, excluiu o cartão de hóspede e inseriu a possibilidade de se consubstanciar o contrato de reserva pela internet, conforme se pode observar na redação dada pelo artigo 8º:

> Os contratos para reserva de acomodações e hospedagem deverão ser sempre consubstanciados por documentos escritos, constituídos de:
>
> I. no caso de reserva de acomodações: troca de correspondências (inclusive via fax e internet) entre os responsáveis pelo meio de hospedagem, ou seus

[28] *Ibid.*, artigo 7º, parágrafo 2º, alínea "a".
[29] *Ibid.*, artigo 7º, parágrafo 2º, alínea "b".

> prepostos, e o hóspede, ou agente de turismo contratante [...]

O setor de reservas dentro de um meio de hospedagem é importante para seus consumidores, pois permite garantir por um determinado período, previamente ajustado, um lugar adequado para ficar ao chegar a seu destino. Ao fazer uma reserva, o hotel está assumindo a obrigação de hospedar e, portanto, terá de cumpri-la, mesmo que não tenha havido estipulação de uma sanção correspondente.[30]

Se um consumidor, que tenha feito uma reserva, se apresenta à recepção no prazo e nas condições determinadas e não é hospedado, poderá exigir indenização por danos materiais e/ou morais caso possa prová-los.

É importante ressaltar que não há promessa jurídica nas conversas informais, e é por isso que há a necessidade de ser formal a promessa. Nesse contexto, destaca-se o Regulamento Geral dos Meios de Hospedagem, que determina a todos os meios de hospedagem firmarem contratos para reserva de acomodações por meio de correspondência (inclusive eletrônica) ou fax entre o responsável pelo meio de hospedagem e o consumidor.[31]

Após uma reserva confirmada, o estabelecimento não poderá negar-se a receber hóspedes, salvo por motivo justificável ou previsto na legislação em vigor, consoante o artigo 8º, parágrafo 1º do Regulamento Geral dos Meios de Hospedagem, sendo dever do estabelecimento cumprir e honrar os contratos feitos com o consumidor, especialmente as reservas e os preços de hospedagem previamente ajustados.

---

30 Cf. G. Mamede, *Manual de direito para administração hoteleira*, cit., p. 93.

31 Cf. o anexo Regulamento Geral dos Meios de Hospedagem, da DN nº 429 de 23 de abril de 2002.

O essencial é perceber que a obrigação da reserva de hospedagem não é ilimitada, o que poderia criar danos ao empreendimento hoteleiro, uma vez que, se o meio de hospedagem pretendesse estender para além do razoável o dever de manter a reserva, poderia resultar em *overbooking*.[32]

O artigo 8º do Regulamento Geral dos Meios de Hospedagem continua no inciso II:

> [...] no caso do contrato de hospedagem propriamente dito pela entrega pelo estabelecimento, durante o registro do hóspede (*check-in*), de ficha Nacional de Registro de Hóspede (FNRH), em modelo aprovado pela Embratur, para preenchimento, assinatura e devolução pelo hóspede [...]

Dessa maneira, qualquer um pode hospedar outra pessoa sem cobrar nada por esse abrigo; esse contrato não precisa ser remunerado. O contrato, porém, pode ser remunerado, a acolhida pode ser contratada mediante um pagamento, sem exigência de profissionalidade do hospedeiro para a contratação remunerada da hospedagem.

Todavia, existe a hospedagem prestada profissionalmente; pessoas jurídicas que têm um estabelecimento construído para o fornecimento de hospedagem, com um conjunto de profissionais encarregado de garantir a atividade. Há um regime jurídico próprio para esse exercício comercial da hospedagem; não apenas para hotéis, mas também para pensões, albergues e estalagens.[33]

O artigo 3º da Lei nº 8.078/90, extensivamente aos serviços de hospedagem, estabelece que a disponibilização para

[32] *Overbooking* significa sobrevenda, ou seja, o hotel está vendendo mais UHs de que dispõe efetivamente. Cf. Geraldo Castelli, *Administração hoteleira* (Caxias do Sul: Educs, 2001), p. 159.

[33] *Ibid.*, p. 87.

o mercado de consumo de serviços e produtos de hospedagem exige que o ambiente de acolhida seja adequado para o pernoite pelo período contratado, e que haja segurança, higiene e qualidade.[34]

A contratação de hospedagem[35] é caracterizada como um contrato de adesão, já que não requer prévia negociação de todas as cláusulas contratuais, bastando que o cliente solicite um quarto, ou similar, ao pessoal da recepção, e estará contratada a hospedagem. Uma vez que as estipulações são unilaterais, fixadas pelo hotel e não por ambos, hotel e hóspede, as cláusulas deverão ser interpretadas de forma favorável ao aderente, ou seja, ao consumidor.

Como a contratação é simples, é importante a prova do contrato, com o preenchimento e a assinatura no momento do *check-in* de um registro correspondente, no caso a FNRH, devidamente preenchido.

Ao preenchê-la, formalizando a contratação, o hóspede assina e devolve ao estabelecimento, consubstanciando o contrato de hospedagem propriamente dito.[36] Respeitadas as reservas confirmadas, o estabelecimento não poderá negar-se a receber hóspedes, salvo por motivo justificável ou previsto na legislação em vigor.[37] A ausência do preen-

---

34 Cf. E. G. Saad, *Comentários ao Código de Defesa do* Consumidor, cit., p. 101.

35 Segundo Maria Helena Diniz, os contratos de hospedagem possuem características dos contratos de execução contínua, pois se protraem no tempo, caracterizando-se pela prática ou abstenção de atos reiterados, solvendo-se num espaço de tempo mais ou menos longo. Afinal, no contrato de locação de serviço, as prestações, como conseqüência do ato negocial, só poderão ser realizadas em tempo futuro e periodicamente. Ver M. H. Diniz, *Curso de direito civil brasileiro*, vol. 3 (São Paulo: Saraiva, 2001), pp. 87-88.

36 Cf. o anexo Regulamento Geral dos Meios de Hospedagem, da DN nº 429/02, artigo 8º.

37 *Ibidem.*

chimento da ficha de registro não descaracteriza o contrato, podendo as partes provar a existência da relação contratual por outros meios, entre eles, a prova testemunhal.

Os meios de hospedagem estão obrigados a fornecer mensalmente ao Órgão Estadual de Turismo competente, da Unidade da Federação em que se localizam, informações sobre o período dos hóspedes recebidos, distinguindo os estrangeiros dos nacionais, taxas de ocupação e outras informações solicitadas.[38]

A ficha de registro é a prova da contratação da hospedagem, mas não esclarece quais foram as obrigações mutuamente estabelecidas pelas partes, deixando assim ao regulamento interno essa responsabilidade, pois todos os compromissos do mercado de hospedagem e em relação aos hóspedes, bem como as obrigações destes, deverão ser divulgados e estar à disposição do hóspede, sempre que solicitado.[39] Em sua maioria, os hotéis fornecem o regulamento interno em conjunto e a confirmação da reserva do hóspede, geralmente, por fax ou correspondência eletrônica.

O estabelecimento deve comprovar ter deixado claro ao hóspede o preço da estada, os serviços que se encontrarem incluídos no preço das diárias, as características dos produtos e os serviços disponibilizados. Todos os meios de hospedagem são obrigados a fornecer, aos hóspedes, impressos com todos os compromissos recíprocos, no que diz respeito aos valores dos serviços e dos produtos prestados.

Em relação às diárias, os estabelecimentos hoteleiros apresentam um contrato oneroso, que corresponde ao hóspede o dever de remunerar o hoteleiro pelos produtos e serviços que lhe são fornecidos. É calculado por dia de ocu-

38 *Ibid.*, artigo 9º.
39 *Ibid.*, artigo 15.

pação da unidade habitacional, falando-se, portanto, em diárias.

É necessário que os preços estejam expressos e que esteja absolutamente claro o que está e o que não está incluído nos valores expressos. Os meios de hospedagem não podem estabelecer diferenças que não sejam justificadas por fatores objetivos; não é lícito criar distinções de preço em função da pessoa do hóspede.[40]

Em relação ao pagamento, o hóspede tem a obrigação de remunerar os serviços prestados pelo meio de hospedagem, em forma de dinheiro ou crédito. Com o pagamento, do que lhe é devido, o contratante da hospedagem quita suas obrigações no contrato, restando-lhe apenas as obrigações de uso adequado dos serviços.

Há a hipótese de o cliente se hospedar, consumir produtos e serviços e simplesmente não pagar. Caso isso aconteça, o valor será cobrado, a princípio, amistosamente; não havendo resposta positiva, a solução legal é o ajuizamento de ação de cobrança. O hoteleiro poderá reter pertences do hóspede no estabelecimento, devendo aforar ação para homologação do penhor legal. Sendo homologado o penhor, deverá o albergueiro providenciar a cobrança do débito, tendo nos bens uma garantia da execução a ser aforada.[41]

É válido ressaltar os contratos referentes ao sistema de tempo compartilhado ou *time sharing*,[42] sendo que este pos-

---

40 Cf. G. Mamede, *Manual de direito para administração hoteleira*, cit., p. 90.

41 *Ibid.*, p. 105.

42 *Time sharing* ou tempo compartilhado é um sistema que equaciona a divisão de uma propriedade imobiliária ou seu tempo de uso. Prevê a comercialização de um imóvel fracionadamente ou de uma hospedagem vendida antecipadamente, geralmente para uso de férias. Funciona como uma alternativa na venda de propriedades imobiliárias ou na venda de hospedagem hoteleira. Ver Celso Luiz Massumoto,

sibilita, ao consumidor, negociar certo tempo de hospedagem a ser utilizado no futuro. Da contratação da cessão da unidade habitacional, por tempo compartilhado, fazem parte: o empreendedor, o comercializador, o operador, o administrador de intercâmbio e o cessionário do direito da ocupação.[43]

Os contratos de tempo compartilhado deverão conter, entre outras, cláusulas referentes aos aspectos relativos aos bens e serviços. Deverão prever, de forma expressa, a possibilidade de os cessionários exercerem o direito de arrependimento,[44] com devolução integral dos valores pagos ou entregues às suas rescisões imotivadas, ou que sejam produto de propaganda enganosa ou de estratégia de renda que venha a iludir o consumidor.[45]

Os parágrafos do artigo 8º do regulamento aludem, ainda, que uma vez respeitadas as reservas confirmadas, o estabelecimento não poderá negar-se a receber hóspedes, salvo por motivo justificável ou previsto na legislação em vigor.[46] Continua o novel regulamento, em consonância com a norma do consumidor, que é vedada a utilização, em qualquer procedimento ou documento que consubstancie o contrato referido neste artigo, de condição ou cláusula abusiva a que se refere o artigo 51, da Lei nº 8.078 de 11/9/90 (Código de Defesa do Consumidor).[47]

Time sharing ou tempo compartilhado: conceituação e alternativa de empreendimento para meio de hospedagem, trabalho de conclusão de curso (Águas de São Pedro: Faculdade Senac de Turismo e Hotelaria).

43 Cf. G. Mamede, *Manual de direito aplicado à administração hoteleira*, cit., p. 108.

44 Cf. Código de Defesa do Consumidor, artigo 49.

45 Cf. G. Mamede, *Manual de direito aplicado à administração hoteleira*, cit., p. 97.

46 Ver o anexo Regulamento Geral dos Meios de Hospedagem, da DN nº 429/02, artigo 8º, parágrafo 1º.

47 *Ibid.*, artigo 8º, parágrafo 2º.

Nesse sentido, todos os compromissos do meio de hospedagem e em relação a seus hóspedes, bem como as obrigações destes, deverão ser divulgados adequadamente e estar à disposição, do hóspede, sempre que solicitado.[48]

O artigo 8º do Regulamento Geral dos Meios de Hospedagem ainda faz breve menção à prioridade de ocupação a pessoas portadoras de deficiência, nas UHs adaptadas para seu uso.

A DN nº 429/02 alterou a Ficha Nacional de Registro de Hóspede e o Boletim de Ocupação Hoteleira, atualizando-os e tornando-os mais técnicos em relação aos anteriores.

Com relação ao BOH[49] e à FNRH,[50] caberá aos meios de hospedagem fornecer mensalmente, ao Órgão Estadual de Turismo competente, da Unidade da Federação em que se localizarem, informações concernentes ao perfil dos hóspedes recebidos, distinguindo os estrangeiros dos nacionais; registro quantitativo de hóspedes, com taxas de ocupação e permanência médias; e número de hóspedes por UH.

Observa-se que às informações constantes na FNRH podem ser acrescidas outras, de interesse do hoteleiro, desde que não prejudique o entendimento e o preenchimento do modelo de ficha oficial.

Com relação aos direitos do hóspede-consumidor, deve-se frisar que os artigos 12 a 17 do Regulamento dos Meios de Hospedagem, tendo por substrato o Código das Relações de Consumo e em sentido estrito os princípios da qualidade, transparência e proteção contratual, tratam de questões de divulgação de impressos; registro de impressões; serviços prestados pelo estabelecimento; preços praticados;

---

48 *Ibid.*, artigo 8º, parágrafos 3º e 4º.

49 *Ibid.*, artigo 9º e incisos.

50 Ibid., artigo 9º, incisos I *usque* II, e artigo 10º.

proibição de propaganda enganosa; cláusulas abusivas; e dispositivos do regulamento interno do estabelecimento hoteleiro.

Assim, o meio de hospedagem deverá incluir nos impressos distribuídos, ou nos meios de divulgação utilizados, ainda que de forma sintética e resumida, todos os compromissos recíprocos entre o estabelecimento e o hóspede, especialmente em relação[51] a: serviços incluídos no preço da diária; importâncias ou porcentagens que possam ser debitadas da conta do hóspede, inclusive, quando aplicável, o adicional de serviço para distribuição aos empregados; locais e documentos onde estão relacionados os preços dos serviços não incluídos na diária, tais como estacionamento, lavanderia, telefonia, serviços de quarto e outros; possibilidade da formulação de reclamações para o Órgão Estadual de Turismo e para o órgão local de Defesa do Consumidor, cujos telefones devem ser divulgados.

Os meios de hospedagem devem manter, na portaria/recepção, à disposição de seus hóspedes e usuários, livro ou outro documento próprio para registro das impressões, elogios e reclamações sobre o estabelecimento, cuja consulta periódica deverá orientar a sistematização de ações preventivas e corretivas de controle e de melhoria de qualidade do empreendimento.[52]

Todo e qualquer preço de serviço prestado e cobrado pelo meio de hospedagem deverá ser previamente divulgado e informado em impressos e outros meios de divulgação de fácil acesso ao hóspede.[53] Ressalta-se que a divulgação dos preços dos serviços prestados pelo meio de hospedagem, com antecedência, faz com que sejam sanadas possíveis in-

[51] *Ibid.*, artigo 12 e incisos.
[52] *Ibid.*, artigo 13.
[53] *Ibid.*, artigo 14.

dagações por parte do hóspede-consumidor com relação à falta de transparência na prestação dos serviços, evitando-se, assim, o descumprimento da norma do consumidor que reza esse princípio.

Nesse diapasão, os meios de hospedagem afixarão:[54]

1. Na portaria/recepção:
   a) nome do estabelecimento;
   b) relação dos preços aplicáveis às espécies e tipos de UH;
   c) horário do início e vencimento da diária;
   d) nomes, endereços e telefones da Embratur, de seus órgãos delegados competentes e de defesa do consumidor, aos quais os hóspedes poderão dirigir eventuais reclamações;
   e) existência e quantidade de UHs adaptadas para pessoas portadoras de necessidades especiais.
2. Nas UHs, além das informações já referidas, mais as seguintes:
   a) espécie e número da UH;
   b) preços vigentes em moeda nacional;
   c) serviços incluídos na diária, especialmente, quando aplicáveis, os de alimentação;
   d) data de início de vigência das tarifas;
   e) todos os preços vigentes dos serviços oferecidos pelo estabelecimento, tais como minirrefrigerador, lavanderia, ligações telefônicas, serviço de quarto e outros, afixados no local em que esses serviços são oferecidos.

[54] *Ibid.*, artigo 15.

Se houver, na mesma edificação, além das UHs destinadas ao funcionamento normal do meio de hospedagem, outras para locação ou quaisquer finalidades diversas, o estabelecimento deverá expor em local de fácil visibilidade, na recepção, quantas e quais UH se destinam a cada finalidade.

Os preços serão livremente fixados e praticados por todos os meios de hospedagem, observada a legislação pertinente.[55] Os preços serão sempre expressos em moeda nacional, admitindo-se, para fins promocionais, que os mesmos sejam divulgados no exterior em moeda estrangeira, observada a cotação correspondente prevista no câmbio oficial.

No intuito de coibir as práticas de publicidade enganosa, a norma dos meios de hospedagem vedou a utilização de qualquer espécie de artifício ou documento, por meio de hospedagem, com o intuito de induzir o consumidor sobre classificação inexistente, ou diversa daquela efetivamente atribuída ao estabelecimento, de maneira que a não-observação do disposto no artigo 17 da norma supracitada implicará em prática de propaganda enganosa mencionada na Lei nº 8.078/90.

Mister se faz elencar que o Regulamento Geral fez previsão, em seu artigo 18, de que os meios de hospedagem que dispuserem de UHs e áreas acessíveis a pessoas portadoras de deficiência deverão colocar, na entrada principal do estabelecimento, uma placa com o símbolo internacional de acesso a essa faixa de clientela.

Primando pela qualidade nos serviços, a norma cobra, utopicamente, a obrigatoriedade de que o serviço de portaria/recepção do meio de hospedagem – prioritário ao atendimento do consumidor – deverá dispor de pessoal qualificado

---

[55] *Ibid.*, artigo 16.

e material promocional adequado a prestar as informações e atender às providências requisitadas pelos hóspedes.[56]

Após vários encontros, Embratur e ABIH, iniciativa pública e privada, galgaram um novo sistema de classificação, observando as últimas tendências em matéria de hotelaria e atendendo aos interesses do setor hoteleiro brasileiro.

Assim, em 23 de abril de 2002, passou a vigorar a Deliberação Normativa nº 429/02, que instituiu o novo Regulamento Geral dos Meios de Hospedagem e o Sistema Oficial de Classificação dos Meios de Hospedagem. Todavia, requer atenção por parte dos estudiosos do turismo, da hotelaria e do direito, visto que toda regra jurídica deve ser interpretada e freqüentemente analisada com olhos críticos e imparciais para que realmente possa ter valor; ainda mais quando se tratar de ato administrativo.

Conclui-se que a DN nº 429/02 explicitou o atendimento aos interesses do setor hoteleiro, olvidando da Carta Magna de 1988, ao limitar a constituição da empresa hoteleira somente às sociedade por cotas de responsabilidade limitada e às sociedades anônimas. Cabe ainda lembrar que o Regulamento Geral dos Meios de Hospedagem manteve-se em sintonia com o Código das Relações de Consumo, servindo, destarte, de cartilha para aqueles que ingressam no setor.

56 *Ibid.*, artigo 19.

Considerações finais

O turismo, desde seus primórdios, recorreu a normas para organizar certos sítios ou locais de valor histórico. É interessante notar que, desde o século II d.C., os romanos já normatizavam as viagens realizadas pelos palmeiros e romeiros, por meio de éditos que os cadastravam e identificavam. Ao longo da história, é possível observar, em diversos momentos, a necessidade do direito para o turismo, como instrumento regulador e pacificador de conflitos.

O turismo desempenha papel muito importante para o mundo, em âmbito econômico, político, cultural ou social. Na segunda metade do século XX emergiram os mercados de massa globais e, com eles, o turismo passou a atingir todas as camadas da sociedade, por meio de suas diferentes faces.

Esse setor deve ser considerado inserto numa esfera de liberdades e como expressão delas, não podendo se desenvolver ou mesmo existir sem elas. O turismo implica a existência do direito fundamental do homem de ir e vir, entre outros. O Estado, exercendo sua soberania, é que limita as possibilidades de acesso a certas áreas de seu território, suprimindo ou frenando o desenvolvimento da atividade turística nessas regiões.

Sabe-se que o turismo é objeto de preocupação singular por parte do Estado, representado pelos poderes públicos e órgãos especializados na atividade turística. Em toda a Europa, desde o começo do século XX, os poderes públicos têm exercido importante papel para o desenvolvimento do turismo, promulgando medidas de restrição ou que permitam a expansão do campo turístico.

Efetivamente, torna-se claro que o Estado, por intermédio dos poderes públicos e, conseqüentemente, o direito, desempenha funções essenciais para a atividade desse setor, prevenindo abusos, solucionando conflitos e fomentando seu desenvolvimento.

O turismo, como instrumento de progresso social, político e econômico, vem crescendo de maneira veloz em todo o mundo, garantindo o avanço, nesses diferentes âmbitos, das mais diversas regiões, e viabilizando a expansão dos mercados de consumo e de trabalho. Diante dessa nova realidade, em que o turismo promove uma verdadeira "revolução silenciosa",[1] é notória a necessidade da intervenção do direito, para que este assegure o devido respeito às relações advindas do turismo.

O direito francês, nesse sentido, passou a incluir, a partir de 1999, um novo ramo, que já se encontrava tacitamente consolidado desde a segunda metade do século XX: o direito do turismo,[2] que transcende os demais por servir-se de artifícios de todos os outros, tais como o direito civil, o direito do consumidor, o direito comercial e o direito internacional privado e público.

O direito do turismo,[3] na França, buscou conceituar todas as atividades advindas do turismo, bem como suas relações, e organizar todas as legislações, antes esparsas, em uma compilação de legislação específica da área, o código do turismo.[4]

---

1 C. L. Carvalho, "Turismo: uma arma poderosa para incrementar o crescimento", cit.

2 P. Py, *Droit du tourisme*, cit., p. 35.

3 *Ibidem*.

4 *Code du Tourisme*, cit.

O direito do turismo na União Européia encontra-se, atualmente, consolidado, graças ao programa plurianual para sua promoção,[5] que, seguindo as diretrizes estabelecidas pelo conselho europeu, incentivou não somente a atividade turística em si, mas também a criação, por parte dos Estados membros, de um novo ramo de direito, que viesse a dar suporte legal ao turismo e às áreas a ele conexas.

Com o advento do Código Mundial de Ética do Turismo redigido pela OMT, mais um passo foi dado rumo à consolidação do direito do turismo, pois patenteou-se, assim, a preocupação consciente, por parte dos organismos internacionais, com o turismo e para com as relações dele advindas.

Sentiu-se necessidade de amparar o turismo com normas que compreendessem tão-somente suas atividades, suas relações e seus objetivos, além de sua adequação ao mundo jurídico. Criado na Europa, o direito do turismo surgiu em momento oportuno, dado o intenso crescimento da indústria do turismo e sua necessidade de meios jurídicos lógicos, voltados exclusivamente para essa área e que estivessem à disposição para a solução de conflitos dela oriundos.

É chegado o momento de o direito clássico e positivo entrar em sintonia com as tendências da contemporaneidade, e, assim, abrir espaço para a seara do turismo, que se desenvolve segundo os ditames da era digital e dessa maneira busca suporte jurídico para a manutenção de seu crescimento e, por conseqüência, desenvolvimento.

Em vista desses fatores, surge o direito do turismo, um ramo transcendental do direito, maleável, complexo, heterogêneo, fundado nos princípios da tolerância e da alteridade, que pode ser sumariamente definido como o conjunto

[5] B. Bouloc, *Philoxenie: Programme Maxi-annuel pour Aider le Tourisme Européen*, cit.

de instituições e regras do direito, que serve de instrumento para o planejamento e o desenvolvimento do turismo, tendo por finalidade amparar o turista e seus profissionais e conciliar a ordem pública e a atividade turística.[6]

[6] Cf. P. Py, *Droit du tourisme*, cit., p. 7.

Anexo 1

Resolução adotada pela Assembléia Geral
[sobre o relatório do Segundo Comitê (A/58/495 e Corr. 1)]

58/232. Acordo entre as Nações Unidas e a Organização Mundial do Turismo

A Assembléia Geral,

Recordando as suas Resoluções nº 2529 (XXIV), de 5 de dezembro de 1969, nº 32/156 e nº 32/157, de 19 de dezembro de 1977, e nº 36/41, de 19 de novembro de 1981,

Tendo considerado a Resolução nº 2003/2 do Conselho Econômico e Social, de 10 de julho de 2003, cujo anexo contém o texto da minuta do acordo negociado pelo Comitê de Negociações com as Agências Intergovernamentais do Conselho Econômico e Social e com o Comitê da Organização Mundial do Turismo, sobre as Negociações para a Conversão da Organização numa Agência Especializada, visando a transformar a Organização Mundial do Turismo, uma organização intergovernamental, numa agência especializada, em conformidade com os artigos 57 e 63 da Carta das Nações Unidas,

Aprova o acordo entre as Nações Unidas e a Organização Mundial do Turismo conforme enunciado no anexo à presente Resolução.

78ª reunião plenária
23 de dezembro de 2003

Anexo
Acordo entre as Nações Unidas e a Organização Mundial do Turismo

Recordando as Resoluções nº 2529 (XXIV), de 5 de dezembro de 1969, nº 32/156, de 19 de dezembro de 1977, da Assembléia Geral das Nações Unidas,

Tendo em conta a Carta das Nações Unidas e os Estatutos da Organização Mundial do Turismo, e

Considerando ademais as disposições do artigo 57 da Carta das Nações Unidas e do artigo 3º, parágrafo 3, e do artigo 31 dos Estatutos da Organização Mundial do Turismo,

As Nações Unidas e a Organização Mundial do Turismo concordam com o seguinte:

Artigo 1º
Reconhecimento

1. As Nações Unidas reconhecem a Organização Mundial do Turismo como a agência especializada das Nações Unidas responsável por promover as ações julgadas adequadas em seus Estatutos para a realização dos objetivos enunciados nesse sentido.

2. As Nações Unidas reconhecem o papel decisivo e central da Organização Mundial do Turismo, como organização intergovernamental, no turismo mundial, conforme inscrito em seus Estatutos.

3. Convencidas de que o turismo pode contribuir significativamente para a concretização dos objetivos compartilhados por ambas as organizações, a saber, alcançar o desenvolvimento sustentável e a erradicação da pobreza, as Nações Unidas estabelecem que, em concordância com seus Estatutos, a Organização Mundial do Turismo deverá prestar particular atenção aos inte-

resses no campo do turismo dos países em desenvolvimento.

Artigo 2º
Coordenação e cooperação

1. Em suas relações com as Nações Unidas, seus órgãos e as agências do Sistema das Nações Unidas, a Organização Mundial do Turismo reconhece o papel de coordenação da Assembléia Geral e do Conselho Econômico e Social sob a Carta das Nações Unidas, bem como suas abrangentes responsabilidades de promover o desenvolvimento econômico e social.
2. No exercício de seu papel de coordenação central no campo do turismo, assumido em concordância com seus Estatutos e com a finalidade de contribuir para o desenvolvimento econômico e social, particularmente pela criação de oportunidades para erradicar a pobreza e gerar empregos nos países menos desenvolvidos, a Organização Mundial do Turismo reconhece a necessidade de coordenação e cooperação efetivas com as Nações Unidas, seus órgãos e as agências do Sistema das Nações Unidas.
3. A Organização Mundial do Turismo, igualmente, concorda em cooperar com as Nações Unidas em quaisquer medidas que se façam necessárias para levar a termo a requerida coordenação de políticas e atividades.
4. A Organização Mundial do Turismo concorda, ainda, com sua participação e cooperação com quaisquer órgãos que tenham sido estabelecidos ou venham a ser estabelecidos pelas Nações Unidas com o propósito de facilitar tal cooperação e coordenação, particularmente ao tornar-se membro do Alto Comitê Executivo para Coordenação do Sistema das Nações Unidas, e em for-

necer quaisquer informações que se façam necessárias à execução desse propósito.

5. A Organização Mundial do Turismo deverá informar o Conselho Econômico e Social sobre assuntos de relevância entre agências dentro de sua competência, e sobre quaisquer acordos acerca de tais assuntos a serem fechados entre a Organização Mundial do Turismo e outra agência pertencente ao Sistema das Nações Unidas.

Artigo 3º
Representação recíproca

1. Representantes das Nações Unidas deverão ser convidados a comparecer às reuniões da Assembléia Geral e do Conselho Executivo da Organização Mundial do Turismo e de seus organismos subsidiários, e deverão participar, sem direito a voto, das deliberações desses organismos. Declarações escritas apresentadas pelas Nações Unidas deverão ser distribuídas pelo Secretariado da Organização Mundial do Turismo aos membros dos organismos supramencionados, em concordância com as regras de procedimento relevantes.

2. Representantes da Organização Mundial do Turismo deverão ser convidados a comparecer a reuniões e a participar, sem direito a voto e em concordância com as regras de procedimento relevantes, das deliberações do Conselho Econômico e Social, de suas comissões e comitês, dos Comitês Principais e de outros órgãos da Assembléia Geral, e das conferências e reuniões, quer no âmbito das atividades da Organização Mundial do Turismo, quer no de outros assuntos de interesse mútuo. Declarações escritas apresentadas pela Organização Mundial do Turismo deverão ser distribuídas pelo Secretariado das Nações Unidas aos membros dos or-

ganismos supramencionados, de acordo com as regras de procedimento relevantes.

3. Representantes da Organização Mundial do Turismo deverão ser convidados, para fins de consulta, a comparecer a reuniões da Assembléia Geral quando assuntos definidos no parágrafo 2 do presente artigo forem discutidos.

Artigo 4º
Propostas dos itens da pauta

1. Depois de tantas consultas preliminares quantas forem necessárias, a Organização Mundial do Turismo deverá incluir na pauta de sua Assembléia Geral, na do Conselho Executivo ou de seus organismos subsidiários, conforme for adequado, os itens propostos pelas Nações Unidas.

2. Depois de tantas consultas preliminares quantas forem necessárias, as Nações Unidas deverão incluir na pauta do Conselho Econômico e Social, ou de outros órgãos ou organismos das Nações Unidas, os itens propostos pela Organização Mundial do Turismo, conforme for adequado e em concordância com as regras de procedimento relevantes.

Artigo 5º
Recomendações das Nações Unidas

1. No que concerne às obrigações das Nações Unidas de promover os objetivos especificados no artigo 55 da Carta das Nações Unidas, e às funções e aos poderes do Conselho Econômico e Social, por força do artigo 62 da Carta, para elaborar ou iniciar estudos e relatórios concernentes a assuntos econômicos, sociais, culturais, educacionais e de saúde internacionais, e fazer às agências especializadas interessadas recomendações relati-

vas a tais assuntos; e também, no que concerne às responsabilidades das Nações Unidas, em virtude dos artigos 58 e 63 da Carta, funções e poderes de elaborar, para tais agências especializadas, recomendações para a coordenação de políticas e atividades, a Organização Mundial do Turismo concorda em submeter, o mais cedo possível, ao órgão apropriado da Organização Mundial do Turismo todas as recomendações formais que as Nações Unidas venham a fazer-lhe.

2. A Organização Mundial do Turismo concorda em consultar-se com as Nações Unidas, quando assim requisitada, com respeito a tais recomendações, e, em seu devido tempo, relatar às Nações Unidas as ações executadas pela Organização Mundial do Turismo, ou por seus membros, no sentido de levar a termo tais recomendações, bem como em relatar outros resultados de suas considerações.

Artigo 6º
Assistência às Nações Unidas

Em concordância com a Carta das Nações Unidas e com os Estatutos da Organização Mundial do Turismo, a Organização Mundial do Turismo deverá cooperar com as Nações Unidas fornecendo-lhe, do modo mais completo possível, quaisquer informações especiais e estudos, e suprindo-as de toda a assistência necessária quando assim for requisitado pelas Nações Unidas.

Artigo 7º
Relatórios regulares

A Organização Mundial do Turismo deverá submeter às Nações Unidas relatórios regulares a respeito de suas atividades.

Artigo 8º
Intercâmbio de informações e documentos

Estando sujeito a quaisquer arranjos que se façam necessários para a salvaguarda de documentos confidenciais, o pleno e imediato intercâmbio de informações e documentos deverá ser praticado entre as Nações Unidas e a Organização Mundial do Turismo.

Artigo 9º
Informação pública

Com referência ao objetivo da Organização Mundial do Turismo, conforme definido no artigo 3º, parágrafo 1, de seus Estatutos, e com a finalidade de coordenar as atividades da Organização Mundial do Turismo em seu campo com as operações de serviços de informação das Nações Unidas, deverão ser fechados entre as Nações Unidas e a Organização Mundial do Turismo acordos suplementares relativos a esses assuntos.

Artigo 10º
Relações com a Corte Internacional de Justiça

1. A Organização Mundial do Turismo concorda em fornecer quaisquer informações que sejam requisitadas pela Corte Internacional de Justiça por força do artigo 34 do Estatuto da Corte.

2. A Assembléia Geral das Nações Unidas autoriza a Organização Mundial do Turismo a requerer consultoria da Corte Internacional de Justiça sobre questões legais que venham a surgir no âmbito de sua competência, à exceção de questões concernentes às relações mútuas entre as Nações Unidas e a Organização Mundial do Turismo ou outras agências especializadas.

3. Tais requisições devem ser endereçadas à Corte Internacional de Justiça pela Assembléia Geral ou pelo Con-

selho Executivo da Organização Mundial do Turismo, quando este último agir sob uma autorização da Assembléia Geral da Organização Mundial do Turismo.

4. Ao requisitar consultoria da Corte Internacional de Justiça, a Organização Mundial do Turismo deverá informar o Conselho Econômico e Social a propósito dessa requisição.

Artigo 11
Territórios Não-autônomos e outros Territórios

A Organização Mundial do Turismo concorda em cooperar, nas áreas de sua competência, com as Nações Unidas para cumprir os princípios e obrigações estabelecidos nos capítulos XI, XII e XIII da Carta das Nações Unidas, assim como outros princípios e obrigações internacionalmente reconhecidos com relação a países e povos coloniais; e concorda ademais em levar em consideração as resoluções relevantes da Assembléia Geral das Nações Unidas relativamente a assuntos que afetam o bem-estar e o desenvolvimento dos povos de Territórios Não-autônomos e outros Territórios.

Artigo 12
Assessoria técnica

As Nações Unidas e a Organização Mundial do Turismo se incumbem de trabalhar juntas no provimento de assessoria técnica no campo do turismo e do desenvolvimento turístico. Em particular, encarregam-se de evitar a indesejada reduplicação de atividades e serviços, e concordam em tomar tantas medidas quantas forem necessárias para alcançar a coordenação efetiva dentro da estrutura dos mecanismos de coordenação existentes no campo da assessoria técnica, levando em consideração tanto os respectivos papéis e as responsabilidades das Nações Unidas e da Organização Mundial do Turismo à luz de seus instrumentos constitutivos como aqueles de outras organizações participantes das atividades de assessoria técnica. Para esse fim, a Organização Mundial do Turismo reconhece as responsabilidades gerais dos coordenadores residentes sobre atividades operacionais para o desenvolvimento, conforme formulado nas resoluções relevantes da Assembléia Geral. Na qualidade de uma das menores agências especializadas sem representação de campo, a Organização Mundial do Turismo poderá usar aqueles coordenadores residentes para assegurar sua representação e promover seu papel.

Artigo 13
Serviços estatísticos

1. As Nações Unidas e a Organização Mundial do Turismo concordam em lutar pela máxima cooperação, pela eliminação de toda a reduplicação indesejada entre si, e pelo uso mais eficiente de seus funcionários em suas respectivas coletas, análises, publicações e disseminação de informação estatística. Ambas as partes concordam em combinar esforços para assegurar a maior utilidade e utilização possível de informações estatísticas, visando a garantir estreita coordenação em suas respectivas iniciativas estatísticas, e a minimizar os encargos que recaem sobre Governos e outras organizações das quais forem coletadas tais informações.
2. A Organização Mundial do Turismo reconhece que as Nações Unidas são a entidade central para a coleta, análise, publicação, padronização e melhoria de estatísticas turísticas que servem às propostas gerais de organizações internacionais.
3. As Nações Unidas reconhecem a Organização Mundial do Turismo como a organização adequada para coletar, analisar, publicar, padronizar e melhorar as estatísticas de turismo, bem como promover a inserção dessas estatísticas dentro da esfera do Sistema das Nações Unidas.

Artigo 14
Cooperação administrativa

1. As Nações Unidas e a Organização Mundial do Turismo reconhecem ser desejável a cooperação em assuntos administrativos de interesse mútuo.

2. Portanto, as Nações Unidas e a Organização Mundial do Turismo incumbem-se de consultar-se mutuamente e, da mesma forma, consultar outras agências interessadas dentro do Sistema das Nações Unidas, de tempos em tempos, relativamente a esses assuntos, em particular com relação ao uso mais eficiente e harmonizado de instalações, funcionários e serviços. Incumbem-se igualmente de consultas mútuas sobre os métodos adequados para se evitar o estabelecimento e a operação de instalações sobrepostas ou competitivas entre si, e sobre os serviços que visam a assegurar a maior uniformidade possível nesses assuntos.

3. As consultas referidas no presente artigo deverão ser utilizadas para estabelecer a maneira mais eqüitativa de se fornecer quaisquer serviços especiais ou assistência, quando assim for requerido da Organização Mundial do Comércio por parte das Nações Unidas, ou das Nações Unidas por parte da Organização Mundial do Comércio, de modo que seu financiamento seja sujeito a acordos suplementares a serem firmados neste propósito.

Artigo 15
Escritórios regionais e sucursais

Quaisquer escritórios regionais ou sucursais que a Organização Mundial do Turismo vier a estabelecer deverão cooperar estreitamente com os escritórios regionais ou sucursais que as Nações Unidas tenham estabelecido ou venham a estabelecer, em particular os escritórios das comissões regionais e os de coordenadores residentes.

Artigo 16
Arranjos de funcionários

1. As Nações Unidas e a Organização Mundial do Turismo concordam em desenvolver, no interesse de padrões uniformes de emprego internacional e na medida em que for possível, padrões comuns de organização de funcionários, métodos e acertos destinados a evitar diferenças injustificáveis em termos e condições de emprego, assim como a competição no recrutamento de funcionários; visa também a facilitar o intercâmbio de funcionários que seja mutuamente desejável e benéfico. Para este fim, a Organização Mundial do Turismo concorda em aceitar o Estatuto da Comissão de Administração Pública Internacional e em participar do Fundo de Pensão dos Funcionários das Nações Unidas em consonância com os Regulamentos do Fundo; e aceita a jurisdição do Tribunal Administrativo das Nações Unidas em assuntos que envolvam as aplicações de uma suposta não-observância do mesmo Regulamento.

2. As Nações Unidas e a Organização Mundial do Turismo comprometem-se em cooperar o máximo possível para atingir esses fins, e em particular concordam em:

   (a) Consultar-se mutuamente, de tempos em tempos, com relação a assuntos de interesse recíproco no que tange aos termos e às condições de emprego de funcionários e equipes, visando a assegurar a maior uniformidade possível nesses assuntos;

   (b) Cooperar no intercâmbio de funcionários quando desejável, em caráter temporário ou permanente, elaborando as cláusulas necessárias para a manutenção das escalas hierárquicas e dos direitos previdenciários;

   (c) Cooperar com as agências do Sistema das Nações Unidas no estabelecimento e na operação de mecanismos adequados para a decisão de contendas que venham a surgir relativamente ao emprego de funcionários e outros assuntos com eles relacionados.

3. Os termos e as condições sob os quais as instalações e os serviços das Nações Unidas ou da Organização Mundial do Turismo, no que tange aos assuntos referidos no presente artigo, podem ser estendidos de uma a outra e devem, quando necessário, estar sujeitos a acordos suplementares firmados para este propósito, em concordância com o artigo 20 do presente Acordo.

Artigo 17
Assuntos orçamentários e financeiros

1. A Organização Mundial do Turismo reconhece ser desejável estabelecer-se uma estreita relação orçamentária e financeira com as Nações Unidas, para que as operações administrativas das Nações Unidas e das agências pertencentes ao Sistema das Nações Unidas sejam conduzidas da maneira mais eficiente e econômica possível, e para que sejam asseguradas a máxima medida de coordenação e uniformidade com respeito a tais operações.
2. A Organização Mundial do Turismo concorda em aceitar o Estatuto da Unidade Comum de Inspeção.
3. A Organização Mundial do Turismo concorda em obedecer, tanto quanto for praticável e adequado, às práticas e formas padronizadas recomendadas pelas Nações Unidas.
4. Acordos orçamentários e financeiros que vierem a ser realizados entre as Nações Unidas e a Organização Mundial do Turismo deverão ser aprovados em concordância com seus respectivos instrumentos constitutivos.

5. Na preparação do orçamento da Organização Mundial do Turismo, o Secretário-geral da Organização Mundial do Turismo deverá consultar-se com o Secretário-geral das Nações Unidas de modo a atingir, na medida do possível, a uniformidade na apresentação dos orçamentos das Nações Unidas e das agências pertencentes ao Sistema das Nações Unidas, e visando a estabelecer uma base de comparação entre os diversos orçamentos sem, no entanto, impedir o uso, por parte de cada organização, de diferentes moedas na formulação de seus respectivos orçamentos.
6. A Organização Mundial do Turismo concorda em transmitir seus orçamentos propostos às Nações Unidas no mesmo prazo em que os mesmos orçamentos forem transmitidos a seus membros, de modo a possibilitar à Assembléia Geral das Nações Unidas que esta os examine e faça recomendações, em concordância com o artigo 17, parágrafo 3, da Carta das Nações Unidas.
7. Representantes da Organização Mundial do Turismo terão direito a participar, sem direito a voto, das deliberações da Assembléia Geral, ou de quaisquer comitês por ela estabelecidos, em todos os momentos em que o orçamento da Organização Mundial do Turismo ou questões relativas à administração geral e financeira da Organização Mundial do Turismo forem discutidos.

Artigo 18
Laissez-passer *das Nações Unidas*

Funcionários da Organização Mundial do Turismo terão o direito, em conformidade com quaisquer acordos que sejam firmados entre o Secretário-geral da Organização das Nações Unidas e o Secretário-geral da Organização Mundial do Turismo, a usar o *laissez-passer* das Nações Unidas.

Artigo 19
Cumprimento do Acordo

O Secretário-geral das Nações Unidas e o Secretário-geral da Organização Mundial do Turismo poderão realizar quaisquer acordos suplementares que se façam necessários para o cumprimento do presente Acordo se assim julgarem desejável.

Artigo 20
Emendas e revisões

O presente Acordo poderá ser corrigido ou revisto por meio de entendimento efetivado entre as Nações Unidas e a Organização Mundial do Turismo, e quaisquer emendas e revisões deverão entrar em vigor quando de sua aprovação por parte da Assembléia Geral das Nações Unidas e da Assembléia Geral da Organização Mundial do Turismo.

Artigo 21
Entrada em vigor

O presente Acordo entra em vigor quando de sua aprovação por parte da Assembléia Geral das Nações Unidas e da Assembléia Geral da Organização Mundial do Turismo.

Anexo 2

Projeto de resolução sobre ataques terroristas nos Estados Unidos

Organização Mundial de Turismo

Assembléia Geral

A/14/10, Resolução 2, Projeto 3
Seul/Osaka, setembro de 2001
Original: francês

14ª sessão

Relatório do secretário-geral

A Assembléia Geral,

I

Considerando os trágicos acontecimentos que mergulharam na mais profunda tristeza os Estados Unidos e, na verdade, o mundo;

Considerando que, no dia 11 de setembro de 2001, quatro aeronaves civis de transporte doméstico foram destruídas por atos terroristas, ocasionando a morte de suas tripulações, de centenas de passageiros e de milhares de vítimas inocentes que se encontravam em edifícios localizados na cidade de Nova York e em Washington;

Ciente de que as conseqüências imediatas desses atos foram o fechamento de todos os aeroportos civis dos Estados Unidos e a suspensão dos serviços de transporte aéreo doméstico e internacional que tinham como origem e destino a América do Norte;

Tendo ouvido as declarações feitas pelo presidente das comissões regionais e por todos os chefes de delegação durante o debate geral;

Recordando a resolução A/RES/145(V) sobre a segurança da aviação civil com relação ao turismo;

Atenta para o fato de que esse ato de terrorismo brutal e sem precedentes terá provavelmente profundas e negativas conseqüências para o turismo doméstico e internacional;

Consciente de que os agentes e profissionais da indústria de turismo mundial esperam que a Assembléia Geral da Organização Mundial do Turismo – na condição de órgão supremo da instituição responsável pelo turismo dentro da família das Nações Unidas – assuma uma liderança positiva e decisiva nessas circunstâncias:

1. *Condena veementemente* estes e outros hediondos atos de terrorismo que aconteceram em seus Estados membros e que causaram enorme perda de vidas humanas, destruição e dano;

2. *Expressa* sua compaixão e *transmite* sua solidariedade ao governo e ao povo dos Estados Unidos e aos outros países das vítimas, nestas tristes e trágicas circunstâncias, bem como seu repúdio ao terrorismo, inimigo da paz e do turismo;

3. *Apóia firmemente* a Resolução nº 56/1 da Assembléia Geral das Nações Unidas, datada de 12 de setembro de 2001, que com urgência convoca a "cooperação internacional para prevenir e erradicar atos de terrorismo" e

enfatiza que "os responsáveis por auxiliar, apoiar ou abrigar os perpetradores, organizadores e patrocinadores de tais atos serão considerados imputáveis", e a Resolução nº 1.368 (2001) do Conselho de Segurança, publicada na mesma data, que expressa a determinação de "combater com todos os meios as ameaças à paz e à segurança internacionais provocadas por atos terroristas";

4. *Expressa sua firme convicção* de que o turismo é um setor resiliente que repetidas vezes demonstrou sua habilidade de superar os problemas e suportar as crises;

5. *Empresta* seu total apoio aos Estados membros da OMT cuja indústria de turismo sofreu com o resultado direto deste e de outros atos de terrorismo;

6. *Oferece* sua assistência a todos os agentes da indústria do turismo e, em particular, a seus parceiros na indústria de transporte aéreo, a saber, Organização da Aviação Civil Internacional (International Civil Aviation Organization – Icao), Associação Internacional de Transporte Aéreo (International Association of Travel Agencies – Iata), autoridades aeroportuárias e companhias de aviação, para combater a redução nas viagens de turismo, restabelecer a confiança do consumidor e desenvolver medidas de segurança práticas – com a compreensão e cooperação do público viajante – visando diminuir o risco de futuros atos terroristas, por meio de todas as medidas possíveis, inclusive a Rede de Proteção e Segurança e a Força-Tarefa para o Turismo da OMT.

II

Ciente da dimensão moral e ética desta situação e da relevância dos princípios encarnados no Código Mundial de Ética do Turismo da OMT, adotado em sua décima terceira sessão;

Considerando que as emoções nutrem preconceitos que aumentam os atos de discriminação, especialmente em tempos de crise:

1. *Enfatiza* que se devem promover a tolerância e a compreensão e *rejeita veementemente* qualquer forma de discriminação no turismo, seja contra indivíduos, seja coletivamente contra grupos étnicos, culturais ou religiosos;

2. *Adverte* que, de acordo com as disposições do Código Mundial de Ética do Turismo da OMT, quando os governos publicam informações turísticas, devem fornecer dados objetivos, exatos e imparciais, de modo a não prejudicar os interesses do turismo nos países ou destinos em questão;

3. *Expressa* sua firme convicção de que o diálogo e o intercâmbio através do turismo aprofundam o entendimento mútuo entre as civilizações e assim contribuem fortemente para prevenir o terrorismo; e

4. *Exorta* os membros a dar total apoio ao tema do Dia Mundial do Turismo de 2001, "Turismo: uma ferramenta para a paz e o diálogo entre as civilizações", uma vez que – graças à boa vontade e ao senso de propósito comum a que dá origem – o turismo certamente pode contribuir para resolver conflitos, conciliar diferenças e promover uma paz duradoura entre os povos.

ONU, disponível em http://www.un.org.

Anexo 3

Projeto de Protocolo de Implementação do Código Mundial de Ética do Turismo

I. Órgão responsável por interpretar, aplicar e avaliar as disposições do Código Mundial de Ética do Turismo

(a) Será criado um Comitê Mundial de Ética do Turismo composto por doze pessoas ilustres, não representantes do governo, e doze suplentes, selecionados com base em sua competência no setor de turismo e nos setores afins; essas pessoas não receberão ordens nem instruções dos que propuseram seus nomes ou os designaram, nem lhes prestarão contas.

(b) Os membros do Comitê Mundial de Ética do Turismo serão nomeados como segue:

- seis membros e seis suplentes designados pelas comissões regionais da OMT, conforme proposta dos Estados membros da OMT;
- um membro e um suplente designados pelos territórios autônomos que são membros associados da OMT e escolhidos entre seus membros;
- quatro membros e quatro suplentes eleitos pela Assembléia Geral da OMT entre os membros afiliados e que representem profissionais ou empregados da indústria de turismo, universidades e organizações

não-governamentais, após consulta ao comitê de membros afiliados;

- um presidente, que pode ser alguém ilustre que não pertença à OMT, eleito pelos outros membros do comitê, conforme proposta do secretário-geral da OMT.

O conselheiro jurídico da OMT participará, quando necessário, das reuniões do comitê, na função de consultor; o secretário-geral estará presente *ex officio* ou poderá se fazer representar nessas reuniões.

Ao se designarem os membros do comitê, deve-se levar em conta a necessidade de uma composição geográfica equilibrada e da diversificação das qualificações e da situação pessoal de seus membros, tanto do ponto de vista socioeconômico quanto do ponto de vista legal; os membros serão nomeados por quatro anos e seu mandato só pode ser renovado uma única vez; no caso de vacância, o titular será substituído por seu suplente, ficando entendido que, se a vacância se referir a ambos, titular e suplente, o próprio comitê preencherá o assento vago; se a cadeira do presidente ficar vaga, este será substituído de acordo com as condições estabelecidas acima.

(c) Nos casos estipulados nos parágrafos I (d), (g) e (h), bem como II (a), (b), (f) e (g), que seguem abaixo, as comissões regionais da OMT atuarão como comitês regionais de ética do turismo.

(d) O Comitê Mundial de Ética do Turismo estabelecerá suas próprias normas de procedimento, que serão aplicadas igualmente, *mutatis mutandis*, às comissões regionais quando estas atuarem como comitês regionais de ética do turismo; a presença de dois terços dos membros do comitê será necessária para constituir quórum nas reuniões; no caso de ausência de algum membro, este pode ser substituído por seu suplente; no caso de empate nas votações, o presidente terá o voto de minerva.

(e) Ao propor a candidatura de uma pessoa eminente para fazer parte do comitê, cada membro da OMT se comprometerá a cobrir as despesas de viagem e as ajudas de custo diárias ocasionadas pela participação nas reuniões da pessoa cujo nome foi indicado, ficando entendido que os membros do comitê não receberão qualquer remuneração; as despesas efetuadas com a participação do presidente do comitê, também não remunerada, podem ser cobertas pelo orçamento da OMT; o secretariado do comitê será provido pelos serviços da OMT; os custos operacionais restantes a ser pagos pela organização podem, no todo ou em parte, ser debitados a um fundo fiduciário financiado por contribuições voluntárias.

(f) O Comitê Mundial de Ética do Turismo se reunirá, em princípio, uma vez por ano; sempre que a resolução de um litígio for encaminhada ao comitê, o presidente consultará os demais membros e o secretário-geral da OMT sobre a conveniência de convocar uma reunião extraordinária.

(g) As funções do Comitê Mundial de Ética do Turismo e das comissões regionais da OMT serão a avaliação da implementação deste código e a conciliação; o comitê pode convidar especialistas ou instituições externas para contribuir com seus procedimentos.

(h) Com base nos relatórios periódicos apresentados pelos membros plenos, membros associados e membros afiliados da OMT, as comissões regionais da OMT, na condição de comitês regionais de ética do turismo, a cada dois anos examinarão a aplicação do código em suas respectivas regiões; seus pareceres serão registrados num relatório ao Comitê Mundial de Ética do Turismo; os relatórios das comissões regionais podem conter sugestões para corrigir ou suplementar o Código Mundial de Ética do Turismo.

(i) O Comitê Mundial de Ética do Turismo exercerá a função global de "sentinela" dos problemas encontrados na implementação do código e das soluções propostas; deverá resumir os relatórios redigidos pelas comissões regionais e suplementá-los com as informações que coligiu com a ajuda do secretário-geral e o apoio do comitê de membros afiliados, que incluirão, conforme a necessidade, propostas para corrigir ou suplementar o Código Mundial de Ética do Turismo.

(j) O secretário-geral remeterá o relatório do Comitê Mundial de Ética do Turismo ao conselho executivo, junto com suas próprias observações, para que seja examinado e encaminhado à Assembléia Geral com as recomendações do conselho; a Assembléia Geral decidirá que ações tomar a partir do relatório e das recomendações a ela submetidos, ações que as administrações nacionais de turismo e outros agentes do turismo terão subseqüentemente a tarefa de implementar.

II. Mecanismo de conciliação para a resolução de disputas

(a) No caso de disputa quanto à interpretação ou aplicação do Código Mundial de Ética do Turismo, dois ou mais agentes do turismo podem remetê-lo em conjunto ao Comitê Mundial de Ética do Turismo; se a disputa envolver dois ou mais agentes pertencentes à mesma região, as partes devem encaminhar a questão à comissão regional da OMT daquela jurisdição, na sua função de comitê regional de ética do turismo.

(b) Os Estados, bem como as empresas e os órgãos de turismo, podem declarar que de antemão aceitam o Comitê Mundial de Ética do Turismo ou determinada comissão regional da OMT como fórum competente para dirimir questões sobre a interpretação ou aplicação deste código; nesse caso, o encaminhamento feito unilateralmente pela outra parte da disputa ao comitê ou à comissão regional competente será considerado válido.

(c) Quando uma disputa for submetida em primeira instância à apreciação do Comitê Mundial de Ética do Turismo, seu presidente designará um subcomitê de três membros que será responsável por examinar a disputa.

(d) O Comitê Mundial de Ética do Turismo ao qual for encaminhada uma disputa decidirá a questão com base no relatório escrito pelas partes envolvidas na disputa; o Comitê pode pedir informações adicionais às partes e, caso se considere proveitoso, ouvi-las se solicitado; as despesas acarretadas por essa audiência serão de responsabilidade das partes, a menos que as circunstâncias sejam consideradas excepcionais pelo Comitê; se, embora tendo tido razoável oportunidade de participar, uma das partes se omitir, isso não impedirá o Comitê de tomar uma decisão.

(e) Exceto se acordado de outra forma entre as partes, o Comitê Mundial de Ética do Turismo anunciará sua decisão no prazo de três meses a contar da data em que lhe foi encaminhada a questão; apresentará às partes as recomendações adequadas para formar a base de um acordo; as partes imediatamente informarão o presidente do comitê que examinou a disputa sobre a ação que tomaram com base nessas recomendações.

(f) Se a disputa for encaminhada a uma comissão regional da OMT, esta anunciará sua decisão seguindo o mesmo procedimento, *mutatis mutandis*, aplicado pelo Comitê Mundial de Ética do Turismo ao intervir em primeira instância.

(g) Se, no prazo de dois meses após a notificação das propostas do comitê ou da comissão regional, as partes não tiverem chegado a um acordo quanto aos termos de uma resolução final, podem encaminhar a disputa a uma sessão plenária do Comitê Mundial de Ética do Turismo; se o Comitê tomou a decisão em primeira instância, os membros que atuaram no subcomitê que examinou a disputa não podem fazer parte dessa sessão plenária e serão substituídos por seus suplentes; se estes intervieram na primeira instância, os membros não serão impedidos de participar.

(h) A sessão plenária do Comitê Mundial de Ética do Turismo tomará decisões seguindo o procedimento estabelecido nos parágrafos II (d) e (e) acima; se nenhuma solução foi encontrada nas etapas anteriores, o Comitê formulará as conclusões finais para a resolução da disputa, e as partes, se concordarem com o seu teor, serão recomendadas a aplicá-las na primeira oportunidade que surgir; as conclusões serão publicadas mesmo que o processo de conciliação não tenha terminado completamente e que uma das partes se recuse a aceitá-las.

(i) Os membros plenos, os membros associados e os membros afiliados da OMT, assim como os Estados que não são membros da Organização, podem declarar que aceitam antecipadamente como obrigatórias – e, quando aplicáveis, sujeitas somente à reserva de reciprocidade – as conclusões finais do Comitê Mundial de Ética do Turismo nas disputas ou em disputas privadas das quais sejam partes interessadas.

(j) Da mesma forma, os Estados podem aceitar como obrigatórias ou sujeitas a *exequatur* as conclusões finais do Comitê Mundial de Ética do Turismo nas disputas em que seus nacionais sejam partes interessadas ou que se apliquem a seu território.

(k) As empresas e os órgãos de turismo podem incluir em seus documentos contratuais uma cláusula que estipule como obrigatórias as conclusões finais do Comitê Mundial de Ética do Turismo em suas relações com as partes contratantes.

WTO, "Draft Protocol of Implementation", em Global Code of Ethics for Tourism, *disponível em http://www.world-tourism.org/frameset/frame_project_ethics.html.*

Anexo 4

Declarando 2002 como Ano Internacional do Ecoturismo, Resolução nº 1998/40

Conselho Econômico e Social das Nações Unidas

46ª reunião plenária

30 de julho de 1998

O Conselho Econômico e Social,

Recordando sua Resolução nº 1980/67, de 25 de julho de 1980, sobre anos e aniversários internacionais, na qual reconhece a contribuição dos anos internacionais para a promoção da cooperação e do entendimento internacionais;

Recordando também a Agenda 21,[1] que foi adotada por 182 governos na Conferência das Nações Unidas sobre Meio Ambiente e Desenvolvimento (Cúpula da Terra), em 14 de junho de 1992, e as conclusões da Assembléia Geral em sua 19ª sessão especial relativa ao turismo sustentável;

Ressaltando que a implementação da Agenda 21 requer a plena integração do desenvolvimento sustentável no turis-

---

[1] "Resolutions Adopted by the Conference: Resolution 1, Annex II", em *Report of the United Nations Conference on Environment and Development*, vol. I (Nova York: United Nations Publications, s/d.) e errata.

mo a fim de assegurar, *inter alia*, que a indústria de viagem e turismo proporcione fonte de renda para muitas pessoas; que a viagem e o turismo contribuam para a conservação, proteção e recuperação dos ecossistemas da Terra; que o comércio internacional nos serviços de viagem e turismo ocorra em bases sustentáveis; e que a proteção ambiental seja parte integrante do desenvolvimento turístico;

Ressaltando também a necessidade de promover a implementação de convenções internacionais sobre meio ambiente e desenvolvimento, inclusive sobre biodiversidade e mudança climática; tendo em mente a necessidade da cooperação internacional para promover o turismo de acordo com os princípios do desenvolvimento sustentável, de modo a atender às necessidades dos turistas de hoje e dos países e regiões anfitriões, ao mesmo tempo protegendo e enriquecendo as oportunidades para o futuro, gerenciando recursos para satisfazer as necessidades econômicas, sociais e estéticas, e conservando a integridade cultural, os processos ecológicos essenciais, a diversidade biológica e os sistemas de preservação da vida;

Reconhecendo o apoio da Organização Mundial de Turismo para a importância do ecoturismo e, particularmente, da designação do ano de 2002 como Ano Internacional do Ecoturismo em fomentar uma compreensão maior entre os povos de todos os lugares, promover a conscientização acerca da rica herança deixada pelas várias civilizações e criar uma apreciação maior dos valores inerentes das diferentes culturas, contribuindo assim para fortalecer a paz mundial;

Considerando que a designação do ano de 2002 como Ano Internacional do Ecoturismo estimulará a intensificação dos esforços de cooperação dos governos e das organizações internacionais e regionais, como também das organizações não-governamentais, para alcançar as metas da Agenda 21 de promover o desenvolvimento e proteger o meio ambiente:

1. Recomenda à Assembléia Geral que declare o ano de 2002 como Ano Internacional do Ecoturismo;
2. Convida os Estados membros das Nações Unidas, e os membros das agências especializadas e das organizações governamentais e intergovernamentais pertinentes, a empenhar todos os esforços possíveis para o sucesso do ano, particularmente com respeito ao ecoturismo nos países em desenvolvimento;
3. Solicita que a Comissão de Desenvolvimento Sustentável, seguindo a concepção que pautou sua discussão sobre o turismo durante sua sétima sessão, recomende à Assembléia Geral, através do Conselho Econômico e Social, medidas e atividades de apoio que contribuam para o sucesso do ano;
4. Solicita que o secretário-geral, de acordo com as orientações contidas no anexo à Resolução nº 1980/67 do Conselho Econômico e Social para os futuros anos internacionais, forneça o apoio necessário para assegurar o sucesso do ano, incluindo a ampla disseminação das informações pertinentes;
5. Solicita que o secretário-geral, em cooperação com todas as entidades relevantes do sistema das Nações Unidas, incluindo o Programa das Nações Unidas para o Meio Ambiente, a Organização Mundial de Turismo e o Conselho Mundial de Viagem e Turismo, a submeter à Assembléia Geral, em sua 53ª sessão, um relatório contendo:
   (a) Programas e atividades assumidos durante o ano pelos governos e organizações interessadas;
   (b) Uma avaliação dos resultados alcançados na realização das metas e dos objetivos do ano, particularmente no que diz respeito a incentivar o ecoturismo nos países em desenvolvimento;

(c) Recomendações para fazer avançar a promoção do ecoturismo segundo os princípios do desenvolvimento sustentável.

Anexo 5

Resolução do Conselho, de 21 de maio de 2002, sobre o futuro do turismo europeu

2002/C 135/01

O Conselho da União Européia,

Considerando:

- as conclusões do Conselho do Turismo e Emprego, de 26 de novembro de 1997;
- as conclusões do Conselho do Turismo e Emprego, de 21 de junho de 1999;
- as conclusões do Conselho Europeu de Lisboa, de 23 e 24 de março de 2000, em particular no que respeita ao novo método aberto de coordenação;
- as conclusões e o plano de ação do Conselho Europeu Extraordinário, de 21 de setembro de 2001;
- a comunicação da Comissão ao Conselho, ao Parlamento Europeu, ao Comitê Econômico e Social e ao Comitê das Regiões intitulada "Uma abordagem cooperativa para o futuro do turismo europeu";
- o relatório da Comissão ao Conselho, ao Parlamento Europeu, ao Comitê Econômico e Social e ao Comitê das Regiões intitulado "Seguimento do Conselho Europeu, de 21 de setembro: situação do setor do turismo europeu";

- as conclusões do Conselho (Mercado Interno, Consumidores e Turismo), de 26 de novembro de 2001.

Considerando o seguinte:

1. O turismo, que pela sua parte no Produto Nacional Bruto (PNB) de cada um dos Estados membros e pelo nível de emprego que gera, é um dos setores mais importantes da economia européia, contribui largamente para o cumprimento dos objetivos estabelecidos no processo de Lisboa e de Cardiff e para a concretização de um verdadeiro mercado interno dos serviços.

O turismo conduz a um alto nível de emprego e de bem-estar social, ao crescimento sustentável, a uma melhor qualidade de vida e integração européia, e assim à coesão econômica e social, constituindo um contributo considerável para os objetivos da convergência.

2. O setor do turismo tem um caráter transversal, afetado por numerosas políticas comunitárias. Embora não exista uma política européia comum do turismo, muitas políticas e medidas comunitárias em domínios como o dos transportes, do ambiente, das novas tecnologias da informação, da higiene alimentar, da energia e da fiscalização afetam diretamente o setor do turismo, embora seus interesses nem sempre sejam levados em consideração antes das tomadas de decisão, pelo que é necessário um amplo quadro de coordenação entre essas políticas e medidas.

3. Uma vez que o desenvolvimento do turismo e a sustentabilidade são objetivos compatíveis, as atividades turísticas deverão procurar contribuir para a preservação e a melhoria do ambiente. O turismo deverá ter em conta o objetivo da sustentabilidade econômica, social e ambiental, bem como a necessidade de preservar os recursos naturais, culturais e ecológicos.

4. Para adquirir um melhor conhecimento do mercado turístico europeu, é necessário obter as informações adequadas para avaliar a atividade turística na Comunidade Européia.

5. A Europa é o principal destino turístico dos cidadãos europeus; no entanto, é evidente que a posição de liderança ocupada pela Europa como destino turístico em nível mundial enfraquece progressivamente, tal como se encontra patente nos relatórios e nas previsões da Organização Mundial do Turismo.

Salienta que:

1. As estruturas e os meios existentes em toda a Comunidade Européia deverão ser utilizados de acordo com o método aberto de cooperação e tomando em consideração o princípio da subsidiariedade, incentivando simultaneamente a participação ativa das empresas e dos parceiros econômicos e sociais;

2. Para além dos requisitos da Diretiva nº 95/57/CE do Conselho, relativa à recolha de informações estatísticas no setor do turismo, é de desejar que sejam previstos instrumentos de medida, tais como as contas-satélite do turismo, para melhorar os conhecimentos e a análise do impacto econômico do turismo, reconhecendo, simultaneamente, a importância desses instrumentos na concepção e implementação das políticas comunitárias, especialmente em situações de crise;

3. É necessário, até mesmo para reforçar o sistema de consulta e cooperação entre os Estados membros e a indústria do turismo, que seja efetuada uma análise sistemática da repercussão das medidas comunitárias no setor do turismo, levando em consideração os interesses e as necessidades desse setor na concepção e implementação das medidas;

4. Uma vez que o setor do turismo na Europa é constituído principalmente por pequenas e médias empresas (PME), é indispensável proporcionar à indústria turística um melhor acesso aos instrumentos existentes no quadro da União Européia, de forma a ajudá-las a melhorar o desempenho econômico e a reforçar a competitividade, o que, por seu turno, lhes permitirá aumentar seu contributo para o desenvolvimento sustentável e conduzirá à criação de riqueza e de emprego;
5. A fim de contribuir para a melhoria da imagem global da União Européia no mundo, poderá ser contemplada uma análise da forma como ela atualmente se apresenta, bem como um debate sobre as possibilidades de a melhorar, por exemplo, por meio das novas tecnologias da comunicação e da informação, da aferição comparativa das melhores práticas ou por meio da coordenação de um certo número de atividades promocionais combinadas por parte das autoridades turísticas e/ou da indústria turística, sem deixar de assegurar que a concorrência entre os Estados membros não seja distorcida;
6. É necessário reforçar o papel do Comitê Consultivo do Turismo, nomeadamente no que se refere ao diálogo entre as partes interessadas, públicas e privadas;
7. É importante cooperar, no âmbito dos quadros existentes, com os agentes privados e os poderes públicos nos países candidatos, em outros países vizinhos e na região mediterrânica;
8. É necessário incentivar uma cooperação estreita entre a Comunidade Européia e as organizações internacionais ativas no setor do turismo;
9. É importante incentivar a dimensão ética do turismo, em especial no que se refere à introdução de instrumentos para combater todas as formas de exploração de mulheres e de crianças e ao turismo como instru-

mento de luta contra a pobreza nos países em desenvolvimento, e promover iniciativas para conscientizar a indústria turística, os poderes públicos e a sociedade civil sobre a importância dessas questões.

Convida a Comissão a:

1. Apresentar todos os anos, por escrito, ao Comitê Consultivo do Turismo, uma nota atualizada regularmente sobre as várias medidas previstas pela Comissão que possam afetar o setor do turismo, para que o Comitê possa planejar os debates sobre as questões que interessam ao setor;
2. Envolver o Comitê Consultivo do Turismo no acompanhamento das medidas propostas na comunicação da Comissão "Uma abordagem cooperativa para o futuro do turismo europeu";
3. Promover o diálogo entre o setor público, a indústria turística e outras partes interessadas, nomeadamente no âmbito de um Fórum Europeu do Turismo, a se realizar anualmente;
4. Registrar e divulgar a informação sobre redes de cooperação em nível europeu para promover um turismo acessível, sustentável e de elevada qualidade e um setor econômico competitivo;
5. Facilitar a criação de um sistema para interligar os organismos regionais, nacionais, transnacionais e internacionais especializados em inquéritos sobre turismo ou implicados na análise da realidade econômica e social do setor e no apoio ao mesmo;
6. Informar, regularmente, as partes interessadas públicas e privadas do setor sobre os instrumentos financeiros e não financeiros da União Européia que estão ao dispor das empresas e das regiões e a sua possível utilização;

7. Facilitar o processo de avaliação do impacto econômico do turismo por meio da implementação de contas-satélite do turismo (CST) por parte dos Estados membros, de acordo com a metodologia européia comum e, se necessário, adaptar os requisitos para a recolha de informações estatísticas pertinentes;
8. Acompanhar de perto os trabalhos efetuados em matéria de definição de indicadores de desenvolvimento sustentável na área do turismo, visando à preparação de uma Agenda 21 para o turismo europeu;
9. Promover o intercâmbio voluntário de informações entre os Estados membros a respeito da legislação específica que regulamenta o exercício da atividade turística, bem como os requisitos para o acesso às profissões existentes na área do turismo, de forma a facilitar a divulgação das melhores práticas;
10. Reforçar os trabalhos no sentido de sensibilizar os agentes econômicos para a necessidade de melhorar a informação e os critérios, comparáveis em toda a União Européia, relativos à acessibilidade do turismo para as pessoas portadoras de deficiência;
11. Promover ativamente a utilização de indicadores de qualidade dos destinos turísticos com base num manual europeu aprovado por todos os Estados membros, em especial por meio do desenvolvimento de sistemas de tecnologia da informação que permitam o intercâmbio de informações entre destinos turísticos.

Convida os Estados membros a:

1. Participar na implementação da abordagem cooperativa entre as partes interessadas no setor do turismo por meio do método aberto de coordenação;
2. Identificar os organismos especializados em inquéritos sobre turismo ou implicados na análise da realidade

econômica e social do setor e no apoio a este, e a incentivar sua interligação em nível europeu;

3. Promover a boa utilização dos instrumentos comunitários financeiros e não financeiros, de forma a beneficiar o setor do turismo;
4. Fornecer a informação jurídica e estatística necessária, bem como os indicadores padronizados de turismo, para permitir uma avaliação integrada da atividade turística em toda a União Européia;
5. Lançar ativamente um processo no sentido da implementação das contas-satélite do turismo, de acordo com a metodologia européia comum;
6. Favorecer a utilização, pelas empresas e destinos turísticos, de indicadores de desenvolvimento sustentável na área do turismo, numa base facultativa;
7. Participar, numa base voluntária, no intercâmbio de informações relativas à legislação específica que regulamenta o exercício da atividade turística, bem como aos requisitos estabelecidos pelos Estados membros para o acesso às profissões existentes na área do turismo, de forma a facilitar a divulgação das melhores práticas.

Convida a indústria européia do turismo e outras partes interessadas desse setor a:

1. Participar ativamente e apoiar os esforços envidados pela Comunidade Européia e pelos seus Estados membros para melhorar a acessibilidade, a competitividade e a qualidade do turismo europeu;
2. Reforçar sua representação nas estruturas européias de forma a promover a sensibilização política para as questões do turismo, em especial no que se refere à preparação das contas-satélite do turismo e à organização das reuniões anuais do Fórum Europeu do Turismo;

Convida a Comissão, os Estados membros e as outras partes interessadas do setor do turismo a:

1. Incentivar a interação e a parceria entre os destinos turísticos e entre os agentes locais através da Europa;
2. Trabalhar no sentido da criação de ferramentas e de uma abordagem de aferição competitiva da qualidade, bem como da respectiva implementação, numa base voluntária, pelos destinos e empresas turísticas, de forma a melhorar a competitividade e a qualidade do setor turístico europeu;
3. Intensificar seus esforços para facilitar o acesso ao turismo por parte das pessoas portadoras de deficiência;
4. Refletir sobre os diversos meios para reforçar a posição e a imagem da Europa como um conjunto de destinos diversificados e atraentes e sobre o futuro crescimento sustentável do turismo na Europa;
5. Fazer o melhor uso possível das tecnologias da comunicação e da informação na implementação das iniciativas anteriormente referidas.

Publicado no JO *nº C 135/3, em 6-6-2002*

Anexo 6

Ministério da Indústria, do Comércio e do Turismo, Instituto Brasileiro de Turismo

Lei nº 6.505, de 13 de dezembro de 1977

Dispõe sobre as atividades e os serviços turísticos; estabelece condições para seu funcionamento e fiscalização; altera a redação do artigo 18, do Decreto-lei nº 1.439, de 30 de dezembro de 1975; e dá outras providências.

O presidente da República

Faço saber que o Congresso Nacional decreta e eu sanciono a seguinte lei:

Art. 1º –[1]

Art. 2º – Consideram-se serviços turísticos, para os fins desta lei, os que, sob condições especiais, definidas pelo Poder Executivo, sejam prestados por:

I – hotéis, albergues, pousadas, hospedarias, motéis e outros meios de hospedagem de turismo;

II – restaurantes de turismo;

III – acampamentos turísticos (*campings*);

[1] Revogado pelo Decreto-lei nº 2.294, de 21-11-1986.

IV – agências de turismo;

V – transportadoras turísticas;

VI – empresas que prestem serviços aos turistas e viajantes ou a outras atividades turísticas;

VII – outras entidades que tenham regularmente atividades reconhecidas pelo Poder Executivo como de interesse para o turismo.

§ 1º – Entre os meios de hospedagem referidos no inciso I deste artigo, incluem-se os "hotéis-residência" e estabelecimentos similares.

§ 2º – Para fins de aplicação da legislação referente a incentivos, benefícios e condições gerais de funcionamento, os "hotéis-residência" equiparam-se a hotéis de turismo.

§ 3º – Exclui-se do disposto no parágrafo anterior a ajuda financeira da Embratur, ressalvados, a critério desta, os casos especiais em que o interesse público a justifique.

§ 4º – O disposto neste artigo não se aplica às empresas de transporte aéreo.

Art. 3º – Fica o Poder Executivo autorizado a regulamentar as atividades das empresas a que se refere o art. 2º e a definir:

I – os direitos, prerrogativas, obrigações e responsabilidades das empresas que exerçam atividades turísticas, em suas relações recíprocas, e com usuários dos serviços oferecidos;

II –[2]

III –[3]

IV – as designações, símbolos e expressões de uso privativo, facultativo ou obrigatório;[4]

---

2 Item revogado pelo Decreto-lei nº 2.294, de 21-11-1986.

3 Item revogado pelo Decreto-lei nº 2.294, de 21-11-1986.

4 Item revogado pelo Decreto-lei nº 2.294, de 21-11-1986.

V – o processo e a competência para a aplicação das penalidades a que ficarão sujeitas as empresas ou pessoas, por infringência das disposições da presente Lei, e dos atos regulamentares e normativos, expedidos para sua execução;

VI – os limites de preços dos serviços e da remuneração aos agenciadores e intermediários;

VII – as informações, estatísticas, relatórios e demonstrações financeiras e patrimoniais, quando pedidos, que deverão ser apresentados à Embratur e os critérios para sua padronização e publicidade.

Art. 4º – O art. 18 do Decreto-lei nº 1.439, de 30 de dezembro de 1975, passa a vigorar com a seguinte redação:

"Art. 18 – Os empreendimentos turísticos serão classificados pela Embratur em categorias de conforto, serviços e preços, segundo padrões definidos pelo CNTur, por proposta da Embratur.

§ 1º – A Embratur exercerá permanente controle sobre os empreendimentos turísticos mencionados neste artigo, a fim de verificar a observância dos padrões aplicáveis às categorias em que estiverem classificados.

§ 2º – A não-observância, pelo empreendimento turístico, dos padrões de classificação aplicáveis importará em:

I – perda ou rebaixamento da classificação do estabelecimento;

II – perda, no todo ou em parte, dos benefícios que houver sido concedidos à empresa titular do empreendimento, em virtude da aprovação do respectivo projeto ou do seu registro na Embratur.

§ 3º – O Poder Executivo regulará a forma e o processo para aplicação do disposto no inciso II, do parágrafo precedente, e os casos em que poderá ser suspenso o desembolso de parcelas correspondente: aos estímulos previstos nos incisos I, II e IV do art. 3º.

§ 4º – Os estabelecimentos hoteleiros ficam obrigados a dar conhecimento, aos hóspedes, dos serviços que se encontrem incluídos no preço das diárias."

Art. 5º – O não-cumprimento de obrigações contratadas pelas empresas de que trata esta lei, e a infringência de dispositivos legais e dos atos reguladores ou normativos baixados para sua execução, sujeitará os infratores às penalidades seguintes:

I – advertência por escrito;

II – multa de valor equivalente a até 500 (quinhentas) Obrigações Reajustáveis do Tesouro Nacional (ORTN);

III – suspensão ou cancelamento do registro;

IV – interdição do local, veículo, estabelecimento ou atividade.

§ 1º – As pessoas físicas que, de qualquer forma, tenham concorrido para a prática do ato punível ficam sujeitas à penalidade do inciso II.

§ 2º – Caberá recurso ao CNTur:

I – *ex officio*, no caso de multa de valor superior a 100 (cem) Obrigações Reajustáveis do Tesouro Nacional (ORTN);

II – voluntário, com efeito suspensivo, na forma e nos prazos que forem determinados em resolução normativa do CNTur, nos demais casos.

Art. 6º – Aplicadas as penalidades a que se referem os incisos III e IV, do art. 5º, a Embratur comunicará o fato à autoridade competente, requisitando desta as providências necessárias, inclusive meios judiciais ou policiais, se for o caso, para efetivar a medida.

Art. 7º – Para os fins desta lei, a Embratur exercerá os poderes de fiscalização conferidos à União, diretamente ou por intermédio de órgãos ou entidades públicas.

Art. 8º – As empresas que exerçam atividades turísticas ficarão sujeitas a regime especial de controle e fiscalização, nos termos do que, a respeito, dispuser o CNTur em resolução normativa.

Art. 9º – As multas a que se refere esta lei serão impostas pela Embratur e recolhidas ao Tesouro Nacional como receita eventual da União.

Art. 10 – O Poder Executivo regulamentará a presente lei no prazo de 90 (noventa) dias.

Art. 11 – Esta lei entrará em vigor na data da sua publicação.

Art. 12 – Revogam-se as disposições em contrário.

Brasília, em 13 de dezembro de 1977; 156º da Independência e 89º da República.

Ernesto Geisel
Ângelo Calmon de Sá

Publicada no Diário Oficial da União, *de 16 de dezembro de 1977, seção I, parte I, p. 17.298/9*

Anexo 7

Lei nº 8.181, de 28 de março de 1991

Dá nova denominação – Empresa Brasileira de Turismo (Embratur) – e dá outras providências.

O presidente da República

Faço saber que o Congresso Nacional decreta e eu sanciono a seguinte lei:

Art. 1º – A Empresa Brasileira de Turismo – Embratur, autarquia especial, criada nos termos do art. 11 do Decreto-lei nº 55, de 18 de novembro de 1966, passa a denominar-se Embratur – Instituto Brasileiro de Turismo, vinculada à Secretaria do Desenvolvimento Regional da Presidência da República.

Parágrafo único – a Embratur tem sede e foro na cidade de Brasília, Distrito Federal.

Art. 2º – A Embratur tem por finalidade formular, coordenar, executar e fazer executar a Política Nacional de Turismo.

Art. 3º – Compete à Embratur:

I – propor ao governo federal normas e medidas necessárias à execução da Política Nacional de Turismo e executar as decisões que, para esse fim, lhe sejam recomendadas;

II – estimular as iniciativas públicas e privadas, tendentes a desenvolver o turismo interno e do exterior para o Brasil;

III – promover e divulgar o turismo nacional, no País e no exterior, de modo a ampliar o ingresso e a circulação de fluxos turísticos no território brasileiro;

IV – analisar o mercado turístico e planejar seu desenvolvimento, definindo as áreas, empreendimentos e ações prioritárias a serem estimuladas e incentivadas;

V – fomentar e financiar, direta ou indiretamente, as iniciativas, planos, programas e projetos que visem ao desenvolvimento da indústria de turismo, controlando e coordenando a execução de projetos considerados como de interesse para a indústria do turismo;

VI – estimular e fomentar a ampliação, diversificação, reforma e melhoria da qualidade da infra-estrutura turística nacional;

VII – definir critérios, analisar, aprovar e acompanhar os projetos de empreendimentos turísticos que sejam financiados ou incentivados pelo Estado.

VIII – inventariar, hierarquizar e ordenar o uso e a ocupação de áreas e locais de interesse turístico e estimular o aproveitamento turístico dos recursos naturais e culturais que integram o patrimônio turístico, com vistas à sua preservação, de acordo com a Lei nº 6.513, de 20 de dezembro de 1977;

IX – estimular as iniciativas destinadas a preservar o ambiente natural e a fisionomia social e cultural dos locais turísticos e das populações afetadas pelo seu desenvolvimento, em articulação com os demais órgãos e entidades competentes;

X – cadastrar as empresas, classificar os empreendimentos dedicados às atividades turísticas e exercer função fiscalizadora, nos termos da legislação vigente;

XI – promover, junto às autoridades competentes, os atos e medidas necessários ao desenvolvimento das atividades turísticas, à melhoria ou ao aperfeiçoamento dos serviços oferecidos aos turistas e à facilitação do deslocamento de pessoas no território nacional, com finalidade turística;

XII – celebrar contratos, convênios, acordos e ajustes com organizações e entidades públicas ou privadas nacionais, estrangeiras e internacionais, para a realização de seus objetivos;

XIII – realizar serviços de consultoria e de promoções destinados ao fomento da atividade turística;

XIV – patrocinar eventos turísticos;

XV – conceder prêmios e outros incentivos ao turismo;

XVI – participar de entidades nacionais e internacionais de turismo.

§ 1º – São transferidos para a Embratur o acervo documental, as atribuições e competências do extinto Conselho Nacional de Turismo (CNTur).

§ 2º – A liberdade do exercício e a exploração de atividades e serviços turísticos, nos termos do Decreto-lei nº 2.294, de 21 de novembro de 1986, não excluem a sua fiscalização nem a obrigatoriedade de prestar as informações necessárias à organização do cadastro a que se refere o inciso X deste artigo.

§ 3º – Os convênios celebrados com órgãos da Administração Pública poderão dispor sobre a transferência de atribuições para o exercício de atividades relacionadas às finalidades da Embratur, em especial as funções de fiscalização e arrecadação de suas receitas.

Art. 4º – A Embratur será administrada por um presidente e três diretores, nomeados respectivamente pelo presidente da República e pelo secretário do Desenvolvimento Regional e demissíveis *ad nutum*.

Art. 5º – O provimento de cargos ou empregos do quadro permanente do pessoal da Embratur será feito mediante concurso público de provas, ou de provas e títulos, ressalvadas as nomeações para cargos ou funções de confiança, de livre nomeação e exoneração.

§ 1º – O presidente da República, à vista de proposta do secretário do Desenvolvimento Regional, poderá autorizar a contratação de profissionais especializados para atender às necessidades temporárias de excepcional interesse para os serviços da Autarquia.

§ 2º – A proposta do secretário do Desenvolvimento Regional justificará a necessidade da contratação, indicará o número dos profissionais a ser contratado, os critérios de escolha, o prazo de duração dos contratos, que não será superior a doze meses, o montante das despesas e a disponibilidade de recursos.

[...]

Art. 6º – Constituem recursos da Embratur:

I – dotações que lhe forem consignadas no Orçamento da União;

II – receitas de qualquer natureza provenientes do exercício de suas atividades;

III – rendas de bens patrimoniais ou o produto da sua alienação na forma da legislação pertinente;

IV – empréstimos, auxílios, subvenções, contribuições, doações;

V – transferências de outros órgãos da Administração Pública Federal;

VI – resultados de aplicações financeiras, na forma da legislação pertinente;

VII – remuneração de serviços provenientes de financiamentos;

VIII – produto de multas decorrentes do exercício da fiscalização;

IX – outras receitas eventuais.

Art. 7º – São extensivos à Embratur os privilégios processuais da Fazenda Pública, em especial os relativos à cobrança dos seus créditos, custas, prazos, prescrição e decadência.

§ 1º – As importâncias devidas à Embratur, a qualquer título, inclusive penalidades, não pagas nos prazos estabelecidos, serão atualizadas na data do efetivo pagamento de acordo com o índice de variação da Taxa Referencial Diária (TRD) e cobrados com os seguintes acréscimos

(a) juros de mora, na via administrativa ou judicial, contados do mês seguinte ao do vencimento, à razão de um por cento, calculados na forma da legislação aplicável aos tributos federais;

(b) multa de mora de vinte por cento, reduzida a dez por cento, se o pagamento for efetuado até o último dia útil do mês subseqüente àquele em que deveria ter sido feito;

(c) encargo de vinte por cento, substitutivo da condenação do devedor em honorários de advogado, calculado sobre o total do débito inscrito como Dívida Ativa, que será reduzido para dez por cento, se o pagamento for efetivado antes do ajuizamento da execução;

§ 2º – Os juros de mora não incidem sobre o valor da multa de mora.

§ 3º – Os débitos com a Embratur, sem prejuízo da respectiva liquidez e certeza, poderão ser inscritos em Dívida Ativa pelo valor da Taxa Referencial Diária (TRD).

§ 4º – Em casos excepcionais, observados os critérios fixados na legislação tributária, poderá o presidente da Embratur autorizar o parcelamento de débitos.

Art. 8º – O inciso II do art. 5º da Lei nº 6.505, de 13 de dezembro de 1977, passa a vigorar com a seguinte redação:

"Art. 5º – [...]

II – multa de valor equivalente a até Cr$ 391.369,56 (trezentos e noventa e um mil, trezentos e sessenta e nove cruzeiros e cinqüenta e seis centavos) [...]".

Art. 9º – O inciso I do art. 24 da Lei nº 6.513, de 20 de dezembro de 1977, passa a vigorar com a seguinte redação:

"Art. 24 – [...]

I – multa de valor equivalente a até Cr$ 782.739,15 (setecentos e oitenta e dois mil, setecentos e trinta e nove cruzeiros e quinze centavos) [...]".

Art. 10º – O *caput* do art. 16 do Decreto-lei nº 1.439, de 30 de dezembro de 1975, passa a vigorar com a seguinte redação:

"Art. 16 – O funcionamento e as operações do Fungetur observarão os seguintes princípios: [...]".

Art. 11 – Os salários dos servidores da Embratur serão reajustados nas mesmas épocas e condições dos reajustamentos concedidos aos servidores públicos.

Art. 12 – Os atuais presidente e diretores da Empresa Brasileira de Turismo (Embratur) ficarão investidos, na data da publicação desta Lei, em iguais cargos da Autarquia.

Art. 13 – Fica ratificado o Fundo Geral de Turismo (Fugentur), criado pelo Decreto-lei nº 1.191, de 27 de outubro de 1971, nos termos do disposto no art. 36 do Ato das Disposições Constitucionais Transitórias.

Art. 14 – O Regimento Interno da Embratur, aprovado pelo secretário do Desenvolvimento Regional, disporá sobre a organização e o funcionamento da Autarquia, bem como sobre a competência e as atribuições do presidente e dos diretores e suas substituições nos casos de vacância, ausências ou impedimentos.

Art. 15 – Esta lei entra em vigor na data de sua publicação.

Art. 16 – Revogam-se o Decreto-lei nº 55, de 18 de novembro de 1966, o § 2º do art. 11 do Decreto-lei nº 1.191, de 27 de outubro de 1971, o § 2º do art. 5º e o art. 9º da Lei nº 6.605, de 13 de dezembro de 1977, o § 2º do art. 25 da Lei nº 6.513, de 20 de dezembro de 1977, o parágrafo único do art. 1º do Decreto-lei nº 2.294, de 21 de novembro de 1986, e demais disposições em contrário.

Brasília, em 28 de março de 1991;

170º da Independência e 103º da República

Fernando Collor
Jarbas Passarinho

Publicado no Diário Oficial da União,
de 1º de abril de 1991, seção I – pp. 5765/6

Anexo 8

ANTEPROJETO DE LEI GERAL DE TURISMO
(De iniciativa do Excelentíssimo Senhor
Presidente da República)

Institui a Lei Geral de Turismo que dispõe sobre a Política Nacional de Turismo, define as atribuições do Governo Federal no planejamento, desenvolvimento e estímulo ao setor e regula as atividades da iniciativa privada responsável pela oferta de serviços e produtos turísticos.

O CONGRESSO NACIONAL decreta:

TÍTULO I – DAS DISPOSIÇÕES GERAIS

Art. 1º – A Política Nacional de Turismo, atividade estratégica de interesse nacional, consoante o disposto no art. 180 da Constituição, obedecerá às normas estabelecidas nesta Lei.

Art. 2º – Para os fins previstos nesta Lei, considera-se turismo todos os deslocamentos temporários de pessoas, nacionais ou estrangeiras, qualquer que seja a motivação, e o conjunto de atividades econômicas, deles decorrentes, que promovam a geração de receita, emprego e renda, servindo como eficiente instrumento de promoção social, cultural e econômica.

Art. 3º – Caberá ao setor público, prioritariamente, o planejamento, o fomento, a regulação, o licenciamento, a coordenação e a fiscalização da atividade, promovendo e divulgando institucionalmente o turismo dentro e fora do País.

§ 1º – O Poder Público atuará, mediante apoio técnico, logístico e financeiro, no sentido de consolidar o turismo como importante fator de desenvolvimento sustentável, de distribuição de renda, de geração de tributos e da conservação do patrimônio natural, cultural e turístico brasileiro.

§ 2º – As atribuições do Governo Federal na direção e coordenação de ações voltadas para o desenvolvimento e o estímulo às atividades turísticas no País, e sua promoção no exterior, serão exercidas pelo Ministério do Turismo e pelo Instituto Brasileiro do Turismo (Embratur), com o auxílio do Conselho Nacional do Turismo.

TÍTULO II
DA POLÍTICA, DO PLANO E DO SISTEMA NACIONAL DE TURISMO

CAPÍTULO I
Da Política Nacional de Turismo

Seção I
Dos Princípios

Art. 4º – A Política Nacional de Turismo é expressa por um conjunto de leis e normas voltadas ao planejamento e ordenamento do setor, e nas diretrizes, metas e programas definidos no Plano Nacional do Turismo (PNT) estabelecido pelo Governo Federal.

§ único – A Política Nacional de Turismo obedecerá aos princípios constitucionais da livre iniciativa, da descentralização, regionalização e do desenvolvimento econômico-social justo e sustentável.

Seção II
Dos Objetivos

Art. 5º – A Política Nacional de Turismo tem por objetivos, propiciar:

I. a democratização e o acesso ao turismo no País a todos os segmentos populacionais, contribuindo para a elevação do bem-estar geral;

II. a redução das disparidades sociais e econômicas de ordem regional pelo crescimento da oferta de emprego e melhor distribuição de renda;

III. o aumento dos fluxos turísticos, da permanência e do gasto médio dos turistas nacionais e estrangeiros no País, mediante a promoção e o apoio ao desenvolvimento do produto turístico brasileiro;

IV. o estímulo à criação, à consolidação e à difusão dos produtos/destinos turísticos brasileiros com vistas a atrair turistas nacionais e estrangeiros, diversificando os fluxos entre as unidades da Federação e buscando beneficiar especialmente as regiões de menor nível de desenvolvimento econômico e social;

V. o suporte a programas estratégicos de captação e apoio à realização de feiras de negócios, viagens de incentivo, congressos e eventos nacionais e internacionais para e no País;

VI. a promoção, a descentralização e a regionalização do turismo, estimulando Estados e Municípios a planejarem em seus territórios as atividades turísticas de forma sustentável, inclusive entre si, com o envolvimento e a efetiva participação das comunidades receptoras nos benefícios advindos da atividade econômica;

VII. o estímulo à participação social no processo de elaboração de planos e projetos destinados ao desenvolvimento turístico;

VIII. o estímulo à criação e implantação de empreendimentos destinados à atividades de expressão cultural, de animação turística, entretenimento e lazer e de outros atrativos com capacidade de retenção e prolongamento do tempo de permanência dos turistas nas localidades;

IX. o estímulo à prática do turismo sustentável nas áreas naturais, protegidas ou não, promovendo a atividade como veículo de educação ambiental, e elaborando, em conjunto com o Ministério do Meio Ambiente e órgãos afins, normas de uso e visitação compatíveis com a conservação do meio ambiente natural;

X. a preservação da identidade cultural das comunidades radicionais e populações indígenas eventualmente afetadas pela atividade turística;

XI. o estímulo ao desenvolvimento e a promoção do ordenamento dos diversos segmentos turísticos, em especial o ecoturismo, turismo rural, turismo de aventura, turismo esportivo, turismo de pesca, além do turismo náutico ou marítimo de passageiros nas águas interiores e no mar territorial;

XII. a promoção e o estímulo ao turismo rural, assim compreendido o conjunto de atividades desenvolvidas no meio rural, comprometido com a produção agropecuária, agregando valor a produtos e serviços e promovendo o patrimônio cultural e natural da comunidade;

XIII. o inventário do patrimônio turístico nacional, considerando os bens naturais e histórico culturais que o integram;

XIV. os recursos necessários para investimentos e aproveitamento do espaço turístico nacional de forma a permitir a ampliação e diversificação e modernização dos equipamentos e serviços turísticos, adequando-os não só às preferências da demanda, mas principalmente às características ambientais e socioeconômicas regionais existentes;

XV. linhas de financiamentos para empreendedores turísticos privados, pelos Bancos e agências de desenvolvimento oficiais, com as mesmas taxas e condições concedidas a projetos dos demais setores da economia considerados prioritários pelo Governo Federal;

XVI. o estabelecimento de uma política tributária justa e equânime, nas esferas federal, estadual e municipal, para as diversas entidades componentes da cadeia produtiva do turismo;

XVII. a integração do setor privado como agente complementar de financiamento em infra-estrutura e serviços públicos necessários ao desenvolvimento turístico;

XVIII. o desenvolvimento das pequenas, médias e microempresas da área do turismo, por meio de políticas de apoio e linhas de financiamento especiais existentes para o setor, buscando elevar o nível da qualidade e eficiência de seus serviços;

XIX. a competitividade do setor por meio da melhoria da qualidade e eficiência na prestação dos serviços, da busca da originalidade e do aumento da produtividade dos agentes públicos e empreendedores turísticos privados;

XX. a criação de um Programa de Certificação Nacional para o Setor Turístico pelo Ministério do Turismo, em parceria com a iniciativa privada, buscando estabelecer padrões mínimos de exigência de qualidade e eficiência dos operadores e empreendimentos turísticos e na prestação de serviços, em toda a cadeia do turismo;

XXI. a formação, o aperfeiçoamento, a qualificação e o treinamento de recursos humanos para a área do turismo e implementar políticas que viabilizem sua colocação no mercado de trabalho;

XXII. a sistematização e o intercâmbio de dados estatísticos e informações relativas às atividades turísticas e econômicas dos empreendimentos turísticos instalados no País, integrando as universidades e os institutos de pesquisa públicos e privados na análise desses dados, na busca da melhoria da qualidade e credibilidade dos relatórios estatísticos sobre o setor turístico brasileiro.

CAPÍTULO II
Do Plano Nacional de Turismo (PNT)

Art. 6º – O Plano Nacional de Turismo (PNT) será elaborado pelo Ministério do Turismo e aprovado pelo Presidente da República, ouvidos os segmentos públicos e privados interessados, e terá suas metas e programas revistas a cada 4 (quatro) anos, ou quando necessário, tendo por objetivo ordenar as ações do setor público, orientando o esforço do Estado e a utilização dos recursos públicos para o desenvolvimento do turismo, com o intuito de estabelecer e promover:

I. a política de crédito para o setor, nela incluídos agentes financeiros, linhas de financiamento e custo financeiro;

II. a boa imagem do produto turístico brasileiro junto ao mercado nacional e internacional;

III. maior aporte de divisas ao balanço de pagamentos;

IV. os critérios e mecanismos de facilitação à entrada de turistas estrangeiros, e à movimentação de turistas no mercado interno;

V. a diversificação quantitativa e qualitativa dos bens e serviços produzidos;

VI. a geração de empregos, ocupação e renda;

VII. a redução das desigualdades regionais pela transferência de renda entre as diversas regiões;

VIII. a integração sócio-econômica e cultural da população;

IX. a incorporação de segmentos especiais de demanda ao mercado interno, em especial os idosos, jovens e pessoas com deficiências ou mobilidade reduzida, pela instituição de programas de descontos e facilitação de deslocamentos e campanhas institucionais de promoção;

X. a proteção do meio ambiente, da biodiversidade e do patrimônio cultural e turístico;

XI. a atenuação de passivos sócio-ambientais eventualmente provocados pela atividade turística.

XII. o estímulo ao turismo responsável praticado em áreas naturais protegidas, nas Unidades de Conservação abertas à visitação;

XIII. a orientação às ações do setor privado, fornecendo aos agentes econômicos subsídios para planejar e executar suas atividades;

XIV. a conscientização da sociedade e do cidadão sobre a importância econômica do Turismo.

Art. 7º – O Ministério do Turismo, em conjunto com o Instituto Brasileiro de Turismo (Embratur), deverá publicar anualmente, relatórios, estatísticas e balanços, consolidando e divulgando dados e informações sobre:

I. movimento turístico interno e externo;

II. atividades turísticas mercantis e seus efeitos sobre o balanço de pagamentos;

III. efeitos econômicos e sociais advindos da atividade turística, incluindo a geração de emprego e renda; o grau de satisfação do visitante, nacional e internacional e o aumento da qualidade e da segurança na prestação dos serviços prestados;

IV. impactos positivos e negativos da atividade turística sobre os recursos naturais, culturais e turísticos.

§ único – Para os fins deste artigo, serão fornecidos ao Ministério do Turismo os dados e informações nele especificados, pertinentes à esfera de atuação de outros órgãos e entidades integrantes da Administração Pública Federal.

CAPÍTULO III
Do Sistema Nacional de Turismo

Seção I
Da Organização e Composição

Art. 8º – É instituído o Sistema Nacional de Turismo, composto pelas seguintes instituições:

I. O Ministério do Turismo;

II. O Instituto Brasileiro do Turismo (Embratur);

III. O Conselho Nacional de Turismo;

IV. O Fórum Nacional de Secretários e Dirigentes Estaduais de Turismo;

V. Os Fóruns Estaduais de Turismo;

VI. Os Conselhos Municipais de Turismo;

VII. Os Órgãos Regionais, Estaduais, Intermunicipais e Municipais de Turismo;

VIII. Outros órgãos e entidades públicas ou privadas credenciadas por meio de contratos, convênios, ajustes e acordos cu a convite do Ministério do Turismo.

§ único – O Governo Federal, com o auxílio dos órgãos e instituições integrantes do Sistema Nacional de Turismo, coordenará os programas oficiais de desenvolvimento do turismo com os da iniciativa privada, a ele submetidos, que tenham reconhecido interesse no desenvolvimento econômico e social do País.

Seção II
Dos Objetivos

Art. 9º – O Sistema Nacional de Turismo tem por objetivo garantir o desenvolvimento sustentável das atividades turísticas, pela coordenação e integração das iniciativas oficiais com as do setor produtivo, de forma a:

I. atingir as metas do Plano Nacional de Turismo (PNT);

II. estimular a integração dos diversos segmentos do setor, atuando em regime de cooperação com os órgãos públicos, entidades de classe e associações representativas voltadas à atividade turística;

III. promover a regionalização do turismo mediante o incentivo à criação de organismos autônomos e de leis facilitadoras do desenvolvimento do setor, descentralizando a sua gestão;

IV. promover a melhoria da qualidade dos serviços turísticos prestados no País;

V. compatibilizar o desenvolvimento do turismo com a conservação do meio ambiente, da biodiversidade, da cultura popular, folclore e arte.

§ único – Os órgãos do Sistema Nacional de Turismo, observada a respectiva área de competência, orientar-se-ão, ainda, no sentido de:

I. estudar a dinâmica do turismo para servir de base ao desenvolvimento das atividades que lhe sejam inerentes;

II. assentar os lineamentos que permitam caracterizar as atividades turísticas e dar homogeneidade à terminologia específica do setor;

III. modernizar, ampliar e dinamizar o sistema de coleta de informações e agilizar o processo de sua divulgação sistemática em um Sistema Nacional de Informação Turística;

IV. promover os levantamentos necessários ao inventário da oferta turística nacional e ao estudo de demanda turística, nacional e internacional, com vistas ao estabelecimento de parâmetros técnicos à elaboração e execução do Plano Nacional de Turismo (PNT);

V. diligenciar junto ao órgão competente para a regulamentação adequada ao exercício das atividades das profissões vinculadas ao turismo e proceder a estudos voltados à quantificação e caracterização das ocupações, no nível gerencial e operacional, ocorrentes no setor, e à demanda e oferta de pessoal qualificado para o turismo;

VI. criar condições de melhoria do aproveitamento dos recursos turísticos mediante financiamentos e estímulos às iniciativas a eles relacionadas;

VII. articular, junto aos órgãos competentes, a promoção, o planejamento e a execução de obras de infra-estrutura tendo em vista o seu aproveitamento para finalidades turísticas;

VIII. fiscalizar as atividades ligadas à indústria de turismo de acordo com a legislação pertinente;

IX. promover o intercâmbio com entidades nacionais e internacionais vinculadas direta ou indiretamente ao turismo;

X. estudar e propor medidas de amparo à produção, promoção e comercialização artesanal e demais produtos associados ao turismo;

XI. propor o tombamento dos bens móveis e imóveis, e dos bens a estes equiparados, cuja a proteção e conservação sejam considerados de interesse turístico;

XII. propor a criação de unidades de conservação da natureza consideradas relevantes para o turismo;

XIII. promover a conscientização do cidadão sobre seus direitos de consumidor de produtos e serviços turísticos;

XIV. implantar uma sinalização turística que seja informativa, educativa e advertiva, garantindo ao usuário o direito a informação turística, e ambiental quando for o caso.

Seção III
Da Participação dos Estados e Municípios

Art. 10 – Os Estados e os Municípios integrarão o Sistema Nacional de Turismo, mediante adesão voluntária, devendo para tanto:

I. constituir os foros estaduais e municipais de turismo que trata o artigo 6º da presente Lei;

II. ter objetivos e estruturas administrativas especificamente voltadas à promoção do desenvolvimento turístico regional, estadual ou municipal;

III. desenvolver planos e projetos voltados ao planejamento turístico de forma sustentável, criando áreas prioritárias para o turismo, conforme diretriz do Plano Nacional do Turismo.

§ único – Os Estados e os Municípios poderão estabelecer normas supletivas e complementares às normas federais relacionadas com o desenvolvimento sustentável das atividades turísticas, o planejamento e o estímulo ao setor.

Art. 11 – Poderá ser concedido apoio financeiro ou financiamentos aos governos estaduais e municipais para a formulação e/ou a execução de planos, projetos ou ações que, a critério do Ministério do Turismo, sejam relevantes para o desenvolvimento do turismo, dependendo:

I. da eventual participação financeira do governo estadual ou municipal, em proporção a ser fixada pelo Ministério de Turismo, devendo ser observados os fatores peculiares a cada caso, como o de reconhecimento de maior prioridade ao aproveitamento de mão-de-obra e das condições locais e regionais;

II. da aprovação prévia pelo Ministério de Turismo dos projetos, segundo padrões e normas técnicas fixadas, considerado o desenvolvimento sustentável da atividade;

III. da previsão de verba destinada à capacitação de mão-de-obra na implantação dos projetos.

TÍTULO III
DA COORDENAÇÃO E INTEGRAÇÃO DE DECISÕES E AÇÕES NO PLANO FEDERAL

CAPÍTULO I
Das Ações, Planos e Programas

Art. 12 – O Poder Público Federal promoverá a racionalização e o desenvolvimento uniforme e orgânico da atividade turística, tanto na esfera pública como privada, mediante programas e projetos consoantes com a Política Nacional de Turismo e demais políticas públicas pertinentes, e, principalmente, com o Plano Nacional de Turismo (PNT) e as metas nele fixadas.

Art. 13 – É criado o Comitê Interministerial de Facilitação Turística com a finalidade de compatibilizar a execução da Política Nacional de Turismo e a consecução das metas do Plano Nacional de Turismo (PNT) com as demais políticas públicas, de forma a que os planos, programas e projetos das diversas áreas do Governo Federal venham a priorizar:

I. a política de crédito e financiamento ao setor;

II. a tributação diferenciada para a atividade turística mercantil, tanto no consumo quanto na produção;

III. o efeito positivo da política de câmbio sobre a atividade turística;

IV. o incremento ao turismo pela fixação adequada de tarifas aeroportuárias, em especial a tarifa de embarque, preços de passagens, tarifas diferenciadas ou promocionais e condições para afretamento relativas ao transporte aéreo e de superfície;

V. a facilitação de exigências, condições e formalidades, inclusive na fixação de valores dos emolumentos consulares, estabelecidas para o ingresso, saída e permanência de turistas no País e as respectivas medidas de controle adotadas nos portos, aeroportos e postos de fronteira;

VI. o levantamento de informações quanto a procedência e nacionalidade dos turistas estrangeiros, faixa etária, motivo da viagem e permanência estimada no País;

VII. a metodologia e o cálculo da receita turística contabilizada no balanço de pagamentos das contas nacionais;

VIII. o ensino formal e a qualificação de mão-de-obra para o setor turístico;

IX. o aproveitamento turístico de feiras de negócios, exposições, congressos e simpósios internacionais, apoiados logística, técnica ou financeiramente por órgãos governamentais, realizados em mercados potencialmente emissores de turistas para o Brasil;

X. o tratamento diferenciado, simplificado e favorecido as microempresas e empresas de pequeno porte do turismo;

XI. a geração de empregos.

§ único – O Comitê Interministerial de Facilitação Turística será presidido pelo Ministro do Turismo e sua composição, forma de atuação e demais atribuições serão definidas pelo Poder Executivo.

Art. 14 – O Ministério do Desenvolvimento, Indústria e Comércio Exterior, no âmbito de sua competência, na forma em que dispuseram o Regulamento e observada as demais normas pertinentes, apoiará técnica e financeiramente as iniciativas, os planos e os projetos do Ministério de Turismo que visem ao fomento às empresas que exerçam atividade econômica relacionada à cadeia produtiva do turismo, com ênfase nas microempresas e empresas de pequeno porte.

Art. 15 – Os órgãos e entidades públicas cujas atribuições estejam ligadas à pesquisa e compilação de dados sobre o fluxo de viajantes e ao uso de serviços e equipamentos turísticos, deverão fornecer informações ao Ministério do Turismo, quando solicitados, para fins de estatísticas, análise e planejamento turístico.

Art. 16 – O Ministério da Educação e o Ministério do Trabalho e Emprego, no âmbito de suas respectivas competências, observadas as normas pertinentes, apoiarão técnica e financeiramente as iniciativas, planos e projetos do Ministério do Turismo que visem a formação, a capacitação profissional, a qualificação, o treinamento e a reciclagem de mão-de-obra para o setor turismo e sua colocação no mercado de trabalho.

§ único – As entidades empresariais, assim como as sociedades empresárias interessadas, poderão participar técnica e financeiramente de todos os projetos e ações do Ministério do Turismo que visem a formação, a qualificação profissional, o treinamento de mão-de-obra para o setor.

Art. 17 – O Ministério do Turismo e o da Educação envidarão esforços junto aos Estados emissores de turistas com vistas a implantação de férias escolares diferenciadas, buscando minorar os efeitos da alta estação turística, caracterizado pelos altos custos decorrentes do excesso da demanda na temporada de férias, com maior deficiência dos meios de hospedagem, transporte e serviços.

§ único – O Governo Federal, por intermédio do Ministério do Turismo, poderá oferecer estímulos e vantagens especiais aos Estados emissores de turistas que fixarem férias escolares em períodos diferenciados das regiões em que se localizem.

Art. 18 – Os Órgãos da Administração Pública Federal, direta ou indiretamente relacionado com o patrimônio natural e cultural com valor turístico, deverão firmar parcerias interdisciplinares com o Ministério do Turismo, visando seu aproveitamento turístico.

Art. 19 – O Poder Público poderá desapropriar áreas reconhecidas pelo Ministério do Turismo de relevância para o desenvolvimento do turismo nacional.

CAPÍTULO II
Do Estímulo à Captação de Turistas no Exterior

Art. 20 – O Ministério do Turismo, diretamente ou por intermédio do Instituto Brasileiro de Turismo (Embratur), poderá utilizar, mediante delegação ou convênio, os serviços das representações diplomáticas, econômicas e culturais do Brasil no exterior para a execução de suas tarefas de captação de turistas, eventos e investidores internacionais para o País, e de apoio a promoção e a divulgação de informações turísticas nacionais, com vistas à formação de uma rede de promoção internacional do produto turístico brasileiro, intercâmbio tecnológico com instituições estrangeiras, bem como para a prestação de assistência turística aos que dela necessitarem.

§ único – O Ministério das Relações Exteriores e o Ministério do Turismo, com a interveniência do Instituto Brasileiro de Turismo (Embratur), firmarão Convênio e parcerias para fomentar e viabilizar a cooperação técnico-interministerial, e a integração operacional de que trata este artigo.

Art. 21 – As sociedades empresárias privadas promotoras de turismo receptivo internacional são equiparadas às sociedades empresárias exportadoras de produtos industriais, agropecuários e de serviços, estendendo-se à remessa de recursos e às suas operações do exterior para o Brasil o mesmo tratamento, facilidades e mecanismos creditícios e fiscais concedidos para o apoio direto às exportações, passando a comercialização internacional de serviços turísticos receptivos a integrar a Política de Comércio Exterior.

§ 1º – Para efeitos deste artigo a qualificação de exportador estende-se aos dirigentes e técnicos das sociedades empresárias dedicadas à comercialização internacional de serviços turísticos, como os Agentes de Viagens e Operadores de Turismo receptivos, os hoteleiros e os representantes de entidades em missão de promoção e captação de Congressos, Feiras de Negócios e Eventos internacionais e os representantes de Órgãos Oficiais de Turismo e de entidades e sociedades empresárias privadas em ações cooperadas na promoção do produto turístico brasileiro no exterior.

§ 2º – Para incrementar as viagens de estrangeiros para o Brasil, o Banco do Brasil e o Banco Nacional de Desenvolvimento Econômico e Social (BNDES) desenvolverão linhas de crédito específicas de financiamento no exterior à exportação do produto turístico nacional, diretamente ou mediante convênios com bancos brasileiros no exterior, observados em relação aos tomadores os menores custos conferidos aos setores prioritários.

Art. 22 – Fica autorizada o Instituto Brasileiro de Turismo (Embratur) a participar como instituidora/mantenedora de fundações públicas ou constituídas pela iniciativa privada que visem, diretamente ou por intermédio de escritórios no exterior, a promoção institucional do Brasil, a captação e promoção de feiras, congressos e outros eventos nacionais e internacionais de importância turística para o País.

§ único – A autorização estabelecida neste artigo compreende o desenvolvimento de uma rede de representações nos principais mercados emissores de turismo internacional, de forma a ampliar o número de operadores estrangeiros que incluam o Brasil em seus pacotes turísticos.

Art. 23 – Os órgãos federais que tenham interferência direta ou indireta na movimentação dos fluxos turísticos, internacional e nacional, ou na comercialização do produto turístico, dentro e fora do País, deverão, quando solicitados pelo Ministério do Turismo, adotar medidas e procedimentos que facilitem o desempenho do setor.

CAPÍTULO III
Da Facilitação ao Ingresso no País e do Tratamento ao Turista

Art. 24 – Os turistas estrangeiros que cheguem ao país usufruirão das facilidades estabelecidas em leis, regulamentos ou que tenham sido definidas em convênios internacionais, em especial as estabelecidas pela Receita Federal relativas a artigos de uso pessoal ou profissional, materiais promocionais, com internação temporária, e relativas à condução de veículos em território nacional.

Art. 25 – Poderá ser dispensada a exigência de visto ao turista nacional de país que dispensa ao brasileiro idêntico tratamento.

§ único – A dispensa de visto prevista neste artigo poderá ser estendida igualmente, a critério do Poder Executivo, mediante exame caso a caso, a países considerados mercados emissores prioritários:

I. cuja exigência de visto não seja especificamente adotada para o turista nacional, mas esteja consubstanciada na necessidade de restrição a fluxos migratórios que para eles habitualmente se dirijam ou a razões de segurança interna;

II. cuja facilitação, incremento e manutenção dos fluxos turísticos para o País atenda aos interesses econômicos brasileiros, sem colocar em risco a soberania e segurança nacional.

Art. 26 – As transportadoras autorizadas a operar do exterior para o País, a critério do Poder Executivo, poderão fornecer formulários oficiais de visto temporário de entrada de turista.

§ único – Os vistos referidos neste artigo, obedecidas às formalidades determinadas pelo Poder Executivo, serão validados pelas autoridades imigratórias brasileiras quando do ingresso dos turistas em território nacional.

Art. 27 – Sem prejuízo do disposto nas leis que amparam sua permanência em território nacional, é garantido ao turista o direito de denunciar, diretamente ou pela autoridade do local em que se encontre, quaisquer irregularidades de responsabilidade dos prestadores de serviços turísticos, devendo o Ministério do Turismo, no âmbito de sua competência, proceder a sua apuração e adotar as providências cabíveis.

TÍTULO IV
DO FOMENTO À ATIVIDADE TURÍSTICA

CAPÍTULO I
Da Habilitação a Incentivos, Linhas de Créditos Oficiais e ao Fungetur

Art. 28 – As pessoas físicas ou jurídicas, de direito público ou privado, com ou sem fins lucrativos, que desenvolverem programas e projetos turísticos, poderão receber apoio financeiro ou incentivos fiscais do Poder Público, mediante:

I. registro ou cadastro efetuado junto ao Ministério do Turismo, no caso de pessoas de direito privado;

II. integrarem o Sistema Nacional de Turismo, no caso de pessoas de direito público.

§ único – A critério do Ministério do Turismo, excepcionalmente, aos casos especiais em que o interesse público assim o justifique poderá ser dispensada as exigências deste artigo.

Art. 29 – As Agências Governamentais de Desenvolvimento e os estabelecimentos oficiais de crédito priorizarão projetos e empreendimentos inseridos em planos e programas de desenvolvimento turístico que, por sua natureza, estimulem outras inversões públicas ou privadas na área considerada, o planejamento participativo com base local e o uso sustentável do patrimônio natural, cultural e turístico.

CAPÍTULO II
Do Suporte Financeiro às Atividades Turísticas

Art. 30 – O suporte financeiro ao setor turístico será viabilizado por meio dos seguintes mecanismos operacionais de canalização de recursos:

I. recursos orçamentários do Ministério do Turismo e do Instituto Brasileiro de Turismo (Embratur);

II. Fundo Geral de Turismo (Fungetur);

III. linhas de créditos de bancos e instituições federais;

IV. recursos de agências de fomento ao desenvolvimento regional;

V. recursos de fundos governamentais;

VI. recursos alocados pelos Estados e Municípios;

VII. recursos de organismos e entidades nacionais e internacionais;

VIII. recursos oriundos da securitização de recebíveis originários de operações de prestação de serviços turísticos, por intermédio da utilização de Fundos de Investimento em Direitos Creditórios (FIDC) e de Fundos de Investimento em Cotas de Fundos de Investimento em Direitos Creditórios (FICFIDC).

§ único – O Poder Público Federal deverá viabilizar, ainda, a criação de mecanismos de investimentos privados no setor turístico.

Art. 31 – Os fundos governamentais de qualquer natureza, administrados por órgãos da Administração Pública Federal, assim como os bancos e entidades oficiais de crédito e as Agências de Desenvolvimento Regional, observadas quanto a estas os planos regionais de desenvolvimento, deverão dispor de linhas específicas de crédito para o suporte de atividades turísticas.

§ 1º – As entidades referidas neste artigo, quando solicitadas, deverão fornecer ao Ministério do Turismo informações relativas à tramitação de projetos turísticos em análise e concluídos e os valores alocados à atividade, constantes de seus orçamentos e planos anuais de aplicações.

§ 2º – O Banco Nacional de Desenvolvimento Econômico e Social, a Caixa Econômica Federal, o Banco do Brasil, o Banco do Nordeste, o Banco da Amazônia e os Fundos Constitucionais de Financiamento do Norte (FNO), do Nordeste (FNE) e do Centro-Oeste (FCO), deverão firmar convênios com o Ministério do Turismo a fim de operacionalizar o disposto no parágrafo 1º deste artigo.

CAPÍTULO III
Do Fundo Geral de Turismo (Fungetur)

Art. 32 – O funcionamento e as operações creditícias e financeiras do Fundo Geral de Turismo (Fungetur), criado pelo Decreto-Lei nº 1.191 de 27 de outubro de 1971, alterado pelo Decreto-Lei nº 1.439, de 30 de dezembro de 1975, ratificado pela Lei nº 8.181, de 28 de março de 1991, serão regulados por ato do Ministro do Turismo.

Art. 33 – O Fungetur tem por objeto o financiamento, o apoio ou a participação financeira em planos, projetos, ações e empreendimentos reconhecidos pelo Ministério de Turismo como de interesse turístico, desde que abrangidos nos objetivos permanentes da Política Nacional de Turismo e do Plano Nacional de Turismo (PNT), explicitados nesta Lei.

§ único – As aplicações dos recursos do Fungetur, para fins do disposto neste artigo, serão objeto de normas, definições e condições a serem fixadas pelo Ministério do Turismo.

Art. 34 – Constituem recursos do Fungetur:

I. recursos do Orçamento Geral da União;

II. contribuições, doações, subvenções e auxílios de entidades de qualquer natureza, inclusive de organismos internacionais;

III. saldos não utilizados na execução de projetos;

IV. devolução de recursos de projetos não iniciados ou interrompidos, com ou sem justa causa;

V. reembolso das operações de crédito realizadas a título de financiamento reembolsável, observados critérios de remuneração que lhes preserve o valor real acrescido dos respectivos juros e encargos pactuados;

VI. valores fixados relativos à análise de projetos de financiamentos e de registro, classificação e cadastramento de sociedades empresárias e entidades;

VII. recebimento de dividendos ou da alienação das participações acionárias do Fungeetur e do Instituto Brasileiro de Turismo (Embratur) em empreendimentos turísticos;

VIII. resultado das aplicações em títulos públicos federais, obedecida a legislação vigente sobre a matéria;

IX. quaisquer outros depósitos de pessoas físicas ou jurídicas realizados a seu crédito;

X. saldos de exercícios anteriores; e

XI. receitas eventuais e recursos de outras fontes que vierem a ser definidas.

§ único – A aplicação dos recursos do Fungetur poderá ser feita por intermédio de agentes financeiros.

Art. 35 – Nos casos especiais em que o interesse público assim justifique, fica o Poder Público Federal autorizado a participar, diretamente ou por intermédio do Fundo Geral de Turismo (Fungetur) e dos fundos, órgãos e entidades constantes no art. 30, no capital de empreendimentos turísticos com recursos e/ou imóveis de sua propriedade.

TÍTULO V
DAS SOCIEDADES EMPRESÁRIAS

CAPÍTULO I
Da Prestação de Serviços Turísticos

Seção I
Do Funcionamento e das Atividades

Art. 36 – As sociedades empresárias prestadoras de serviços turísticos, inclusive virtuais, somente poderão funcionar no País após serem registradas no Ministério do Turismo, sob as condições fixadas nesta Lei e na sua regulamentação.

§ 1º – A abertura de filiais é igualmente condicionada a registro no Ministério do Turismo, exceto no caso de posto de serviço de Agências de Turismo instalado em local destinado a abrigar evento de caráter temporário e cujo funcionamento se restrinja ao período de sua realização.

§ 2º – O registro e a autorização para funcionamento deverão ser solicitados pelo empresário que explorar, gerir ou administrar as atividades dos serviços, equipamentos, empreendimentos ou estabelecimentos empresariais de que trata esse artigo, no prazo máximo de noventa dias, contados do arquivamento dos seus atos constitutivos, mediante a apresentação da habilitação legal para funcionar expedida pelos órgãos competentes, e dos demais documentos comprobatórios do cumprimento das normas legais e regulamentares relativas a atividade, conforme dispuser o Regulamento e as Normas Complementares a esta Lei.

§ 3º – O Ministério do Turismo expedirá certificado para cada registro de sociedade empresária ou filial de que trata esta Lei que a habilitará a exercer as atividades correspondentes a categoria em que for registrada.

§ 4º – O Poder Executivo fixará requisitos mínimos relativos a serviços, aspectos construtivos, equipamentos e instalações indispensáveis ao deferimento do registro dos meios de hospedagens de turismo, ficando dispensados desta obrigação os estabelecimentos empresariais que não atenderem a tais requisitos.

§ 5º – O disposto deste artigo não se aplica às sociedades empresárias de transporte aéreo.

Art. 37 – Por sociedades empresárias prestadoras de serviços turísticos entende-se toda aquela que exerça atividade econômica relacionada a cadeia produtiva do turismo que, sob condições especiais definidas nesta Lei e pelo Poder Executivo, sejam prestados por:

I. meios de hospedagem de turismo;

II. agências de turismo;

III. transportadoras turísticas;

IV. organizadoras de congressos, convenções e eventos congêneres;

V. organizadoras de feiras, exposições e eventos congêneres;

VI. parques temáticos, e

VII. outros prestadores de serviços que exerçam atividades reconhecidos pelo Ministério do Turismo como de interesse para o turismo.

Art. 38 – Poderão ser cadastradas no Ministério de Turismo, atendidas a condições próprias, dentre outros, as sociedades empresárias que prestem os seguintes serviços turísticos afins e complementares àqueles definidos no artigo 37:

I. restaurantes, cafeterias, bares e similares;

II. centros ou locais destinados a convenções e/ou a feiras e exposições e similares;

III. parques temáticos e aquáticos, empreendimentos dotados de equipamentos de entretenimento e lazer;

IV. marinas e empreendimentos de apoio ao turismo náutico ou à pesca desportiva;

V. casas de espetáculos e equipamentos de animação turística;

VI. promotores de eventos e espetáculos públicos culturais, artísticos e esportivos;

VII. organizadores, promotores e prestadores de serviços de infra-estrutura, locação de equipamentos e montadoras de feiras de negócios, exposições e eventos;

VIII. locadoras de veículos para turistas;

IX. prestadores de serviços especializados na realização e promoção das diversas modalidades dos segmentos turísticos e a prática de suas atividades;

X. prestadores de serviços a turistas e viajantes ou a outras atividades turísticas.

§ 1º – O cadastro opcional de que trata este artigo será constituído de informações relativas às atividades e a economia das sociedades empresárias e de seus empreendimentos, com vistas a subsidiar o planejamento governamental do setor.

§ 2º – Poderão ser cadastrados, ainda, no Ministério de Turismo, os profissionais de turismo com atividade regulamentada, assim como outras entidades ou categorias profissionais que tenham regularmente atividades reconhecidas pelo Ministério do Turismo como de interesse para o turismo.

Seção II
Dos Direitos das Sociedades Empresárias

Art. 39 – São direitos das sociedades empresárias registradas ou cadastradas na forma desta Lei:

I. o acesso aos incentivos, financiamentos ou outros benefícios constantes da legislação de fomento ao turismo;

II. a menção, em promoção ou divulgação oficial, para qual contribua financeiramente, inclusive campanhas promocionais cooperativas promovidas pelo Ministério do Turismo e pelo Instituto Brasileiro de Turismo (Embratur), dos serviços, empreendimentos ou estabelecimentos empresariais que explorem ou administrem;

III. a utilização com propósitos comerciais da expressão "turismo" ou de qualquer outra que se refira a fins turísticos, nos equipamentos, estabelecimentos empresariais ou empreendimentos que explorem ou administrem, assim como em qualquer forma de promoção ou divulgação;

IV. a utilização de siglas, palavras, marcas, logomarcas, selos de qualidade, quando for o caso, ou expressões que se refiram à sua atividade e ao seu número de registro;

V. a participar de licitações públicas ou firmar contratos de prestação de serviços turísticos com órgãos governamentais.

§ único – No processo de seleção de prestadores de serviços turísticos para órgãos federais, de que trata o inciso V deste artigo, será relevante a comprovação, nas respectivas propostas, da adoção de medidas voltadas para atender às necessidades de acessibilidade das pessoas com deficiência ou com mobilidade reduzida.

Seção III
Das Obrigações das Sociedades Empresárias

Art. 40 – São obrigações das sociedades empresárias registradas, passíveis de fiscalização e aplicação de penalidade, em conformidade com os procedimentos previstos nesta Lei e nos atos dela decorrentes:

I. mencionar e utilizar em qualquer forma de divulgação e promoção, o número de registro, os símbolos, expressões, e demais formas de identificação determinadas pelo Ministério do Turismo;

II. apresentar, na forma e no prazo estabelecido pelo Ministério de Turismo, informações e documentos referentes ao exercício de suas atividades;

III. apresentar ao Ministério de Turismo cópia do instrumento que altere os atos constitutivo da sociedade, no prazo máximo de trinta dias, contados do seu arquivamento;

IV. comunicar ao Ministério de Turismo, previamente, mudança de endereço e a paralisação temporária ou definitiva de suas atividades, de suas filiais e dos empreendimentos ou estabelecimentos empresariais que explorem ou administrem, assim como qualquer alteração na situação jurídica relativa a posse, propriedade, uso ou exploração comercial destes estabelecimentos empresariais ou de seus veículos terrestres e embarcações;

V. cumprir acordos e contratos de prestação de serviços turísticos ajustados com os usuários, bem como com outras sociedades empresárias e entidades turísticas cujo o descumprimento venha a afetar a efetiva prestação dos serviços, assim como executar os serviços oferecidos na qualidade, no preço e na forma pactuada ou em que forem mencionados em qualquer promoção ou divulgação realizada, ainda que não consignado nos contratos;

VI. manter arquivados, pelo prazo de 03 (três) anos, contados do término da prestação de serviço, os contratos ou ajustes firmados com seus usuários e outras sociedades empresárias turísticas;

VII. conservar suas instalações em condições adequadas para o atendimento ao consumidor, em ambiente destinado exclusivamente a essa atividade, nos casos indicados em Regulamento;

VIII. utilizar no transporte turístico de superfície somente veículos terrestres ou embarcações apropriadas para o turismo;

IX. manter em suas instalações cópia da legislação turística pertinente, livro de reclamações e, em local visível, cópia do certificado de registro;

X. cumprir a legislação vigente quanto a acessibilidade dos equipamentos e serviços turísticos para atendimento adequado à pessoa com deficiência ou com mobilidade reduzida.

§ 1º – As relações comerciais entre as sociedades empresárias turísticas registradas e seus usuários e com outras sociedades empresárias e entidades turísticas igualmente registradas ou cadastradas, serão consubstanciadas, por expresso, mediante contrato com forma prevista ou não defesa em Lei.

§ 2º – As sociedades empresárias são diretamente responsáveis perante seus usuários, na forma prevista na Lei nº 8.078/90, pelos atos de seus prepostos, ainda que na condição de autônomos, e por quaisquer serviços que venham a prestar ou ajustar, inclusive os praticados ou executados por terceiros por elas selecionados, contratados ou autorizados.

§ 3º – A responsabilidade civil das sociedades empresárias de turismo poderá ser objeto de seguro

Seção IV
Dos Meios de Hospedagens

Art. 41 – Considera-se sociedade empresária hoteleira a pessoa jurídica constituída na forma prevista em Lei que explore ou administre Meio de Hospedagem e que expresse em seus objetivos sociais o exercício de atividade hoteleira.

Art. 42 – Para os efeitos dessa Lei, serviços de hospedagem são aqueles prestados por empreendimentos ou estabelecimentos administrados ou explorados comercialmente por sociedade empresária hoteleira, que ofertem alojamento temporário para hóspedes mediante adoção de contrato, tácito ou expresso, de hospedagem e cobrança de diária, pela ocupação de unidades mobiliadas e equipadas, denominadas Unidades Habitacionais (UH).

§ 1º – São igualmente considerados serviços de hospedagem os prestados pelos Acampamentos Turísticos ("Campings"), realizados em áreas especialmente preparadas para montagem de barracas e o estacionamento de reboques habitáveis ("trailers"), ou equipamento similar, dispondo, ainda, de instalações, equipamentos e serviços específicos para facilitar a permanência dos usuários ao ar livre.

§ 2º – Entende-se por diária o preço de hospedagem correspondente à utilização da UH e dos serviços incluídos, no período de 24 (vinte e quatro) horas compreendido entre os horários fixados para entrada e saída de hóspedes.

§ 3º – Os empreendimentos ou estabelecimentos que explorem ou administrem a prestação de serviços de hospedagem em unidades mobiliadas e equipadas – UH, e outros serviços oferecidos a hóspedes, quaisquer que sejam as suas denominações, inclusive os conhecidos como flats, flat-hotéis, hotéis-residence, lofts, apart-hotel, apart-service condominiais e condohotel, estão sujeitos: ao registro de que trata esta Lei e ao Regulamento Geral dos Meios de Hospedagem.

§ 4º – Não descaracteriza a prestação de serviços de hospedagem o fato de o estabelecimento estar dividido em unidades hoteleiras, caracterizadas juridicamente como autônomas, sob titularidade de diversas pessoas, desde que sua destinação funcional seja a de meio de hospedagem.

Art. 43 – Para obtenção do registro junto ao Ministério do Turismo os estabelecimentos que prestam serviços de hospedagem deverão preencher ao menos um dos seguintes requisitos:

I. Licença de funcionamento para prestar serviços de hospedagem, expedida pela autoridade competente, podendo tal licença objetivar somente partes da edificação;

II. No caso dos empreendimentos ou estabelecimentos conhecidos como flats, flat-hotéis, hotéis-residence, lofts, apart-hotel, apart-service condominiais e condohotel, licença edilícia de construção e/ou certificado de conclusão de construção, expedido pela autoridade competente, acompanhada dos seguintes documentos:

a) convenção de condomínio e/ou memorial de incorporação e/ou instrumento de instituição condominial, com previsão à prestação de serviços hoteleiros aos seus usuários, condôminos ou não, com ou sem previsão de locação ou arrendamento de unidades autônomas e partes comuns, com oferta de alojamento temporário para hóspedes mediante contrato de hospedagem no sistema associativo, também conhecido como "pool de locação";

b) documento ou contrato de formalização de constituição do "pool de locação", como sociedade em conta de participação, ou outra forma de sociedade empresária, com a adesão de, pelo menos, 75% dos proprietários das Unidades Habitacionais (UH) à exploração turística do empreendimento;

c) contrato de formalização da administração ou exploração, em regime solidário, do empreendimento imobiliário como meio de hospedagem de responsabilidade de sociedade empresarial hoteleira registrada junto ao Ministério do Turismo;

d) certidão, emitida pela autoridade competente, de cumprimento às regras de segurança contra riscos de incêndio aplicáveis aos estabelecimentos comerciais;

e) documento comprobatório de enquadramento sindical da categoria na atividade de hotéis, restaurantes, bares e similares, exigível a contar da data de eficácia do segundo dissídio coletivo celebrado na vigência da presente Lei.

§ 1º – Os empreendimentos hoteleiros que vierem a ter licença edilícia de construção emitida a partir da data da vigência da presente lei, para obtenção do registro de que trata este artigo, deverão, necessariamente, apresentar licença de funcionamento expedida pela autoridade competente.

§ 2º – Em qualquer uma das duas situações admitidas nos incisos I e II, do *caput* deste artigo, a natureza jurídica do contrato entre hóspede e o estabelecimento é a de contrato de hospedagem, incidindo, sobre ambas, os mesmos ônus fiscais, tributários e de serviços públicos.

§ 3º – O disposto nesta Lei não se aplica aos empreendimentos imobiliários, que contam com instalações e serviços de hotelaria à disposição dos moradores; organizados sob forma de condomínio, cujos proprietários disponibilizem suas unidades exclusivamente para uso residencial ou para serem utilizadas por terceiros, com esta finalidade, por períodos superiores a 30 (trinta) dias, conforme legislação específica.

Art. 44 – O Poder Executivo, por intermédio do Ministério de Turismo, poderá estabelecer em Regulamento:

I. as definições dos tipos e categorias de classificação e qualificação de empreendimentos e estabelecimentos empresariais, respeitando-se as eventuais classificações internacionalmente adotadas e reconhecidas pelo mercado turístico, para as diversas categorias de Meio de Hospedagem;

II. os padrões comuns e diferenciados de qualidade, conforto e serviços previstos para os tipos de categorias definidos;

III. os requisitos exigidos para a manutenção dos padrões de classificação e para a operação e funcionamento dos empreendimentos e estabelecimentos empresariais.

§ 1º – Para os fins desse artigo estão sujeitos à avaliação todos os meios de hospedagens existentes ou que venham a existir no País.

§ 2º – A obtenção da classificação conferirá ao empreendimento o aval e chancela oficial representada por selos de qualidade, certificados, placas e demais símbolos de classificação.

Art. 45 – Os contratos para reserva de acomodações e hospedagem deverão ser sempre consubstanciados por documentos escritos, admitida a via eletrônica.

§ 1º – Respeitadas as reservas confirmadas, o estabelecimento empresarial não poderá se negar a receber hóspedes, salvo na ocorrência de caso fortuito ou força maior previsto na legislação em vigor.

§ 2º – Os Meios de Hospedagem deverão garantir às pessoas com deficiência, ou com mobilidade reduzida, a oferta de instalações hoteleiras com acessibilidade arquitetônica segura e confortável e recursos humanos capacitados para atender a esse segmento.

§ 3º – Os Meios de Hospedagem somente poderão pagar comissão pela reserva de acomodações às Agências de Turismo registradas na forma desta Lei.

Art. 46 – Os Meios de Hospedagem deverão fornecer ao Ministério do Turismo, em periodicidade por ele determinada, as seguintes informações:

I. perfil dos hóspedes recebidos, distinguindo-os por nacionalidade;

II. registro quantitativo de hóspedes, taxas de ocupação e permanência média e número de hóspedes por UH.

§ único – Para os fins deste artigo, os Meios de Hospedagem utilizarão, obrigatoriamente, as informações previstas nos impressos Ficha Nacional de Registro de Hóspedes (FNRH) e Boletim de Ocupação Hoteleira (BOH), na forma em que dispuser o Regulamento.

Art. 47 – Os preços serão livremente fixados e praticados por todos os Meios de Hospedagem, observada a legislação pertinente.

§ único – Os preços serão sempre expressos em moeda nacional, admitindo-se, sua divulgação no exterior em moeda estrangeira.

Seção V
Das Agências de Turismo

Art. 48 – Compreende-se por Agência de Turismo a sociedade empresária que tenha por objeto social, exclusivamente, a prática de atividades econômicas próprias de intermediação remunerada entre fornecedores e consumidores de serviços turísticos, de organização desses serviços e de consultoria específica relativa ao seu segmento de atuação, definidas nesta Lei.

Art. 49 – É privativo das Agências de Turismo o exercício remunerado das seguintes atividades:

I. venda comissionada ou intermediação remunerada de passagens, passeios, hospedagem, viagens e excursões nas modalidades aéreas, aquaviárias, terrestres, ferroviárias e conjugadas;

II. assessoramento, planejamento e organização de atividades associadas à execução de viagens turísticas ou excursões;

III. recepção, transferência e assistência especializada a viajantes;

IV. planejamento e organização de programas, serviços, roteiros e itinerários de viagens, individuais ou em grupo, e intermediação remunerada na sua execução e comercialização, inclusive os relativos a viagens educacionais, religiosas, sociais e culturais;

V. representação de outras Agências de Turismo e Viagens, nacionais e estrangeiras, ou de operadores turísticos estrangeiros, bem como a intermediação na venda dos respectivos produtos.

§ 1º – As Agências de Turismo poderão exercer todas ou algumas das atividades previstas neste artigo, observado o disposto no parágrafo 1º do artigo 51.

§ 2º – O disposto no inciso I não inclui planejamento, organização de programas, serviços, roteiros e itinerários relativos a passeios, viagens e excursões.

§ 3º – O disposto no inciso I deste artigo não exclui a venda direta ao público dos próprios serviços prestados pelas transportadoras, pelos meios de hospedagem e demais sociedades empresárias fornecedoras de serviços turísticos.

Art. 50 – Observada a legislação específica, as Agências de Turismo poderão exercer, ainda, sem caráter privativo, as seguintes atividades:

I. obtenção de passaportes, vistos ou qualquer outro documento necessários à realização de viagens;

II. transporte turístico de superfície;

III. desembaraço de bagagens nas viagens e excursões de seus clientes;

IV. intermediação remunerada na reserva e venda de hospedagem, na reserva de lugares em qualquer meio de transporte, na locação de veículos, em serviços de carga aérea e terrestre e na reserva e venda de ingressos para espetáculos públicos, artísticos, esportivos, culturais e outras manifestações públicas;

V. operação de Câmbio Manual para uso exclusivo dos clientes, atendidas as exigências do Banco Central;

VI. representação de transportadoras, de meios de hospedagem e de outras fornecedoras de serviços turísticos;

VII. organização de eventos voltados a treinamento de funcionários e revendedores, além de ações de promoções relativas aos produtos que normalmente comercializa;

VIII. assessoramento e execução de atividades que lhe são próprias em feiras, exposições, congressos e eventos similares;

IX. venda comissionada ou intermediação remunerada de seguros vinculados a viagens e excursões e de cartões de assistência ao viajante;

X. venda de livros, revistas e outros artigos destinados a viajantes;

XI. prestação de serviços ligados ao acolhimento turístico, nomeadamente a organização de visitas a museus, monumentos históricos e outros locais de relevante interesse turístico; e

XII. outros serviços de interesse de viajantes.

§ único – As Agências de Turismo que pretendam operar, diretamente, com frota própria, excursões, passeios ou traslados, deverão atender aos quesitos específicos exigidos para o transporte turístico, inclusive quanto à vistoria e classificação de seus equipamentos, sejam veículos ou embarcações de turismo.

Art. 51 – Para efeitos desta lei as Agências de Turismo classificam-se em duas categorias:

I. agências de viagens; e

II. agências de viagens e turismo.

§ 1º – É privativa das Agências de Viagens e Turismo a execução das atividades referidas no inciso IV do artigo 49.

§ 2º – A Agência de Viagens e Turismo poderá se utilizar da denominação Operadora Turística ou Operadora de Turismo.

Art. 52 – A oferta de serviço a ser prestado pela Agência de Turismo expressará:

I. o serviço oferecido;

II. o preço total, as condições de pagamento e, se for o caso, as de financiamento;

III. as condições para alteração, cancelamento e reembolso de pagamento dos serviços;

IV. as sociedades empresárias responsáveis pela execução dos serviços contratados, especificando o respectivo número de registro no Ministério do Turismo, a classificação e definição dos serviços e facilidades dos estabelecimentos empresariais hoteleiros a serem utilizados na viagem e os demais aspectos pactuados, onerosos ou não, como traslados, excursões, refeições e informações relativa ao Guia de Turismo, quando esse serviço for oferecido;

V. a responsabilidade legal pela execução de cada serviço contratado.

§ 1º – A oferta do serviço que trata o *caput* desse artigo compreende a correta informação, entre as agências de turismo e os prestadores de serviços e perante os usuários, dos serviços a serem prestados por terceiros, a sua adequada solicitação aos respectivos provedores, a entrega dos documentos hábeis para sua utilização e a transferência do valor correspondente ao seu custo.

§ 2º – As relações comerciais estabelecidas, expressa ou tacitamente, entre as Agências de Viagens e Turismo organizadora dos serviços e as sociedades empresárias ou entidades que prestem estes serviços diretamente aos usuários, valerão como contrato entre elas, observada a legislação pertinente.

§ 3º – As Agências de Viagens e Turismo deverão instruir os guias de turismo a seu serviço com informações voltadas para o atendimento de pessoas com deficiência ou com mobilidade reduzida e sobre a acessibilidade de meios de transportes, hotéis, restaurantes e equipamentos culturais e desportivos.

Art. 53 – As Agências de Viagens e Turismo responsáveis pela promoção, organização e venda de serviços turísticos, são autorizadas a procederem a remessa de numerário para o exterior, a título de pagamento desses serviços, observada a legislação pertinente.

Art. 54 – A sociedade simples ou empresária de qualquer natureza somente poderá oferecer aos seus integrantes, associados, empregados ou terceiros os serviços turísticos de que trata esta Lei quando prestados ou intermediados por Agência de Turismo registrada.

§ único – O disposto neste artigo não se aplica aos casos de fretamento de veículo para uso de associados, mediante simples ressarcimento das despesas realizadas.

Seção VI
Das Transportadoras Turísticas

Art. 55 – Transporte turístico de superfície é o serviço prestado com finalidade de lucro para o deslocamento de pessoas por vias terrestres e hidrovias, em veículos terrestres ou embarcações, para o fim de realização de excursões e outras programações turísticas.

Art. 56 – O transporte turístico de superfície compreende as seguintes modalidades:

I. excursão: é realizada em âmbito municipal, intermunicipal, interestadual ou internacional para o atendimento de programas turísticos organizados por agências de turismo, que incluam, além do transporte de superfície, hospedagem e visita a locais turísticos;

II. passeio local: é realizado para visitas aos locais de interesse turístico de um município ou de suas vizinhanças, sem incluir pernoite, visando a atender programas turísticos organizados por agências de turismo;

III. traslado: é realizado em âmbito municipal, intermunicipal ou interestadual, entre as estações terminais de embarque e desembarque de passageiros, os meios de hospedagem, e os locais onde se realizem congressos, convenções, feiras, exposições e as suas respectivas programações sociais; e

IV. especial: é ajustado diretamente por entidades civis associativas, sindicais, de classe, desportivas, educacionais, culturais, religiosas, recreativas, grupo de pessoas físicas e pessoas jurídicas, sem objetivo de lucro, e a transportadora turística, e realizado em âmbito municipal, intermunicipal, interestadual e internacional.

§ único – Independentemente de convênio ou acordo, o transporte para excursões, referido no inciso I deste artigo, também poderá atender a roteiros turísticos habitualmente operados, segundo periodicidade previamente determinada, desde que:

I. sejam operados e comercializados por Agências de Turismo;

II. incluam, além do transporte turístico de superfície, os demais serviços turísticos que integram as excursões, tais como hospedagem e passeios locais e Guias de Turismo, quando for o caso;

III. não apresentem quaisquer das características de serviços regulares de transportes concedidos, autorizados ou permitidos pelo Poder Público.

Art. 57 – Observado o disposto no artigo 58, o transporte turístico de superfície, em qualquer das suas modalidades, somente poderá ser explorado em um dos seguintes tipos de transportadoras turísticas:

I. transportadoras turísticas exclusivas: as que explorem, como único objetivo social, os serviços de transporte turístico de superfície;

II. transportadoras turísticas eventuais: as que explorem os serviços de transporte turístico de superfície de forma não habitual, e em caráter complementar em relação a outras atividades de transporte, constantes de seus objetivos sociais, principalmente a de exploração de linhas regulares concedidas, autorizadas ou permitidas por órgãos públicos da Administração Federal, Estadual ou Municipal.

§ 1º – As Agências de Turismo, com frota própria poderão, observadas as disposições da presente Lei, explorar serviços de transporte turístico de superfície destinados a atender às programações turísticas que organizem e executem.

§ 2º – Em caráter excepcional, e mediante solicitação prévia em cada caso, em localidades com carência de equipamentos, o Ministério do Turismo poderá autorizar o transporte especial, em localidades com carência e equipamentos, por pessoas físicas ou jurídicas que sejam proprietárias de veículos terrestres ou embarcações, conforme dispuser o Regulamento.

Art. 58 – O Ministério do Turismo, ouvidos no que couber os demais órgãos governamentais competentes sobre a matéria, fixará:

I. os tipos dos veículos terrestres e embarcações para turismo e as condições e padrões para sua classificação em categorias do conforto e serviços, inclusive quanto ao atendimento adequado às pessoas com deficiência ou com mobilidade reduzida;

II. os padrões para a identificação oficial a ser usada na parte externa dos veículos terrestres e embarcações referidas no inciso anterior.

Seção VII
Dos Serviços de Organização de Congressos, Convenções e eventos congêneres

Art. 59 – A prestação de serviços remunerados para a organização de congressos, convenções, seminários ou eventos congêneres é privativa das sociedades empresárias que tenham por objeto social a execução das atividades de turismo a elas pertinentes, definidas nesta Lei, e por finalidade:

I. o aperfeiçoamento cultural, científico, técnico ou educacional dos participantes;

II. a divulgação ou o intercâmbio de experiências e técnicas pertinentes a determinada atividade profissional, empresarial ou a determinada área de conhecimento;

III. o congraçamento profissional e social dos participantes.

Art. 60 – Constituem serviços para a organização de eventos:

I. o planejamento do evento, mediante a elaboração de projeto compreendendo a definição de etapas e as providências necessárias à sua execução;

II. o gerenciamento do evento, compreendendo a organização e a supervisão da distribuição das tarefas de instalação e funcionamento de todos ou parte dos serviços e atividades necessárias à sua realização e à consecução dos seus objetivos;

III. os projetos e execução de serviços de infra-estrutura, locação de equipamentos, a montagem, decoração e a adequação dos espaços a serem utilizados no evento;

IV. os serviços de secretaria relativos a programação e aos trabalhos apresentados e produzidos no evento, disponibilizando pessoal e equipamentos adequados a essa finalidade;

V. o fornecimento e montagem, nas instalações onde se realizará o evento, dos equipamentos necessários à interpretação e tradução simultânea, bem como a alocação do pessoal necessário à operação desses equipamentos;

VI. a interpretação simultânea e tradução, mediante a utilização de intérpretes e tradutores;

VII. os serviços de recepção, cerimonial, atendimento e assistência ao público no local de realização do evento;

VIII. a prestação de serviços de som e projeção;

IX. a sinalização, orientando o público, inclusive os portadores de deficiência ou com mobilidade reduzida, quanto a acessibilidade aos espaços e serviços disponíveis e as atividades desenvolvidas no evento; e

X. outros serviços que atendam a necessidades específicas dos eventos.

§ 1º – As sociedades empresárias prestadoras de serviços remunerados para a organização de eventos, além dos serviços enumerados neste artigo, poderão ainda prover outros serviços correlatos ou complementares ao evento, como alimentação, parte social e programação turística, por intermédio de sociedades empresárias especializadas, observada a legislação específica que as discipline.

§ 2º – É vedado às sociedades empresárias prestadoras de serviços remunerados para a organização de eventos realizarem, promoverem ou divulgarem serviços turísticos privativos ou exclusivos de outras sociedades empresárias registradas na forma desta Lei, que não lhes sejam permissíveis.

Art. 61 – As sociedades empresárias prestadoras de serviços remunerados para a organização de eventos classificam-se nas seguintes categorias:

I. Organizadoras de Eventos – as responsáveis, mediante contratação ou outra forma de remuneração, pela prestação direta ou indireta dos serviços de planejamento e gerenciamento de eventos, constantes dos incisos I e II do artigo 60;

II. Prestadoras de Serviços Especializados – as responsáveis, mediante contratação da organizadora do evento, pela prestação remunerada dos serviços constantes dos incisos III a X do artigo 60, ou daqueles serviços que, por sua natureza e especialização técnica, destinem-se exclusiva ou predominantemente à realização de eventos.

§ único – É facultado às sociedades empresárias Organizadoras de Eventos a prestação direta de todos os serviços compreendidos do artigo 60, observada a legislação específica que os discipline.

Art. 62 – Excluem-se do âmbito de aplicação do disposto nesta Lei:

I. os eventos patrocinados e/ou promovidos por sociedades, entidades ou associações exclusivamente para seus empregados ou associados, bem como aqueles organizados por instituições de ensino ou religiosas, desde que não haja a prestação remunerada de serviços;

II. os eventos organizados ou promovidos por órgãos governamentais, assim autorizados na forma da legislação em vigor.

Art. 63 – Os eventos para cuja organização haja a prestação de serviços remunerados somente poderão ser promovidos ou patrocinados pelas respectivas entidades promotoras ou patrocinadoras sob a responsabilidade contratual expressa de uma sociedade empresária organizadora de eventos.

§ único – Considera-se remuneração, quando da prestação de serviços para a organização de eventos, qualquer forma de retribuição, participação financeira ou pagamento, a qualquer título, de pessoa física ou jurídica requisitada pela entidade promotora ou patrocinadora do evento para a prestação de um ou mais dos serviços referidos no artigo 60.

Seção VIII
Dos Serviços de Organização de Feiras, Exposições e eventos congêneres

Art. 64 – Compreende-se por organizadora de feiras, exposições e eventos congêneres os prestadores de serviços turísticos que executem, mediante remuneração, serviços de promoção de eventos de natureza comercial ou industrial de bens ou serviços, que tenham por finalidade:

I. fomentar o intercâmbio entre produtores e consumidores, no nível regional, nacional e internacional;

II. estreitar vínculos de cooperação econômica entre mercados;

III. divulgar produtos, técnicas e serviços contribuindo para o seu aprimoramento;

IV. apresentar inovações nos processos de produção, industrialização e comercialização;

V. favorecer a troca de informações e a transferência de experiências; e

VI. divulgar conhecimentos ou informações sobre outros ramos de atividades que possam influir no processo de desenvolvimento econômico do País.

§ 1º – Constituem serviços de organização de feiras, exposições e eventos congêneres o planejamento, a promoção, a administração, a locação de espaços, materiais e equipamentos de infra-estrutura necessários à montagem e ao funcionamento do evento.

§ 2º – O disposto neste artigo não se aplica às feiras livres, regidas por legislação local e destinadas ao abastecimento supletivo de produtos essenciais à população, nem aos eventos educativos, culturais, científicos e outros, sem fins lucrativos e que não se caracterizem, direta ou indiretamente, pela finalidade comercial ou industrial de bens ou serviços.

Art. 65 – As organizadoras de feiras, exposições e eventos congêneres dividem-se nas seguintes categorias:

I. Organizadoras de feiras e exposições – pessoa jurídica de direito privado e público que, tendo capacidade técnica de idoneidade financeira, planeje, administre e promova os meios necessários à realização de eventos;

II. Prestadoras de serviços especializados – aqueles que, mediante contratação pelo promotor do evento, por sua natureza e especialidade técnica, destinem-se exclusiva ou predominantemente à prestação remunerada de serviços e fornecimento de materiais e equipamentos de infra-estrutura necessários à montagem e ao funcionamento de eventos.

Seção IX
Dos Parques Temáticos

Art. 66 – Consideram-se Parques Temáticos os empreendimentos ou estabelecimentos empresariais administrados ou explorados comercialmente por prestadores de serviços turísticos, implantados em local fixo e de forma permanente, ambientados tematicamente, que ofertem serviços de entretenimento, lazer, diversão ou eventos, mediante cobrança de ingresso dos visitantes, e cujo objetivo social contemple expressamente essas atividades.

§ único – Não são considerados Parques Temáticos:

I. o conjunto de equipamentos de diversão com cobrança individual de ingressos, instalados de forma permanente em equipamentos urbanos;

II. empreendimentos ou estabelecimentos instalados de forma temporária ou itinerante; e

III. empreendimentos que tenham, conjuntamente com a cobrança de ingressos, a modalidade de clube social com titularidade de sócios, mesmo que remidos, ou direito de uso individual ou familiar mediante pagamento de títulos, anuidades ou mensalidades, com ou sem emissão de carteira de associados.

Art. 67 – Os Parques Temáticos classificam-se nas seguintes categorias:

I. quanto ao tema: ecológicos, de aventura, de animais, aquáticos, de diversão, de lazer e congêneres;

II. quanto aos equipamentos: teleféricos, aquáticos, museus, zoológicos e similares.

§ único – Os parques temáticos podem incluir todos ou alguns dos itens previstos nos incisos I e II deste artigo, e exercer atividades específicas, como "rapel", escalada, "rafting", entre outras, bem assim atividades de entretenimento e de roteiros turísticos, observada a legislação própria.

CAPÍTULO II
Da Fiscalização

Art. 68 – O Ministério do Turismo, na forma em que dispuser o Regulamento, exercerá a fiscalização das atividades dos prestadores de serviços turísticos verificando o cumprimento do estabelecido na presente Lei e Normas Complementares, procedendo:

I. a apuração de reclamações ou constatação de infrações praticadas pelas sociedades empresárias turísticas, cabendo aos órgãos de defesa do consumidor dirimir as questões relativas as denominadas infrações de consumo;

II. a orientação às sociedades empresárias para o perfeito atendimento às normas reguladoras de suas atividades;

III. a verificação do cumprimento da legislação pertinente, inclusive a relativa a acessibilidade das pessoas com deficiência ou com mobilidade reduzida, e se os padrões de operação e funcionamento fixados em Regulamento estão sendo observados pelas sociedades empresárias e pelos estabelecimentos empresariais.

§ 1º – Para os fins deste artigo, os agentes da fiscalização, nos limites da Lei, terão livre acesso às instalações, áreas, equipamentos, arquivos, livros e documentos fiscais da sociedade empresária fiscalizada, sendo obrigação desta, respeitadas a confidencialidade e privacidade, prestar todos os esclarecimentos e informações solicitadas.

§ 2º – O Ministério do Turismo poderá fiscalizar o cumprimento desta Lei e de suas Normas Complementares junto a toda e qualquer pessoa jurídica ou física que efetivamente exerça a atividade de prestação de serviços turísticos, registrado ou não, ou adote, por extenso ou de forma abreviada, expressões ou termos que venham induzir o público a erro quanto à regularidade do serviço.

§ 3º – Será lavrado o competente auto de infração sempre que ocorrer:

I. violação de dispositivos legais;

II. não cumprimento das notificações expedidas;

III. resistência ou embaraço à fiscalização.

§ 4º – São garantidos às pessoas ou entidades interessadas o conhecimento de todas as peças do processo e o direito à apresentação da defesa, por escrito, e dos documentos julgados pertinentes, no prazo de 15 (quinze) dias da data do conhecimento da autuação.

§ 5º – Em todas as situações decorrentes de fiscalização serão resguardadas em favor das sociedades empresariais fiscalizadas, o direito a confidencialidade e privacidade de seus dados, bem como o sigilo quanto à eventual denúncia.

CAPÍTULO III
Das Infrações e das Penalidades

Art. 69 – A inobservância pelas sociedades empresárias turísticas das obrigações e determinações estabelecidas nesta Lei, em Regulamento e em suas Normas Complementares constituirá infração e sujeitá-las-á às seguintes penalidades:

I. advertência por escrito;

II. multa de valor equivalente a até R$ 100.000,00 (cem mil reais);

III. suspensão de até 1 (um) ano ou cancelamento do registro e, quando for o caso, cancelamento da classificação.

IV. interdição de local, atividade, veículo, instalação, estabelecimento empresarial, empreendimento ou equipamento.

§ 1º – As penalidades decorrentes de infrações à Lei nº 8.078, de 11 de setembro de 1990, são as previstas e reguladas naquele diploma legal e no Decreto nº 2.181, de 20 de março de 1997.

§ 2º – É punível com aplicação de penalidade pecuniária, sem prejuízo da interdição do estabelecimento empresarial e das sanções penais cabíveis, o exercício, por qualquer pessoa física ou jurídica das atividades e serviços turísticos privativos das sociedades empresárias turísticas registradas.

§ 3º – As penalidades previstas nos incisos II a IV deste artigo poderão ser aplicadas isolada ou cumulativamente.

§ 4º – A penalidade de advertência determinará ao infrator a fazer ou deixar de fazer, interromper, cessar, reparar ou sustar de imediato o ato ou a omissão caracterizada como infração.

§ 5º – A penalidade pecuniária implica no recolhimento da respectiva multa no prazo de até 30 (trinta) dias contados da ciência do infrator, e serão atualizadas na data do efetivo pagamento.

§ 6º – A penalidade de suspensão ou cancelamento de registro implicará na paralisação dos serviços e na apreensão do certificado de registro, sendo deferido prazo de até 30 (trinta) dias, contados da ciência do infrator, para regularização de compromissos assumidos com os usuários, não podendo, no período, assumir novas obrigações.

§ 7º – A penalidade referida no inciso III acarretará a perda, no todo, ou em parte, dos benefícios, recursos ou incentivos que estejam sendo concedidos à sociedade empresária titular de empreendimentos, atividades e serviços.

§ 8º – Aplicadas as penalidades a que se referem os incisos III e IV deste artigo, o Ministério do Turismo comunicará o fato à autoridade competente, requisitando desta as providências necessárias, inclusive meios judiciais ou policiais, se for o caso, para efetivar a medida.

§ 9º – A aplicação de penalidade será notificada aos infratores na forma e nos prazos fixados em Regulamento.

Art. 70 – As penalidades por infração ao disposto nesta Lei, ou nos atos dela decorrentes, serão aplicadas pelo Ministro do Turismo, ou por autoridade por ele delegada, e obedecerão a critérios de gradação, segundo a sua gravidade, na seguinte forma:

I. leve – advertência e/ou multa de até 20% (vinte por cento) do valor estabelecido no inciso II do artigo 69;

II. média – suspensão do registro e/ou multa de mais de 20% (vinte por cento) até 50% (cinqüenta por cento) do valor estabelecido no inciso II do artigo 69;

III. grave – cancelamento do registro e/ou interdição do estabelecimento, empreendimento ou equipamento e/ou multa de mais de 50% (cinqüenta por cento) até 100% (cem por cento) do valor estabelecido no inciso II do artigo 69.

§ 1º – Na aplicação das penalidades mencionadas neste artigo, serão levados em conta, além do porte da sociedade empresária, os seguintes fatores:

I a maior ou menor gravidade da infração;

II as circunstâncias atenuantes ou agravantes; e

III os antecedentes do infrator.

§ 2º – Para os efeitos do parágrafo 1º alínea "I", deste artigo, serão considerados circunstâncias de maior ou menor gravidade os prejuízos acarretados para os usuários e para a boa imagem do turismo nacional.

§ 3º – Constituirão circunstâncias atenuantes a colaboração com a fiscalização, bons antecedentes e a presteza em ressarcir prejuízos ou reparar erro.

§ 4º – Constituirão circunstâncias agravantes a ação dolosa, a reincidência genérica ou específica e, se não configurarem por si mesmas outras infrações, a sonegação de informações e documentos e os obstáculos impostos à fiscalização.

§ 5º – O Ministério do Turismo manterá um Sistema Cadastral de Informações no qual serão registradas as infrações e as aplicações das respectivas penalidades.

Art. 71 – Da decisão que impuser penalidade caberá:

I. pedido de reconsideração à autoridade que aplicou a penalidade, no prazo de 10 (dez) dias contados da data em que o interessado tomar ciência da decisão;

II. recurso hierárquico ao Ministro do Turismo, apresentado junto a autoridade que expediu a notificação sobre a penalidade aplicada, no prazo de 10 (dez) dias contados da data em que o interessado tiver tido ciência do indeferimento do pedido de reconsideração.

§ único – Os recursos ao Ministro do Turismo terão efeito suspensivo.

Art. 72 – Uma vez aplicada a pena de cancelamento de registro por infração grave, apuradas as responsabilidades respectivas, os titulares ou prepostos da sociedade empresarial, responsáveis pelo cometimento da infração, poderão ser impedidos pelo prazo de 5 (cinco) anos, de exercer qualquer atividade ligada ao turismo em território nacional.

Art. 73 – Cumprida a penalidade e cessados os motivos de sua aplicação as sociedades empresárias prestadoras de serviços turísticos, seus titulares ou prepostos, poderão requerer reabilitação, passando as penalidades anteriormente aplicadas a não serem mais consideradas agravantes, no caso de novas infrações, nas seguintes condições:

I. decorridos 2 (dois) anos sem a ocorrência de novas infrações nos casos de multas e de suspensão do registro;

II. decorridos 5 (cinco) anos sem a ocorrência de novas infrações nos casos de cancelamento de registro estendendo-se o beneficio aos titulares e prepostos penalizados na forma prevista no artigo 72.

Art. 74 – As multas a que se refere esta Lei serão recolhidas ao Tesouro Nacional.

Art. 75 – Os débitos decorrentes de multas aplicadas pelo Ministério do Turismo, sem prejuízo da respectiva liquidez e certeza, serão inscritas na Dívida Ativa da União.

CAPÍTULO IV
Das Disposições Finais

Art. 76 – O Ministério do Turismo poderá delegar competência, com ou sem reserva de iguais poderes para si, para o exercício de atividades e atribuições específicas estabelecidas nesta Lei a quaisquer órgãos e entidades da Administração Pública, em especial as funções relativas ao registro, classificação de sociedades empresárias, empreendimentos e equipamentos, cadastramento e fiscalização dos prestadores de serviços turísticos, assim como a aplicação de penalidades e arrecadação de receitas.

Art. 77 – As sociedades empresárias turísticas atualmente cadastradas deverão adaptar-se ao disposto nesta Lei no prazo máximo de 90 (noventa) dias, contados da data da sua regulamentação.

§ 1º – Os empreendimentos ou estabelecimentos empresariais de que trata o artigo 42 parágrafo 2º desta Lei, já em funcionamento, deverão proceder às adequações necessárias à sua regularização no prazo fixado no *caput* deste artigo.

§ 2º – A critério do Ministério do Turismo poderá ser firmado Termo de Compromisso de Ajustamento de Conduta com as sociedades empresárias e/ou proprietários de UH, de que trata o parágrafo 1º, podendo ser dilatado em até 2 (dois) anos o prazo estabelecido no *caput* deste artigo, definindo as etapas e condições de adequação e estabelecendo penalidades para o caso de descumprimento do compromisso assumido.

§ 3º – As pessoas físicas e jurídicas interessadas em procederem ao disposto no parágrafo 2º deverão requerer o estabelecimento de Termo de Compromisso no prazo fixado no *caput* deste artigo.

Art. 78 – Esta Lei entra em vigor na data de sua publicação.

Art. 79 – Revogam-se as disposições em contrário, em especial a Lei nº 6.505, de 13 de dezembro de 1977.

Brasília, em de de 2004;

182º da Independência e 115º da República

Referências bibliográficas

ACERENZA, M. A. *Administración del turismo*. México: Trillas, 1999.

ALMEIDA, C. F. *Os direitos dos consumidores*. Coimbra: Almedina, 1998.

BLOCH, E. *Das Prinzip der Hoffnung*. Frankfurt: Suhrkamp Verlag, 1968.

BONN, L. B. & HUFF, M. W. *Zur Umsetzung der e.g. Pauschalreise-richtlinie*. Colônia: EZW, 1999.

BOULANGER, F. *Tourisme et loisirs dans les droits privés européens*. Paris: Economica, 2000.

BOULLÓN, R. *Planificación del espacio turístico*. México: Trillas, 1987.

BOYER. M. *Histoire du tourisme du masse*. Coleção Que Sais-Je? Paris: PUF, 2001.

BURKART, A. J. & MEDLIK, S. *Tourism*. Londres: Heinemann, 1974.

CAIXETA, N. "A explosão do turismo". Em *Exame*, nº 735, São Paulo, março de 2001.

CARVALHO, C. L. "Turismo: uma arma poderosa para incrementar o crescimento". Em *Revista do Instituto Brasileiro de Turismo*, Atualidades, nº 23, Brasília, dezembro de 1999.

CAZES, G. *Fondements pour une géographie du tourisme, des loisirs*. Paris: Bréal, 2000.

________. *Le tourisme international: mirage ou stratégie d'avenir?* Paris: Hatier, 1998.

________. *Le tourisme en France*. Paris: PUF, 2000.

COLARDELLE, M. & MONFERRAND, A. *Économie touristique et patrimoine culturel*. Paris: Conseil National du Tourisme, 1994.

COURTIN, P. & DENEAU, M. *Droit et droit du tourisme*. Paris: Bréal, 1999.

DE LA TORRE PADILLA, O. *El turismo: fenómeno social*. México: Fondo de Cultura Económica, 1992.

DE LACERDA BADARÓ, R. A. *Código de Defesa do Consumidor e Código Mundial de Ética do Turismo: legislação aplicada à hotelaria e ao turismo*. Águas de São Pedro: Senac, 2001. Apostila.

__________. *Direito e turismo: aspectos conceituais. Legislação aplicada à hotelaria e ao turismo*. Sorocaba: DSQ, 2001. Apostila.

__________. "A importância do direito para o turismo". Em *Anais do IX Encuentro de Derecho de America del Sur: Los Procesos de Integración*. La Paz, Eidas/Universidad Catholica Boliviana, 2000.

__________. "Mercosul e a necessidade do direito do turismo". Em *Anais do X Encontro Internacional de Direito da América do Sul: 10 Anos de Mercosul*. Florianópolis, Eidas/UFSC, 2001.

DUCHET, R. *Le tourisme à travers les âges*. Paris: Vigot, 1999.

EUDE, J. C. "Politique communautaire de protection des consommateurs". Em *Les Cahiers Espaces*, nº 33, Paris, Dalloz, agosto de 2000.

FRANGIALLI, F. *La France dans le tourisme mondial*. Grenoble: Economica, 2000.

FUHRICH, E. R. *GemeinSchaftliche Staats haftung wegen verspäteter umsetzung*. Colônia: EZW, 1999.

FUSTER, F. L. *Teoría y técnica del turismo*. Madri: Nacional, 1999.

GUIBILATTO, G. *Économie touristique*. Paris: Delta e Spes, 1999.

GURRÍA DI-BELLA, M. *Introducción al turismo*. México: Trillas, 1991.

HARVEY, D. *The condition of post modernity*. Oxford: Basil Blackwell, 1989.

HENARD, J. *Den feind Wie Seinen Besten Freund Empfangen*. Frankfurt: Zeitung, 1993.

HOLLIER, R. & SUBREMON, A. *Le tourisme dans la Communauté Européenne*. Paris: PUF, 1995.

HUBER, J. *Anders arbeiten: Anderswirtschaften*. Frankfurt: Fischer Taschenbug Verlag, 2001.

JOERGES, B. & KARSTEN, D. *Tourismus und Kulturwandel*. Starnburg: SFT, 2000.

JOURNAL OFFICIEL DES COMMUNAUTÉS EUROPÉENNES (JO), Communications et Informations (C), Législation (L), Office des Publications, Luxemburgo.

KRIPPENDORF, J. *Sociologia do turismo*. São Paulo: Aleph, 2001.

LANQUAR, R. *Le tourisme international*. Paris: PUF, 1998.

LEAKEY, M. *Tourisme and society*. Oxford: Basil Blackwell, 1999.

LE DROIT DU TOURISME: la nouvelle séance du Droit. Em *Revue des Professeurs d'Hôtellerie*, nº 3, Paris, Dalloz, fevereiro de 2000.

LES ASPECTS DU XXᵉ. SIÈCLE. Paris: Hachette, 1999.

LOZATO, J. & GIOTAR, P. *Géographie du tourisme*. Paris: Masson, 2000.

__________. *Histoire du tourisme*. Paris: Masson, 2000.

LUNDBERG, D. *The Tourism Business*. Boston: CBI Publishing, 2000.

MAMEDE, G. *Direito do turismo: legislação específica aplicada*. São Paulo: Atlas, 2001.

__________. *Manual de direito para administração hoteleira*. São Paulo: Atlas, 2002.

MCINTOSH, H. *The Travel and the Tourisme Industry*. Oxford: Basil Blackwell, 1999.

MURPHY, P. *Tourism: a Community Approach*. Londres: Routledge, 2000.

NIETO, M. P. *Manual de direito aplicado ao turismo*. Campinas: Papirus, 2001.

PAPOUTSIS, C. *Turismo europeu: novas parcerias para o emprego*. Bruxelas: Grupo de Alto Nível sobre Turismo e Emprego, 1998.

PARANT, P. *Le tourisme social*. Paris: Economica, 1990.

PY, P. *Droit du tourisme*. 2ª ed. Paris: Dalloz, 2000.

SAAD, E. G. *Comentários ao Código de Defesa do Consumidor*. São Paulo: LTr, 2001.

SCHATTENHOFEN, H. S. *Tourismus: Phänomen*. Berlim: UDB, 1911.

SERVOIN, F. "L'organisation du droit du tourisme: la tourisprudence". Em *Revue de Sciences Juridiques*, nº 3, Paris, Bréal, julho de 2000.

__________. "La securité du touriste: évolution des systèmes juridique et des jurisprudences". Em *Les Cahiers Espaces*, nº 32, Paris, Dalloz, julho de 2000.

SOUTO MAIOR, A. *História geral*. São Paulo: Companhia Editora Nacional, 1990.

THOMPSON, P. *The Voice of the Past*. Nova York: Oxford University Press, 1978.

UNESCO. *News*. Disponível em http://www.unesco.org/news.htm. Acesso em 25-9-2001.

VELLAS, F. *Économie et politique du tourisme international*. Paris: Litec, 2000.

__________. *Tendances du tourisme international*. Grenoble: Economica, 1998.

__________. *Le tourisme*. Grenoble: Economica, 1994.

WIELAND, P. H. *Das recht des pauschalreise in Deustchland und Osterreich*. Frankfurt: Ffort, 1991.

WTO."Activités regionales". Em *Le fonctionnement de l'OMT*. Disponível em http://www.world-tourism.org/activities.htm. Acesso em 20-9-2001.

__________. *Global Code of Ethics for Tourism*. Disponível em http://www.world-tourism.org.

__________. *Tourism Market Trends 2001*. Madri: WTO, 2001.

ZAMANAH, H. *Le droit du tourisme européen: Philoxénie*. Paris: Dalloz, 2000.

Índice geral

REDE DE UNIDADES SENAC SÃO PAULO

Capital e Grande São Paulo

Centro Universitário Senac Campus Santo Amaro
Tel.: (11) 5682-7300 • Fax: (11) 5682-7441
E-mail: campussantoamaro@sp.senac.br

Senac Aclimação (núcleo idiomas)
Tel.: (11) 5573-9790
E-mail: aclimacao@sp.senac.br

Senac Consolação
Tel.: (11) 3236-2050 • Fax: (11) 3255-0792
E-mail: consolacao@sp.senac.br

Senac Francisco Matarazzo
Tel.: (11) 3879-3600 • Fax: (11) 3864-4597
E-mail: franciscomatarazzo@sp.senac.br

Senac Guarulhos
Tel.: (11) 6443-1622 • Fax: (11) 6443-6042
E-mail: guarulhos@sp.senac.br

Senac Itaquera
Tel.: (11) 6944-5488 • Fax: (11) 6944-9022
E-mail: itaquera@sp.senac.br

Senac Jabaquara
Tel.: (11) 5017-0697 • Fax: (11) 5017-2910
E-mail: jabaquara@sp.senac.br

Senac Lapa Faustolo
Tel.: (11) 3865-4888 • Fax: (11) 3862-9680
E-mail: lapafaustolo@sp.senac.br

Senac Lapa Scipião
Tel.: (11) 3866-2500 • Fax: (11) 3862-9199
E-mail: lapascipiao@sp.senac.br

Senac Lapa Tito
Tel.: (11) 3868-6900 • Fax: (11) 3868-6988
E-mail: lapatito@sp.senac.br

Senac Nove de Julho
Tel.: (11) 3016-5601
E-mail: novedejulho@sp.senac.br

Senac Osasco
Tel.: (11) 3685-8100 • Fax: (11) 3681-7056
E-mail: osasco@sp.senac.br

Senac Penha
Tel.: (11) 2135-0300 • Fax: (11) 2135-0398
E-mail: penha@sp.senac.br

Senac Santa Cecília
Tel.: (11) 3662-2152 • Fax: (11) 3667-2743
E-mail: santacecilia@sp.senac.br

Senac Santana
Tel.: (11) 6973-0311 • Fax: (11) 6973-0704
E-mail: santana@sp.senac.br

Senac Santo Amaro
Tel.: (11) 5523-8822 • Fax: (11) 5687-8253
E-mail: santoamaro@sp.senac.br

Senac Santo André
Tel.: (11) 4994-8811 • Fax: (11) 4994-8429
E-mail: santoandre@sp.senac.br

Senac Tatuapé
Tel.: (11) 293-9188 • Fax: (11) 294-2437
E-mail: tatuape@sp.senac.br

Senac Tiradentes
Tel.: (11) 3329-6200 • Fax: (11) 3329-6266
E-mail: tiradentes@sp.senac.br

Senac 24 de maio
Tel.: (11) 221-9622 • Fax: (11) 221-9407
E-mail: 24demaio@sp.senac.br

Senac Vila Prudente
Tel.: (11) 272-6588 • Fax: (11) 6163-3219
E-mail: vilaprudente@sp.senac.br

Interior e Litoral

Centro Universitário Senac
Campus Águas de São Pedro
Tel.: (19) 3482-7000 • Fax: (19) 3482-7[illegible]36
E-mail: campusaguasdesaopedro@sp.senac.br

Centro Universitário Senac
Campus Campos do Jordão
Tel.: (12) 3688-3001 • Fax: (12) 3662-[illegible]529
E-mail: campuscamposdojordao@sp.senac.br

Senac Araçatuba
Tel.: (18) 3623-8740 • Fax: (18) 3623-1404
E-mail: aracatuba@sp.senac.br

Senac Araraquara
Tel.: (16) 3336-2444 • Fax: (16) 3336-9337
E-mail: araraquara@sp.senac.br

Senac Barretos
Tel.: (17) 3322-9011 • Fax: (17) 3322-9336
E-mail: barretos@sp.senac.br

Senac Bauru
Tel.: (14) 227-0702 • Fax: (14) 227-[illegible]278
E-mail: bauru@sp.senac.br

Senac Bebedouro
Tel.: (17) 3342-8100 • Fax: (17) 3342-3517
E-mail: bebedouro@sp.senac.br

Senac Botucatu
Tel.: (14) 3882-2536 • Fax: (14) 3815-3981
E-mail: botucatu@sp.senac.br

Senac Campinas
Tel.: (19) 2117-0600 • Fax: (19) 2117-0601
E-mail: campinas@sp.senac.br

Senac Catanduva
Tel.: (17) 3522-7200 • Fax: (17) 3522-7279
E-mail: catanduva@sp.senac.br

Senac Franca
Tel.: (16) 3723-9944 • Fax: (16) 3723-9086
E-mail: franca@sp.senac.br

Senac Guaratinguetá
Tel.: (12) 3122-2499 • Fax: (12) 3122-4786
E-mail: guaratingueta@sp.senac.br

Senac Itapetininga
Tel.: (15) 3272-5463 • Fax: (15) 3272-5177
E-mail: itapetininga@sp.senac.br

Senac Itapira
Tel.: (19) 3863-2835 • Fax: (19) 3863-1518
E-mail: itapira@sp.senac.br

Senac Itu
Tel.: (11) 4023-4881 • Fax: (11) 4013-3008
E-mail: itu@sp.senac.br

Senac Jaboticabal
Tel./Fax: (16) 3204-3204
E-mail: jaboticabal@sp.senac.br

Senac Jaú
Tel.: (14) 3622-2272 • Fax: (14) 3621-6166
E-mail: jau@sp.senac.br

Senac Jundiaí
Tel.: (11) 4586-8228 • Fax: (11) 4586-8223
E-mail: jundiai@sp.senac.br

Senac Limeira
Tel.: (19) 3451-4488 • Fax: (19) 3441-6039
E-mail: limeira@sp.senac.br

Senac Marília
Tel. (14) 3433-8933 • Fax: (14) 3422-2004
E-mail: marilia@sp.senac.br

Senac Mogi-Guaçu
Tel.: (19) 3891-7676 • Fax: (19) 3891-7771
E-mail: mogiguacu@sp.senac.br

Senac Piracicaba
Tel.: (19) 3434-9700 • Fax: (19) 3434-7303
E-mail: piracicaba@sp.senac.br

Senac Presidente Prudente
Tel.: (18) 222-9122 • Fax: (18) 222-8778
E-mail: presidenteprudente@sp.senac.br

Senac Ribeirão Preto
Tel.: (16) 624-2900 • Fax: (16) 624-3997
E-mail: ribeiraopreto@sp.senac.br

Senac Rio Claro
Tel.: (19) 3524-6631 • Fax: (19) 3523-3930
E-mail: rioclaro@sp.senac.br

Senac Santos
Tel.: (13) 3222-4940 • Fax: (13) 3235-7365
E-mail: santos@sp.senac.br

Senac São Carlos
Tel.: (16) 3371-8228 • Fax: (16) 3371-8229
E-mail: saocarlos@sp.senac.br

Senac São João da Boa Vista
Tel./Fax: (19) 3623-2702
E-mail: sjboavista@sp.senac.br

Senac São José do Rio Preto
Tel.: (17) 3233-1565 • Fax: (17) 3233-7686
E-mail: sjriopreto@sp.senac.br

Senac São José dos Campos
Tel./Fax: (12) 3929-2300
E-mail: sjcampos@sp.senac.br

Senac Sorocaba
Tel.: (15) 3227-2929 • Fax: (15) 3227-2900
E-mail: sorocaba@sp.senac.br

Senac Taubaté
Tel.: (12) 3632-5066 • Fax: (12) 3632-3686
E-mail: taubate@sp.senac.br

Senac Votuporanga
Tel.: (17) 3421-0022 • Fax: (17) 3421-9007
E-mail: votuporanga@sp.senac.br

Outras Unidades

Editora Senac São Paulo
Tel.: (11) 2187-4450 • Fax: (11) 2187-4436
E-mail: editora@sp.senac.br

Rede SescSenac de Televisão
Tel.: (11) 2123-7150 • Fax: (11) 2123-7186
E-mail: stv@sp.senac.br

Grande Hotel São Pedro – Hotel-escola Senac
Tel.: (19) 3482-7600 • Fax: (19) 3482-7700
E-mail: grandehotelsaopedro@sp.senac.br

Grande Hotel Campos do Jordão –
Hotel-escola Senac
Tel.: (12) 3668-6000 • Fax: (12) 3668-6100
E-mail: grandehotelcampos@sp.senac.br

CANAL ABERTO

Faça sua sugestão, crítica, elogio.
Ou peça a informação que você precisa. Utilize o 0800 8832000, a Caixa Postal 3595 CEP 01060-970 ou o e-mail: canal_aberto@sp.senac.br